Springer
Berlin
Heidelberg
New York
Barcelona
Hongkong
London
Mailand
Paris
Singapur
Tokio

Vorwort

An der Visualisierung von Daten und Fakten kommt heute niemand mehr vorbei, wenn er Informationen wirkungsvoll an den Adressaten bringen will. Zu stark sind potentielle Leser, Nutzer und Kunden durch die Bildersprache von Fernsehen, Videoclips und Werbespots geprägt. Sind komplizierte Sachverhalte zu vermitteln, reichen Fotos und Illustrationen nicht mehr aus. Zusammenhänge oder Hintergründe können oft nur Infografiken transparent machen – und das nicht nur in den Medien, sondern mehr und mehr auch in der Öffentlichkeitsarbeit und der Unternehmenskommunikation. Durch informative und attraktive Grafiken in gedruckten Imagebroschüren und Geschäftsberichten, auf Internet-Seiten oder in Bildschirmpräsentationen können Firmen ihren öffentlichen Auftritt optimieren.

Daß Bilder wirkungsvoll Information transportieren können, ist keine neue Erkenntnis. Als „Schaubilder" etwa stützen sie anerkannt Lernprozesse in Schule und Erwachsenenbildung. In anderen Bereichen der visuellen Kommunikation führten sie dagegen bis vor wenigen Jahren ein Schattendasein.

Die Trendwende leisteten die Medien: Im Windschatten designorientierter Zeitungs- und Zeitschriftenkonzepte boomt die Infografik. Im modernen Computergewand erlebt das altbekannte Schaubild eine Renaissance. Die Infografik führt Text und Bild zusammen und schafft so eine Einheit, die im besten Fall sowohl die Aufmerksamkeit des Publikums weckt als auch dichte Information transportiert. Der bestechende Vorteil: Infografiken stellen komplexe Fakten synoptisch dar, also auf einen Blick.

Genügend Gründe also, Infografiken überall dort einzusetzen, wo modern kommuniziert wird. Das „Handbuch der Infografik" will besonders denjenigen Infografik-Produzenten und -Verlegern Mut machen, die sich der ernsthaften Information verschrieben haben. Der Blick in die Geschichte zeigt, daß sie damit in einer guten Tradition stehen. Der Praxisteil gibt Tips zur Verwendung der verschiedenen Infografiktypen. Er enthält viele Beispiele, die Anregungen geben für die eigene Arbeit und für die Beurteilung von Infografiken.

Hamburg im Juli 1999, Angela Jansen

DIE AUTOREN

ANGELA JANSEN
ist seit 1984 als Grafikerin tätig. In der Agentur „fraujansen kommunikationsgraphik" entstehen seit fünf Jahren Konzepte, Filme, Broschüren, Infografiken. Ein Schwerpunkt liegt in der anschaulichen Darstellung komplizierter Themen aus Umwelt und Technik.

WOLFGANG SCHARFE
vertritt das Fach Kartographie an der Freien Universität Berlin und beschäftigt sich seit mehr als 10 Jahren in Forschung und Lehre mit kartographischen Infografiken.

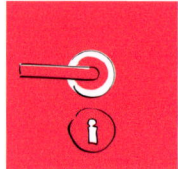

DER GEGENSTAND

GESCHICHTE

AKTEURE & MEDIEN

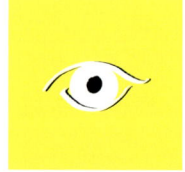

GRUNDLAGEN DER BILDKOMMUNIKATION

REGELN

PRINZIPDARSTELLUNG

KARTE

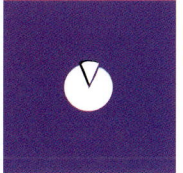

BILDSTATISTIK

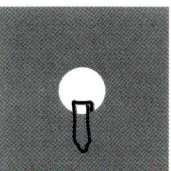

ANHANG

Wolfgang Scharfe schrieb die Doppelseiten 22/23, 26/27, 34/35 und 48/49, die Seite 198 sowie das Kapitel „Karte" und wählte die Abbildungen aus.
Roman Stani-Fertl ist für die Doppelseite 170/171 verantwortlich.
Alle anderen Texte sowie die Bildauswahl stammen von Angela Jansen.

Der Gegenstand

„Infografik"

„Infografik" steht als Kurzform für „Informationsgrafik". Infografiken bilden die Wirklichkeit nicht direkt ab – wie es Fotos oder naturalistische Zeichnungen tun. Sie visualisieren abstrakte Vorgänge, die in der Regel nicht verständlich sind, wenn man nur ein Abbild des Gegenstands betrachtet.

Der Begriff „Infografik" entstand in der Medienwelt. Dies verweist auf die wichtige Rolle, die solche Informationsbilder dort einnehmen. Besonders die gedruckten Medien reagieren mit einer kleinteiligen, bildorientierten Struktur auf ein zunehmend TV-geprägtes Publikum.

Der Trend kommt aus den USA. Dort erscheint mit „USA today" seit 1985 eine Tageszeitung, die als ihr Selbstverständnis formuliert, daß sie das Fernsehen in die Zeitung gebracht habe. Aus heutiger Sicht wirkt dieses Blatt allerdings „normal" – aufgeräumt und mit kurzen Texten, wie es mittlerweile viele Tageszeitungen realisiert haben.

In Deutschland ist der Infografik-Boom direkt mit dem Marktauftritt der Wochenzeitschrift ▶ „Focus" verbunden, die von der Erstausgabe 1993 an auf eine kleinteilige Seitenstruktur mit vielen Infografiken setzt.  S. 50

Ein neues Genre? Nein, denn seit dem Altertum existieren Schaubilder neben Texten immer dort, wo das Bild „auf einen Blick" die überlegene Darstellung liefern konnte. Neu sind heute vor allem die Produktionsbedingungen: Computer, Datenübertragung und Drucktechniken. Verändert haben sich mit Sicherheit auch die Sehgewohnheiten – vor allem durch das Fernsehen. Erstaunlich stabil geblieben sind dagegen die grundsätzlichen Kriterien für visuellen Informationstransfer – so daß viele der überlieferten didaktischen Gedanken auch heute noch taugliche Instrumente sind, um Infografiken zu beurteilen und zu entwickeln.

Journalistenzentrum Haus Busch, Infografikkurs 1997 (Autor unbekannt)

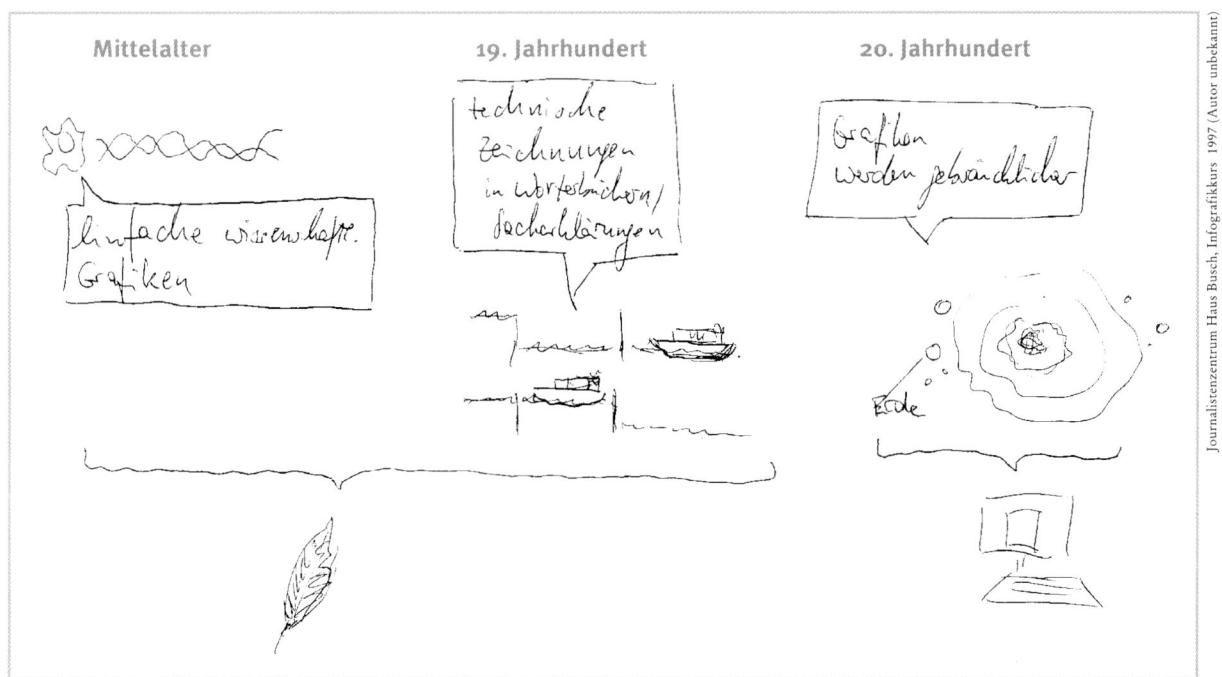

VON DER FRÜHZEIT BIS IN DIE
Zukunft: Infografiken
waren, sind und bleiben Teil
der menschlichen Kommu-
nikation.

Der Bilderbogen der Erscheinungsformen

Infografiken haben sich heute zu einem unverzichtbaren Bestandteil der Kommunikation entwickelt. Es gibt sie überall, auch dort, wo man sie nicht vermutet. Wir leben mit ihnen, lernen sie „lesen", lernen ihre Regeln, ohne daß es uns immer bewußt ist.

Plakative Visualisierungen abstrakter Zusammenhänge sind aus der modernen Kommunikation nicht mehr wegzudenken. In einem Geschäftsbericht visualisiert die Infografik als ▸Bildstatistik publikumswirksam die Kernaussage umfangreicher Zahlenkolonnen, die heute keiner mehr mühsam selbst durcharbeiten möchte. Die Organisationsstruktur eines Unternehmens wird plastisch in einer ▸Prinzipdarstellung. Szenarien, wie z. B. die alternativen Planungen einer Zugstrecke, schaffen in der Öffentlichkeitsarbeit die erforderliche Transparenz, wenn sie in einer ▸Karte nebeneinander dargestellt präsentiert werden. Auch die Vorteile eines Produktes lassen sich durchaus attraktiv infografisch anpreisen, sofern die Werbekampagne nicht rein emotional argumentieren will.

 S. 172

 S. 114

 S. 138

Vorträge – unabhängig davon, ob sie pädagogischem oder verkaufsförderndem Interesse dienen – gewinnen an Überzeugungskraft durch Grafikeinsatz. Wie oft sehnt man sich angesichts endloser Projektionen von Textseiten nach einer instruktiven Grafik! Und schließlich kann auch die Bürokommunikation vom Einsatz knapper Skizzen anstele langer Vermerke nur profitieren.

So vielfältig wie die Einsatzmöglichkeiten sind auch die Themen. Infografiken schließen die Lücke zwischen dem Foto, das die Realität lebensecht abbildet, und dem Text, der sie beschreibt. „Auf einen Blick" verdeutlichen sie: die Funktionsweise eines Kraftwerks, den Ablauf eines Entscheidungsprozesses, die Ergebnisse einer Meinungsumfrage oder den täglichen Wetterbericht.

Christian Gotthardt, 1981

Wie die Arbeit der Menschen sich entwickelt (Beispiel: Griechenland)

① Zunächst lebten die Griechen auf kleinen Höfen oder in kleinen Siedlungen.

② Einige dieser Siedlungen wurden zu großen Städten, z.B. Athen.

③ In Athen ging man in der Organisation der Arbeit noch einen Schritt weiter.

DAS HANDGEZEICHNETE
Diese Skizze für den Geschichtsunterricht entwikkelt als Bildfolge die zunehmende Arbeitsteilung.

DIE GRAFIK AUF EINER
Klopapierverpackung wirbt für den „100% geschlossenen (?! A.J.) Kreislauf".

WEPA Papierfabrik, 1998

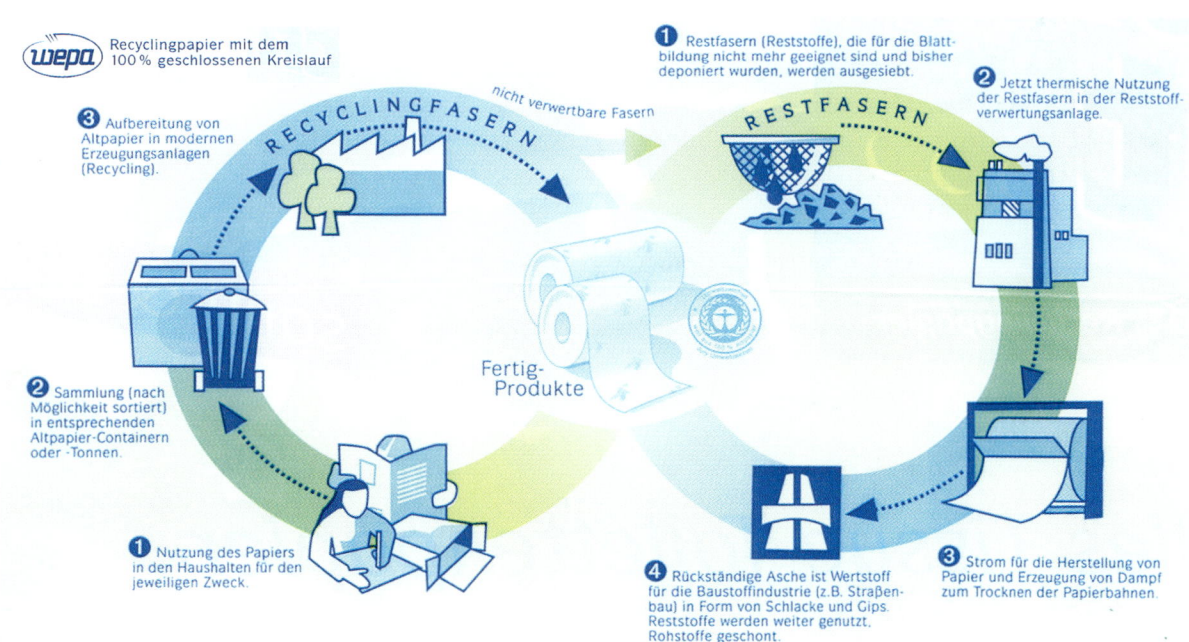

wepa Recyclingpapier mit dem 100 % geschlossenen Kreislauf

❶ Restfasern (Reststoffe), die für die Blattbildung nicht mehr geeignet sind und bisher deponiert wurden, werden ausgesiebt.

❷ Jetzt thermische Nutzung der Restfasern in der Reststoffverwertungsanlage.

❸ Aufbereitung von Altpapier in modernen Erzeugungsanlagen (Recycling).

RECYCLINGFASERN

nicht verwertbare Fasern

RESTFASERN

❷ Sammlung (nach Möglichkeit sortiert) in entsprechenden Altpapier-Containern oder -Tonnen.

Fertig-Produkte

❶ Nutzung des Papiers in den Haushalten für den jeweiligen Zweck.

❹ Rückständige Asche ist Wertstoff für die Baustoffindustrie (z.B. Straßenbau) in Form von Schlacke und Gips. Reststoffe werden weiter genutzt, Rohstoffe geschont.

❸ Strom für die Herstellung von Papier und Erzeugung von Dampf zum Trocknen der Papierbahnen.

Der Trend vom Text zum Bild

Infografiker wollen Information unterhaltend präsentieren. Sie servieren einem Publikum, das sich langen Texten verweigert, „leichte Kost". Verdrängt also die Unterhaltung die Information?

Das Fernsehen ist zum Leitmedium geworden. Bunt und abwechslungsreich will deshalb auch die Argumentation auf allen anderen Kanälen sein: in der Zeitung, im Geschäftsbericht, im Werbe-Flyer. Als Bestandteil moderner Kommunikationskonzepte sollen Infografiken helfen, komplizierte Inhalte leichter zugänglich zu machen. Sie versprechen Leseservice und Unterhaltung bei Wahrung des Informationsgehalts.

„Infotainment" – ein Kunstwort aus „Information" und „Entertainment" – beschreibt den Anspruch der unterhaltsamen Informationspräsentation. Weil das Publikum nicht mehr systematisch liest, sondern auch im gedruckten Medium „zappen" will, zerlegen Kommunikationsprofis die Information in Foto, Infografik, Zitat, Kurztext, Kommentar usw. Dem Text, der bisher die Struktur vorgab, werden Gestaltung und Bilder gleichberechtigt zur Seite gestellt.

Ist dieser Trend, der sich vom zusammenhängenden Text abwendet, zwangsläufig mit Informationsverlust verbunden? Bedeutet die unterhaltsame Präsentation immer auch Verzicht auf inhaltliche Dichte? Einige altgediente Medienmacher scheinen das so zu sehen und verweigern sich deshalb der bildhaften Kommunikation. Man mag ihnen recht geben, wenn man lieblos entworfene und inhaltsarme Beispiele betrachtet. Aber meist mangelt es an der konkreten Umsetzung, für die das Medium „Infografik" nicht verantwortlich zu machen ist.

Die Traditionalisten der Information übersehen das Grundmotiv der Textflucht. Es ist das berechtigte Anliegen des Publikums, in der jeweils einfachsten und instruktivsten Form informiert zu werden. Sinnvoll und unaufhaltsam sind Infografiken deshalb überall dort, wo sie lange Beschreibungen ersetzen oder Erkenntnisse ermöglichen, die ein Text nicht leisten kann.

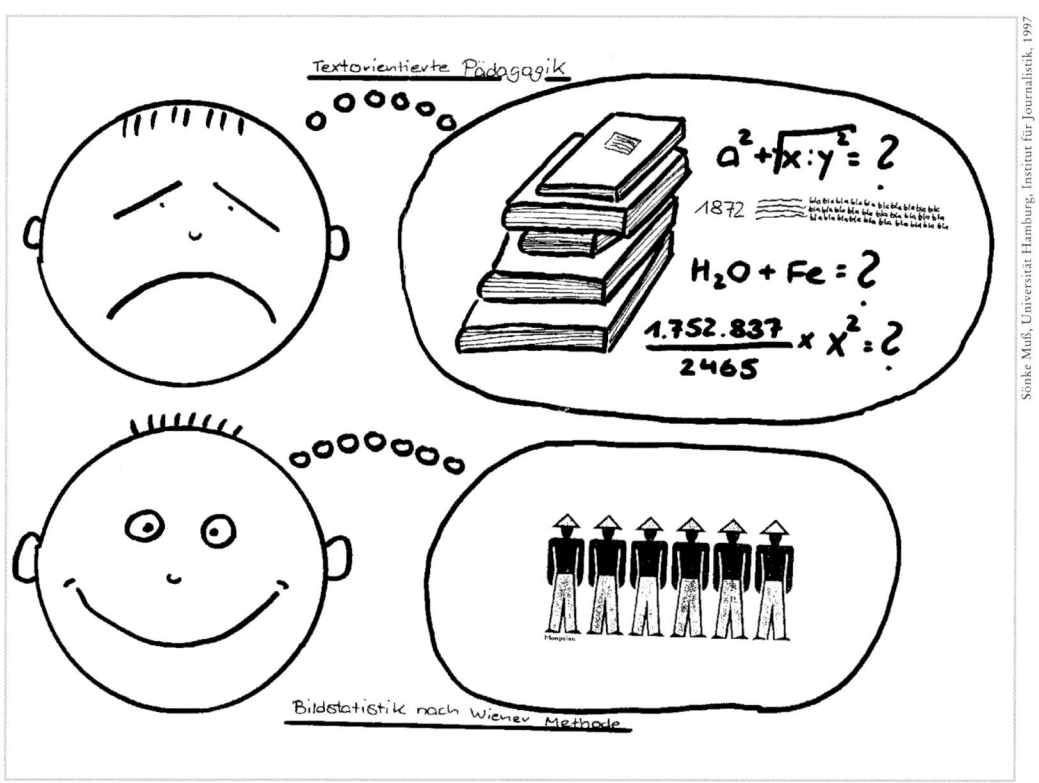

Vorurteile des Tabellen- und des Grafikfans

Wiener Methode
S. 36

DER TABELLENFAN

Die tabellarische Form ist vom lesenden Publikum mehr als billig gehaßt. Dieß rührt wohl davon her, daß die Tabelle concentrirtes Denken erfordert, während vom Publikum das durch die Phrase verwässerte Denken vorgezogen wird.

GEORG MAYR, 1877

DER GRAFIKFAN

Das anschauliche Denken ist hier dem begrifflichen überlegen (...) Eine Tabelle kann noch so durchsichtig sein, sie ersetzt niemals eine grafische Darstellung, wo die Verschiedenheit der Einzelfälle sich verwischt und das allgemeine in den Vordergrund tritt.

GEORG V. MÜLLER, 1919

Der Wildwuchs der Produktion

Das hohe Tempo des aktuellen Infografik-Booms hat wirtschaftliche Gründe. Der Verlust von Marktanteilen gegenüber dem Fernsehen zwang die Printmedien zu schnellem Handeln, so daß die Reflexion über den Trend notwendigerweise zurückblieb.

Wenn man die Renaissance des Schaubildes grundsätzlich für sinnvoll hält, steht es nicht zur Debatte, die Entwicklung zurückzudrehen. In Frage stellen kann man aber das Niveau vieler Darstellungen. Sieht man ab von der möglichen bewußten Weigerung, Information zu gestalten, so ist hierfür vor allem die unzureichende Tradition einer Bildkultur verantwortlich. Während die Auseinandersetzung mit Texten selbstverständlich zum Schulunterricht gehört, ist Bildkritik kaum verbreitet.

Als die Infografik als Trend aus den USA über Deutschland hereinbrach, traf sie auf Produzenten und ein Publikum, die ihre Ansprüche an Informationsbilder nicht klar formulieren konnten. Deshalb herrscht Unsicherheit darüber, was Infografiken leisten können und über welche Qualifikation ihre Macher verfügen sollten. Und ohne daß diese Fragen hinreichend diskutiert wären, setzen sich Infografiken mehr und mehr als selbstverständlicher Bestandteil der Kommunikation durch.

Also doch nur „Fastfood" für die „Infoelite"? Ob Infografiken dieses Vorurteil entkräften können, wird davon abhängen, in welcher Form sie sich etablieren: als verkürzte Darstellungen, als billige „Eye-Catcher" oder als gut durchdachte, ansprechend gestaltete Bilder, die ihrem Publikum eine spannende Grundlage für ein eigenes Urteil bieten.

Die kritische Auseinandersetzung mit der Infografik ist überfällig. Ihr Theoriedefizit ist nicht zuletzt durch eine intensive Beschäftigung mit der Geschichte des Schaubildes zu beheben. Die Debatte um das Niveau der Infografik kann nicht allein von den Gestaltern geführt werden. Dem Publikum kommt dabei eine aktive Rolle zu. Denn erst wenn die Leser in der Lage sind, Infografiken zu entschlüsseln und damit auch ihr Niveau zu bewerten, wird die Qualität infografischer Darstellungen marktentscheidend werden.

Kommen jetzt die Schnäppchen?

Asienkrise. Infolge des Währungsverfalls kaufen Importeure in Asien zu Spottpreisen ein. Doch in deutschen Läden kamen die Niedrigpreise noch nicht an.

Deutsche Verbraucher sind sauer: Seit Monaten hören und lesen sie, daß die Asienkrise zu einem drastischen Preisverfall bei Importen aus Fernost geführt hat. Die Händler kauften zu Spottpreisen ein, doch in den Regalen der deutschen Geschäfte bleibt alles beim alten. Außer vereinzelten Sonderangeboten sind Produkte aus Asien fast genauso teuer wie ein Jahr zuvor.

Lediglich die Reiseveranstalter kalkulieren mit dem Währungsverfall und bieten Asienreisen schon länger zu Sonderpreisen an (vgl. GELDidee 16/98). Im ersten Quartal 1999 können Ferntouristen mit neuen Schnäppchen rechnen.

Preisverfall in Asien

Ein Blick in die Außenhandelsstatistik zeigt: Die europäischen Importeure haben pro Tonne Ware aus Asien weitaus weniger bezahlt als noch im Jahr zuvor. Aus Singapur bezog die EU in den ersten drei Monaten 1998 dem Gewicht nach 471 Prozent mehr Waren als im Vorjahreszeitraum. Gleichzeitig sank der durchschnittliche Warenwert pro Tonne um 78 (!) Prozent. Ähnlich sieht die Rechnung für Importe aus Südkorea, Taiwan, Japan und von den Philippinen aus.

Wo aber bleibt der Vorteil für die Verbraucher in Deutschland? Von dem Preisverfall asiatischer Güter spüren sie noch nicht viel. Der Handel gibt die Preisvorteile nur über einige wenige Sonderaktionen an seine Kunden weiter. Bei den mei-

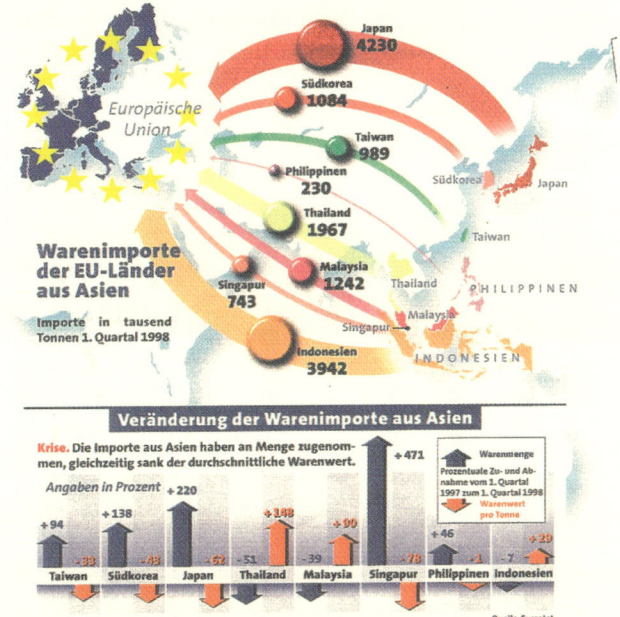

Europäische Union

Warenimporte der EU-Länder aus Asien

Importe in tausend Tonnen 1. Quartal 1998

Japan 4230
Südkorea 1084
Taiwan 989
Philippinen 230
Thailand 1967
Malaysia 1242
Singapur 743
Indonesien 3942

Südkorea · Japan · Taiwan · Thailand · Singapur · PHILIPPINEN · Malaysia · INDONESIEN

Veränderung der Warenimporte aus Asien

Krise. Die Importe aus Asien haben an Menge zugenommen, gleichzeitig sank der durchschnittliche Warenwert.

Angaben in Prozent

Warenmenge · Prozentuale Zu- und Abnahme vom 1. Quartal 1997 zum 1. Quartal 1998 · Warenwert pro Tonne

	Taiwan	Südkorea	Japan	Thailand	Malaysia	Singapur	Philippinen	Indonesien
Menge	+94	+138	+220	+148	+90	+471	+46	+29
Wert	-33	-43	-62	-51	-39	-78	-1	-7

Quelle: Eurostat

sten Produkten jedoch ändert sich preislich nichts. „Wer auf dem Markt seinen Wunschpreis erzielen kann, macht das natürlich und steckt den Gewinn ein", sagt Dirk Clasen von der Arbeitsgemeinschaft der Verbraucherverbände (AgV). Die heimlichen Handelsspannen dürften fett sein.

Diesen Vorwurf weist Friedrich Peterhans vom Versand- und Einzelhandelshaus Conrad Electronic von sich. „Wir rechnen in US-Dollar ab und sind deshalb diesen Währungsschwankungen gar nicht ausgesetzt", sagt er. Damit wäre der Schwarze Peter bei den

asiatischen Herstellern. Doch daß ausgerechnet sie von der Krise und dem Währungsverfall profitieren, mag keiner so recht glauben.

Auch mit gestiegenen Nebenkosten als Erklärung für die unveränderte Preissituation argumentiert der Handel. So lag der Preis für einen 20-Fuß-Container von Singapur nach Rotterdam vor der Krise bei 800 Dollar, heute bei 1200 Dollar. Grund: Für den Weg von

Asien nach Europa gibt es für die gestiegene Warenmenge gar nicht genug Schiffscontainer. Die Rückpassage hingegen treten die Frachter nahezu leer an, weil in Asien niemand mehr die teuren europäischen Produkte kaufen kann.

Mehr Sonderangebote

Für viele Experten aber war es nur eine Frage der Zeit, bis der Preisdamm brechen würde. „Wenn Aldi wieder billige Computer verkauft, dann ist das ein Zeichen", prophezeite Herbert Lahmann vom

ASIEN. Viele Firmen produzieren trotz Krise weiter.

Ziel: Information durch das Bild

Man kann die zunehmende Visualisierung abstrakter Zusammenhänge als Zugeständnis an ein textentfremdetes Publikum bedauern. Reizvoller ist es jedoch, sie als interessante Aufgabe zu begreifen und wirklich informative Grafiken zu entwerfen.

Eine Infografik erfordert klare Aussagen und eindeutige Zuspitzungen. Oft kann so die Kommunikation strukturiert und gestrafft werden. Und manche Erkenntnisse werden überhaupt erst im Bild möglich.

Vielen textgeprägten Entscheidern ist dies allerdings noch nahezubringen. Dabei müßte es für eine entwickelte, individualisierte Gesellschaft „normal" sein, sich allgemeinverständlich auszudrücken. Der Zwang zu visualisieren und zu unterhalten kann deshalb als Chance begriffen werden, eingefahrene Kommunikationsstrukturen auf hohem Niveau zu verändern. Das gilt sowohl für die Printmedien als auch für die Unternehmenskommunikation oder Vortragstätigkeit.

Durch die folgenden Seiten zieht sich der Leitsatz: Die Aufgabe der Infografik ist die Information durch das Bild. Als Infografiken werden dabei alle Bilder verstanden, die zu diesem Zweck über die rein abbildende Fotografie oder die Illustration hinausgehen.

Infografiken beantworten Fragen. Nach der Art der Fragen, die sie beantworten wollen, lassen sie sich in drei Typen unterscheiden.

Der erste Typ: ▸Prinzipdarstellungen. Sie beantworten die Fragen nach dem „Was?" und dem „Wie?". Sie beschreiben einen Gegenstand, seine Struktur oder den Ablauf eines Prozesses. S. 114

Den zweiten Typ bilden die ▸Karten, exakt formuliert, die kartographischen Infografiken. Sie erläutern uns das „Wo?". Sie zeigen einen Ereignisraum bzw. die räumliche Verteilung von qualitativen oder quantitativen Aspekten eines Themas. S. 138

Beim dritten Typ, den ▸Bildstatistiken, lautet die Fragestellung „Wie viele?" Sie setzen Zahlen ins Bild. Oft ermöglichen sie auch die zeitliche Einordnung, das „Wann?". S. 172

Interessant werden viele Infografiken erst durch die Kombination von Fragestellungen. Man verbindet deshalb in der Praxis häufig die Infografik-Typen miteinander. Oft kann so erst die Frage hinter den Fragen, nämlich das „Warum?", beantwortet werden.

Infografik-Typen

Prinzipdarstellung

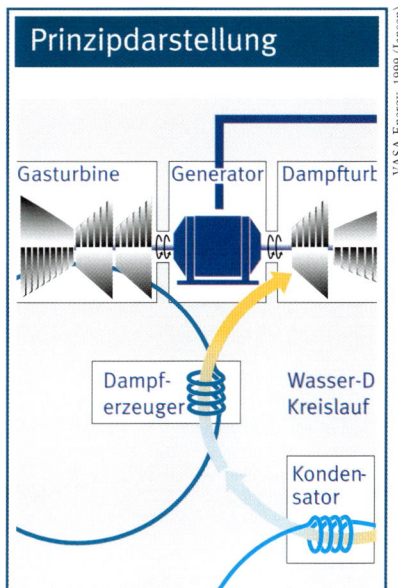

VASA Energy, 1999 (Jansen)

Gasturbine · Generator · Dampfturb[ine]

Dampf-erzeuger · Wasser-D Kreislauf

Konden-sator

Karte (Kartographische Infografik)

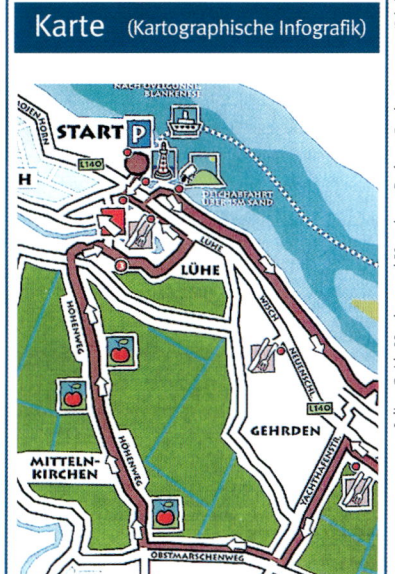

Inline-Guide Hamburg und Umgebung Pecher + Böckmann, 1998 (Jäkel)

Bildstatistik

CASH 27.11.1998 (Nigel Simmonds)

Der lange Atem des Fiskus

PRINZIPDARSTELLUNGEN
ermöglichen es, „Dinge, die man nicht sieht", darzustellen und dadurch zu ihrem Verständnis beizutragen. Die Bandbreite ist groß: von der skizzierten Unternehmensstruktur (dem klassischen Organigramm) bis zum Funktionsprinzip einer technischen Anlage-Prinzipdarstellungen verdeutlichen Aussehen, Struktur oder Prozesse.

KARTOGRAPHISCHE INFOGRAFIKEN
vermitteln einfach, übersichtlich und prägnant raumbezogene Informationen. Sie können Orientierung liefern, indem sie zeigen, wo sich ein Ereignis zugetragen hat, und darüber hinaus die räumliche Verteilung bestimmter Aspekte visualisieren.

BILDSTATISTIKEN
sind alle Infografiken, bei denen die Darstellung von Mengen im Vordergrund steht. Ihr Darstellungsprinzip ist der Mengenvergleich. Ob dies durch Torte, Balken oder Kurve geschieht, entscheidet die Fragestellung, auf die die Grafik antworten will.

Geschichte

Mehr als 8000 Jahre

So alt ist das früheste Beispiel dafür, daß Menschen ihren Lebensraum mit Landkarten festgehalten und uns überliefert haben.

Aus Kulturen des Mittelmeers und Europas sind Landkarten seit etwa 8200 Jahren nachweisbar. Die ältesten Darstellungen wurden auf Fels gemalt oder geritzt, in Ton graviert sowie auf Papyrus gezeichnet. Sie zeigen Siedlungen mit ihren Umgebungen recht ausführlich sowie größere Gebiete in stark vereinfachter Form. Darüber hinaus wurden zeitgenössische Räume, die lediglich z.B. in der religiösen Vorstellung ihrer Schöpfer bestanden, in vielfältigen grafischen Bildern festgehalten.

Zur Sicherung von Besitz und Nahrung wie von politisch-religiöser Macht sind etwa seit dem 3. Jahrtausend vor Christus vor allem in den Flußoasen an Euphrat und Tigris sowie am Nil das Vermessungswesen, aber auch die Himmels- und Sternkunde ausgeübt und weiterentwickelt worden. Nach dem jährlichen Hochwasser mußten die mit fruchtbarem Schlamm bedeckten Felder neu und gerecht ausgemessen und verteilt werden; die Landvermesser, die diese Arbeit verrichteten, übten ihr angesehenes Amt als Gehilfen der Priester aus.

In den Hochkulturen und Reichen Griechenlands wie Roms haben Philosophen Vorstellungen von Form und Größe der Erde entwickelt. Aus den Jahrhunderten vor und nach Christus sind aber auch Karten als Ergebnis von Vermessungen und Datensammlungen bekannt. Die römische Verwaltung setzte Landkarten für zivile und militärische Zwecke ein. So entstanden bei der Übertragung römischer Kultur in eroberte Gebiete großflächige neue Siedlungsgebiete, die vermessen und in Landkarten dargestellt worden sind und deren Regelmäßigkeit z.T. noch heute in der Landschaft erkennbar ist. Aus der Zeit des Kaisers Augustus wird überliefert, daß in Rom und anderen Großstädten des Reiches Landkarten der bekannten Welt auf öffentlichen Plätzen zur Schau gestellt wurden. Nur durch eine mittelalterliche Kopie ist eine Straßenkarte des Römischen Reiches aus dem 4. Jh. n. Chr. überliefert, die ursprünglich als schmales Landkarten-Band von fast 7 m Länge aus Pergament auf einen hölzernen Stab aufgerollt werden konnte, damit sie nicht durch Knicke oder Falten beschädigt wurde.

Sieht man die „Gebrauchs"-Kartographie vor allem an Euphrat und Tigris und dann im Römischen Reich als Vor- bzw. Frühform der Infografik an, so reicht die Geschichte der Infografik rund 3500 Jahre zurück.

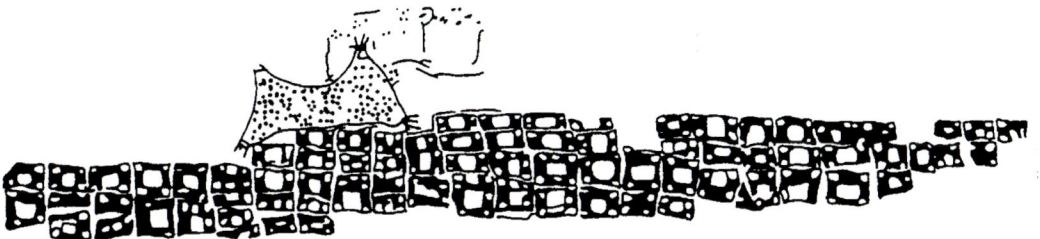

WANDMALEREI VON ÇATAL HÜYÜK
Die rund 8200 Jahre alte Grafik aus Anatolien zeigt unten den Grundriß einer Siedlung und oben die Seitenansicht zweier Vulkane.

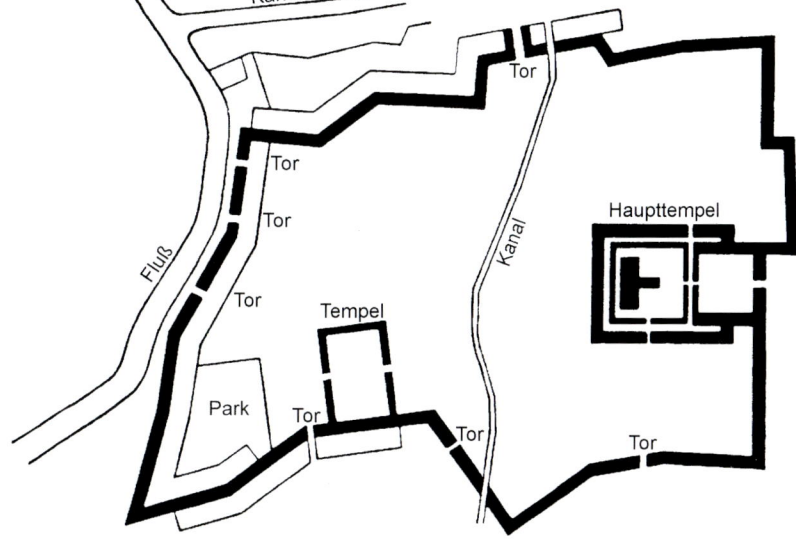

STADTPLAN VON NIPPUR
Dieser Plan wurde etwa 1500 v. Chr. in Babylonien in Ton geritzt und konnte durch Ausgrabungen überprüft werden: Der Plan ist korrekt.

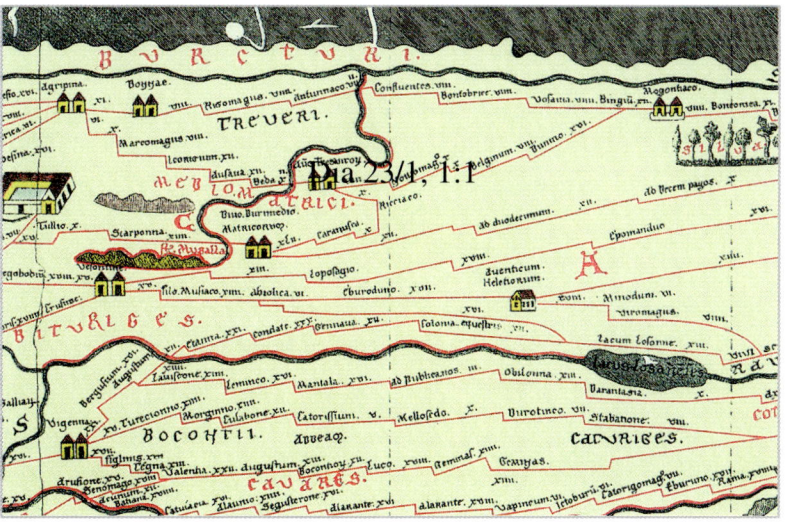

PEUTINGERSCHE TAFEL
Kopie einer römischen Straßenkarte aus dem 12./13. Jh., oben am Rand von rechts nach links als blaue Linie der Rhein mit Mainz/Mogontiaco, Koblenz/Confluentes und der Moselmündung, Bonn/Bonnae sowie Köln /Agrippina.

Bild der Wissenschaft

Seit frühgeschichtlicher Zeit nutzt die Menschheit das Bildmedium. Bis in die Renaissance hinein blieb es allerdings einer Elite vorbehalten: „Wissensträger" waren Priester, Ärzte, Astronomen sowie Entdecker, Militärs und Baumeister.

Neben den erwähnten Karten sind auch Informationsbilder aus Ägypten überliefert. Diese Vorgänger unserer heutigen Prinzipdarstellungen zeigen Arbeitsabläufe oder dokumentieren wichtige Ereignisse. Daß die Figuren bis zum Symbol vereinfacht sind und perspektivische Ansichten fehlen, darf nicht als zeichnerische Unfähigkeit mißverstanden werden. Es handelt sich vielmehr um einen Kunstgriff, damit Gegenstände und Personen jeweils von der anschaulichsten Seite dargestellt werden konnten. Und wenn der Herrscher größer dargestellt wurde als die anderen Figuren, so war dies eine bewußte Abwendung von der Realität, um die gesellschaftliche Stellung zu symbolisieren.

Das älteste bekannte Kurvendiagramm stammt aus dem Mittelalter. Die Zeichnung aus dem 10. oder 11. Jahrhundert vergleicht die Bewegung von verschiedenen Planeten auf einem Koordinatennetz. Unbekannte Phänomene zu beobachten, ihr Verhalten zu beschreiben und aufzuzeichnen, das waren notwendige Schritte auf dem Weg der Erkenntnis – und Grafiken spielten dabei eine bedeutende Rolle.

Einen großen Sprung macht die infografische Entwicklung in der Renaissance. Vernunft und Erfahrung ersetzten nach und nach Mystik und Religion, und in Folge dieses philosophischen Fortschritts entwickelten sich Wissenschaft und Technik. Das Kartesische Koordinatensystem, Grundlage der heute noch üblichen Diagrammdarstellungen, verdeutlicht die Wende in den Naturwissenschaften von der qualitativen Wesensbeschreibung hin zur quantitativen – messenden – Methode und markiert damit den Beginn der ▸Bild-  S. 114 statistik.

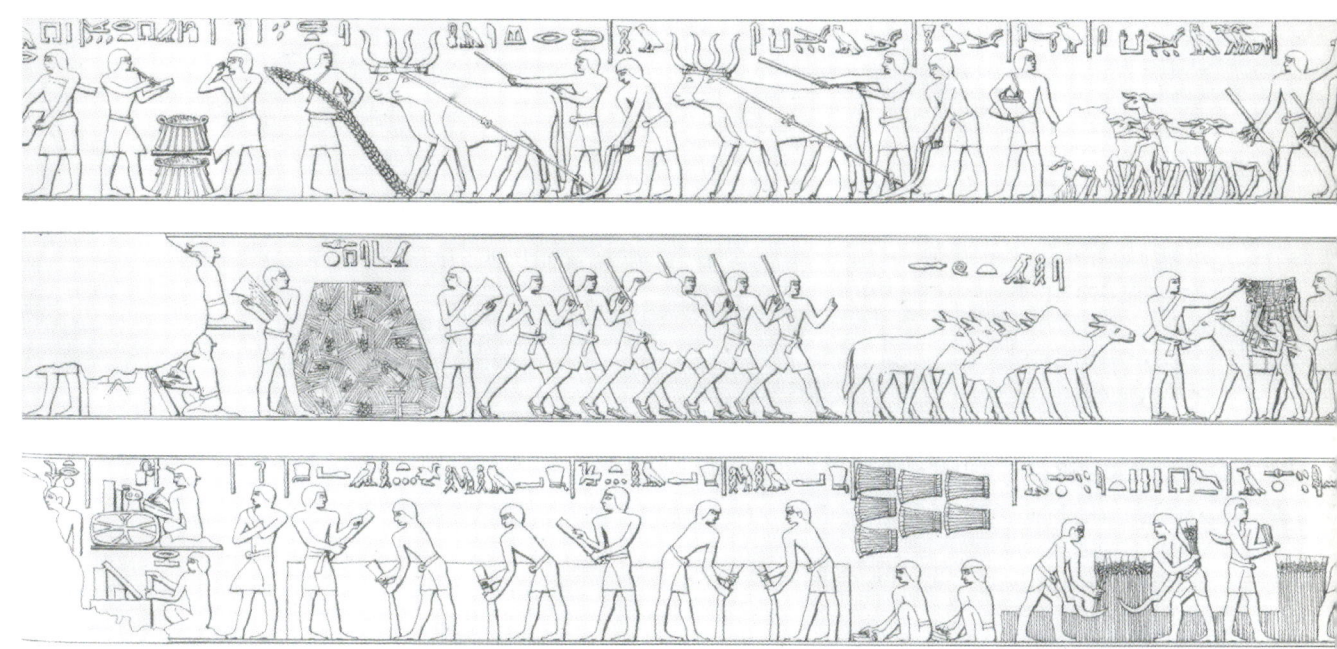

DARSTELLUNG LANDWIRTSCHAFT-
licher Arbeiten an der West-
wand des Grabes von Urar-
na II, 300 km südlich von
Kairo, aus der Zeit um 2400
vor unserer Zeitrechnung.

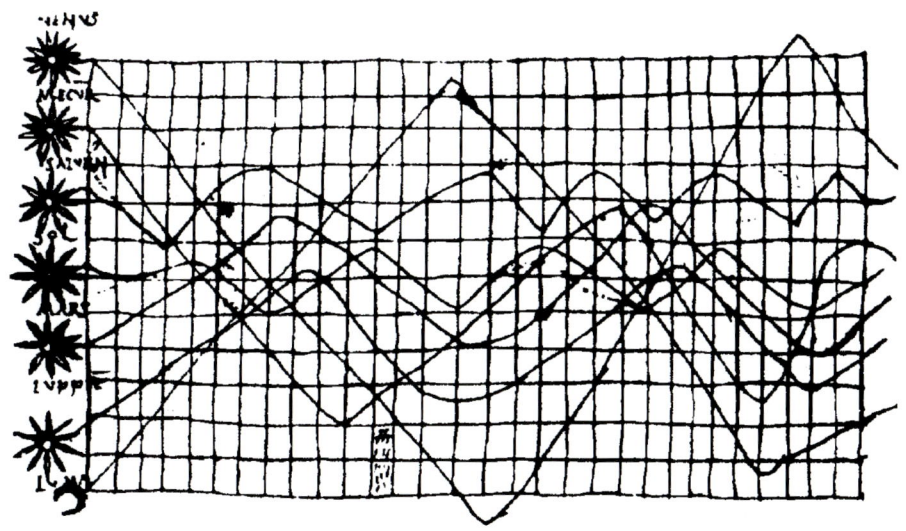

VERSCHIEDENE PLANETEN-
bewegungen sind in ein
Gitternetz gezeichnet, um
den Verlauf ihrer Bahnen
vergleichen zu können.
Entworfen im 10. oder 11.
Jahrhundert von einem
unbekannten Astronomen.

Die neue Welt

Der Übergang vom Mittelalter zur Neuzeit bedeutet den Ersatz des Bildes der „Alten Welt" = Europa-Afrika-Asien durch die „neue" Welt mit Amerika und dem Pazifischen Ozean.

Die Vormacht des christlichen Römischen Reiches samt seiner Kartographie zerbrach um die Mitte des 1. nachchristlichen Jahrtausends und wurde wenig später von derjenigen des Islam abgelöst. Parallel zueinander entwickelten sich während des Mittelalters islamische Landkarten sowie verschiedene Typen von Landkarten in der christlichen Welt.

Unter diesen Formen finden sich Landkarten biblischen Inhalts oder sogar mit der Wiedergabe der Welt als Leib Christi. Andere Landkarten zeigen vereinfachte, aber realistische Darstellungen von Reiserouten und Ländern. Um 1300 datieren die ersten Seekarten des Mittelmeers und des Schwarzen Meers mit der Darstellung der Küstenlinien in einer Präzision, deren Ursprung bisher nicht erklärbar ist (Portolane).

Der Beginn der kartographischen Neuzeit seit dem 15. Jh. wird dadurch markiert, daß die vor allem religiösen Vorstellungen des Mittelalters zugunsten rationalen Denkens ersetzt werden und europäische Mächte – zuerst Portugal und Spanien – aus wirtschaftlichen Motiven nach Asien und Amerika expandieren. Zudem werden die kartographischen Prinzipien des Ptolemäus aus dem 2. Jh. n. Chr. wiederentdeckt, die in Vergessenheit geraten waren.

Es entstanden nun nicht nur Karten in gezeichneter, sondern auch in gedruckter Form als Holzschnitte und Kupferstiche. Sie wurden Objekte des Handels und fanden reißenden Absatz. Trotzdem blieben Landkarten so gut wie ausschließlich dem Adel und reichen Bürgern als den Trägern der Macht vorbehalten.

Zentren kartographischer Aktivitäten in Europa wurden zunächst Italien und Mallorca, dann die Niederlande, Frankreich und England.

Als Beispiele für wichtige in Deutschland entstandene Landkarten aus dem 16. und frühen 17. Jh. seien diejenigen von Apian aus Bayern, von Mercator aus Duisburg und von Lubin aus Pommern genannt.

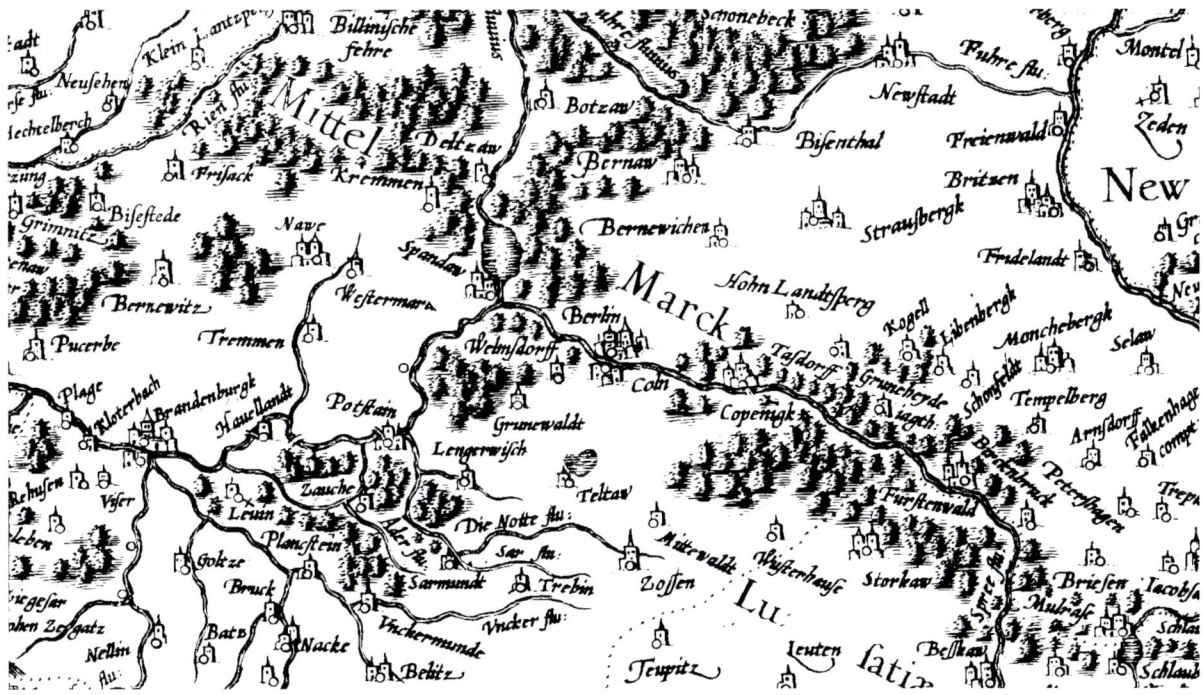

GERHARD MERCATOR: BRANDENBURG UND POMMERN 1585 – Ausschnitt mit Berlin und Umgebung.

EILHARD LUBIN: POMMERN 1618 – Ausschnitt mit Stettin und Umgebung.

Der Fortschritt will Transparenz

Bis zur Renaissance bleiben Bilder selbstverständliche Medien der Welterkenntnis und wissenschaftlichen Kommunikation. In der Epoche der Aufklärung kommt ein neues Motiv hinzu: wissenschaftliche und technische Phänomene allgemeinverständlich zu erklären. Das didaktische Bild entsteht.

Die Popularisierung des Wissens war eine wichtige Voraussetzung für den weiteren gesellschaftlichen und technischen Fortschritt.

Folgerichtig fällt in diese Epoche der erste Versuch, die gesammelten Erkenntnisse der Zeit festzuhalten. Eine 33 Bände umfassende Enzyklopädie erschien in den Jahren 1751 bis 1777. Unter der Leitung der französischen Philosophen Diderot und d'Alambert stellte eine Autorengruppe den aktuellen Informationsstand aller Wissensgebiete zusammen. Es war das erste Kollektivunternehmen dieser Art. Tausend Mitarbeitern gab die Enzyklopädie 25 Jahre lang Lohn und Brot.

Daß die Autoren Wissenschaft möglichst allgemeinverständlich darstellen wollten, zeigt sich auch daran, daß von den 28 letztendlich erschienenen Bänden 11 Bildbände waren. 3000 Kupferstiche ergänzten die Texte. Diese Bilder sind zumeist typische Informationsgrafiken, die bewußt über die reine Abbildung hinausgehen und das Wesen und die Zusammensetzung der Dinge visualisieren. Seinen Informationsanspruch an die Zeichnungen definierte Diderot prägnant und lieferte so die erste Definition für Infografiken.

Die Abbildungen aber haben wir beschränkt (...) auf solche Momente, die sehr leicht darzustellen und sehr schwer zu erklären sind. Wir hielten uns dabei an die wesentlichen Umstände, das heißt an solche, deren Darstellung, wenn sie gut ist, notwendig zur Kenntnis der Umstände führt, die man nicht sieht.
DENIS DIDEROT, CA. 1770

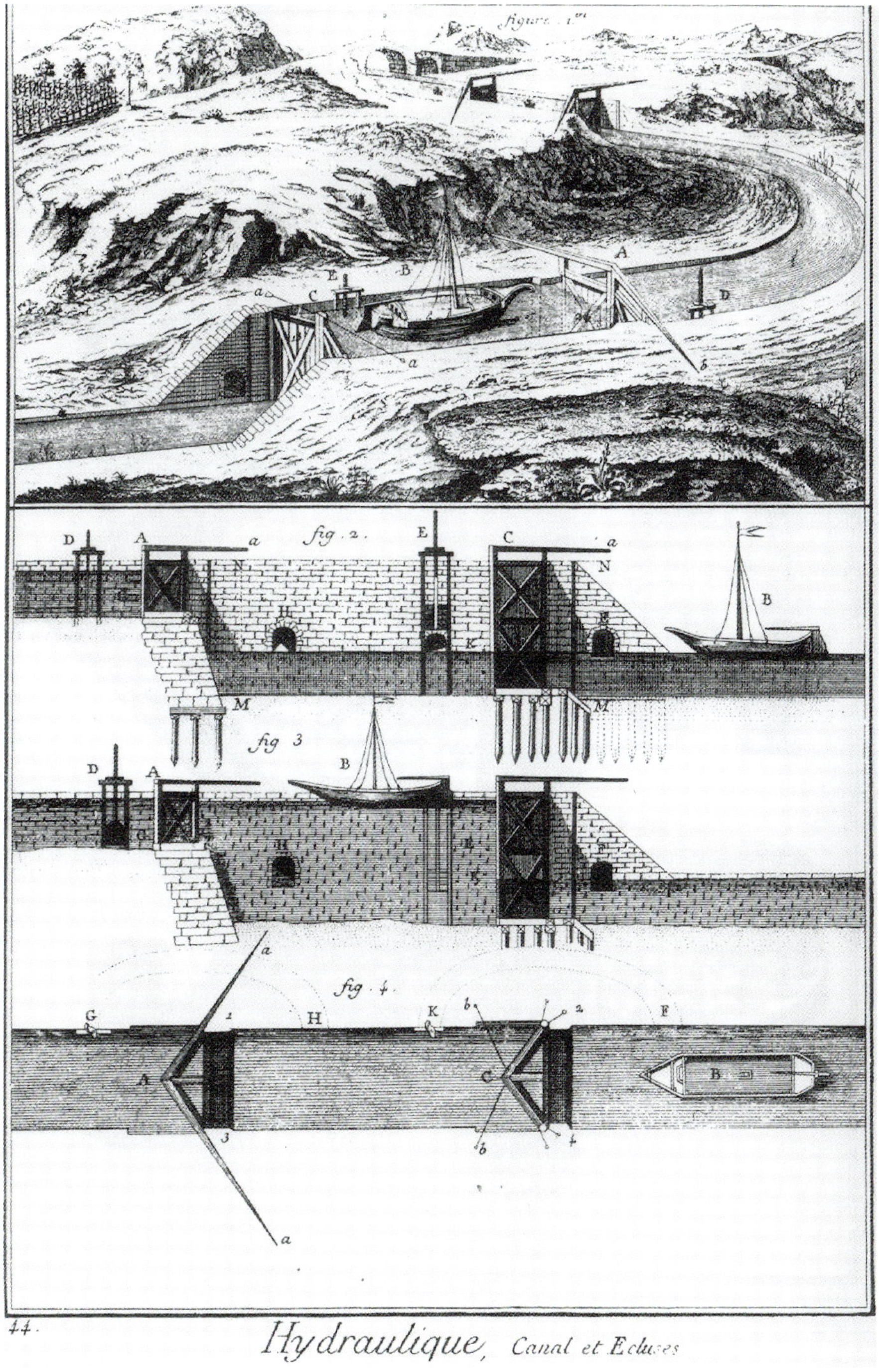

EINE TYPISCHE INFOGRAFIK – 200 Jahre alt. Die Prinzip-darstellung einer Schleuse zeigt im oberen Bild eine Übersicht des Schleusen-bereichs. Die unteren drei Skizzen verdeutlichen das Funktionsprinzip. Im Original wurden alle Grafiken durch Texte ergänzt. Darauf weisen die Ziffern und Buchstaben hin.

Diderot-Enzyklopädie (1751-1777)

Hydraulique, Canal et Ecluses

Das Kapital braucht das Diagramm

Im 18. und 19. Jahrhundert wurden die heute noch üblichen Diagrammformen entwickelt. Zahlenbilder mit gegenständlichen Symbolen statt abstrakter Balken und Linien sorgten für ihre Popularisierung.

Diagramme nutzte man zunächst, um Entwicklungen von Mengen über einen bestimmten Zeitraum – sogenannte ▸Zeitreihen – grafisch darzustellen.  S. 184 ff. Vor mehr als 200 Jahren erweiterte der schottische Ökonom Playfair die Möglichkeiten der Diagrammdarstellung, indem er auf eine durchgehende Zeitachse verzichtete und so durch die Auswahl eine größere Anschaulichkeit erzielte. Im zeitunabhängigen ▸Balkendiagramm konnten verschiedene Mengen miteinander verglichen werden. Playfair konzipierte auch das ▸Kreisdiagramm, das sich besonders eignet, um Teilmengen gegenüberzustellen. Er gilt als Begründer des statistischen Schaubildes und entdeckte dieses Feld für die Präsentation von Wirtschaftsthemen. S. 180 ff.
S. 176 ff.

Auch der Naturforscher Humboldt, der in der ersten Hälfte des 19. Jahrhunderts durch seine Forschungen die Naturwissenschaften der damaligen Zeit revolutionierte, arbeitete mit Informationsbildern. Sein bedeutendstes wissenschaftliches Werk, den 30bändigen Bericht über eine Amerikareise, versah er mit zahlreichen Grafiken und Bildstatistiken.

Ein wesentlicher Beitrag zur Popularisierung von Zahlenbildern bestand darin, die Mengen gegenständlich darzustellen und damit dem Betrachter die Erinnerung an das Thema zu erleichtern. Erst hundert Jahre nach Playfair, 1884, propagierte der britische Statistiker Mulhall in seinem „Dictionary of Statistics" solche Dartellungen, indem er u.a. den jährlichen Fleischverbrauch durch verschieden große Ochsen symbolisierte. Das gegenständliche Diagramm wurde zwar von Kritikern als „Öchsleingrafik" belächelt, sein Siegeszug ließ sich aber nicht aufhalten.

Um eine präzisere Mengendarstellung zu erzielen, schlug ein anderer Statistiker, der Amerikaner Brinton, 1914 vor, größere Mengen durch eine größere Anzahl von Symbolen und nicht durch ein größeres Symbol darzustellen. Dieses Prinzip wurde in den zwanziger Jahren durch ▸Neurath und Arntz in Wien weiterentwickelt. S. 36 ff.

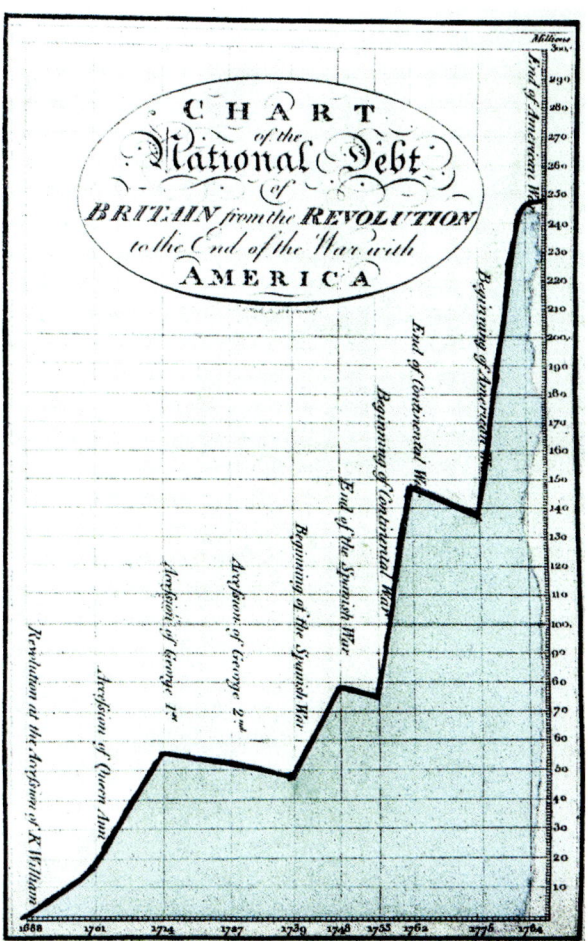

MULHALL, THE DICTIONARY OF
Statistics (1884): Die „Öchsleingrafik" stellt erstmalig
Mengen durch verschieden
große Bildsymbole dar.

DAS FORMAT DER BILDSTATISTIK
betont hier die Aussage. Nur
zwei Grafiken in Playfairs
„Commercial and Political
Atlas" sind hochformatig
angelegt. In beiden geht es –
wie hier – um die Staats-
schulden. Dafür wurde sogar
in Kauf genommen, daß die
Leser das Buch um 90° drehen mußten.

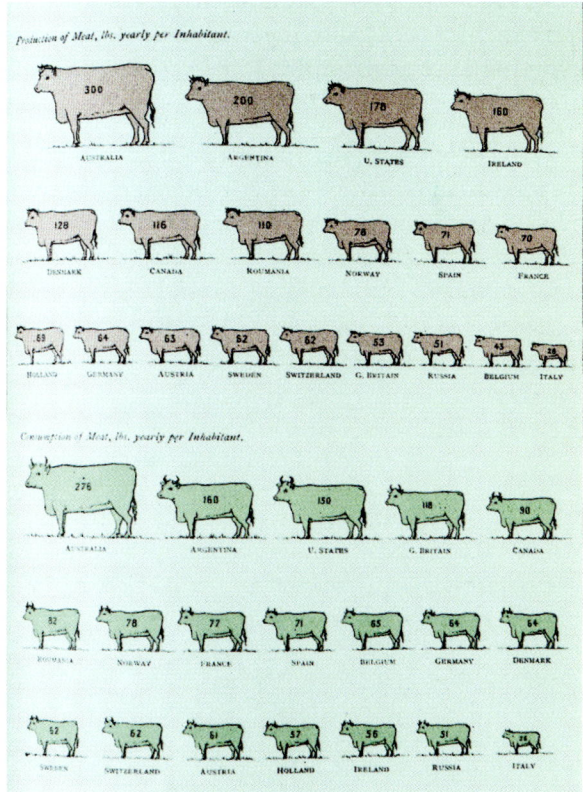

Der französische Baumeister

Die Tragödie der französischen Armee wurde von Minard 1861 verewigt: in der interessantesten Infografik des 19. Jahrhunderts. Seine „carte figurative" erfüllte mit Bravour die Anforderungen visuellen Informationstransfers: genau, dicht und anschaulich.

Präzise notierte Minard in einer Karte die Verluste der französischen Armee in Rußland. Der damals 60jährige Pensionär war zuvor leitender Beamter bei der Brücken- und Straßenbauverwaltung in Paris gewesen, für die er u.a. die Schäden an den Rhone-Brücken nach einem Hochwasser in Zeichnungen dokumentierte.

It may well be the best statistical graphic ever drawn.
EDWARD R. TUFTE, 1983

Obwohl Minards Grafik viele Informationen transportiert, wirkt sie nicht überladen. Das liegt zunächst daran, daß auf den ersten Blick die Hauptaussage deutlich wird: Die gigantischen Menschenverluste der Napoleonischen Armee auf ihrem gescheiterten Rußlandfeldzug. Der Betrachter kann die Dimensionen direkt abschätzen, so daß die Zahlen lediglich notwendig sind, um die Wahrnehmung überprüfen zu können. Die Grafik zeigt auch Details wie z.B. die verlustreiche Überquerung der Berezina. Die dargestellten Temperaturen liefern eine zusätzliche Erklärung für die Verluste auf dem Rückzug.

Die außerordentliche Qualität zeigt sich neben der inhaltlichen Dichte in der zeichnerischen Prägnanz. Minard reduzierte die grafischen Elemente radikal. Er wählte eine einfache Kartengrundlage, die nur so viele Details enthält, wie zur Orientierung notwendig sind. Mit klarer Linienführung ordnete er die Verluste der Wegstrecke zu und notierte auf dem Rückzug auch die Temperaturen. Überschrift und Zahlen sind übersichtlich und informativ.

Da ist kein Gramm Druckerschwärze zuviel. Anhand von Minards Infografik läßt sich ein wichtiges Kriterium für ▸Grafikqualität verdeutlichen: Wenn alle Gestaltungselemente Information transportieren, entsteht hohe inhaltliche Dichte.

 S. 98

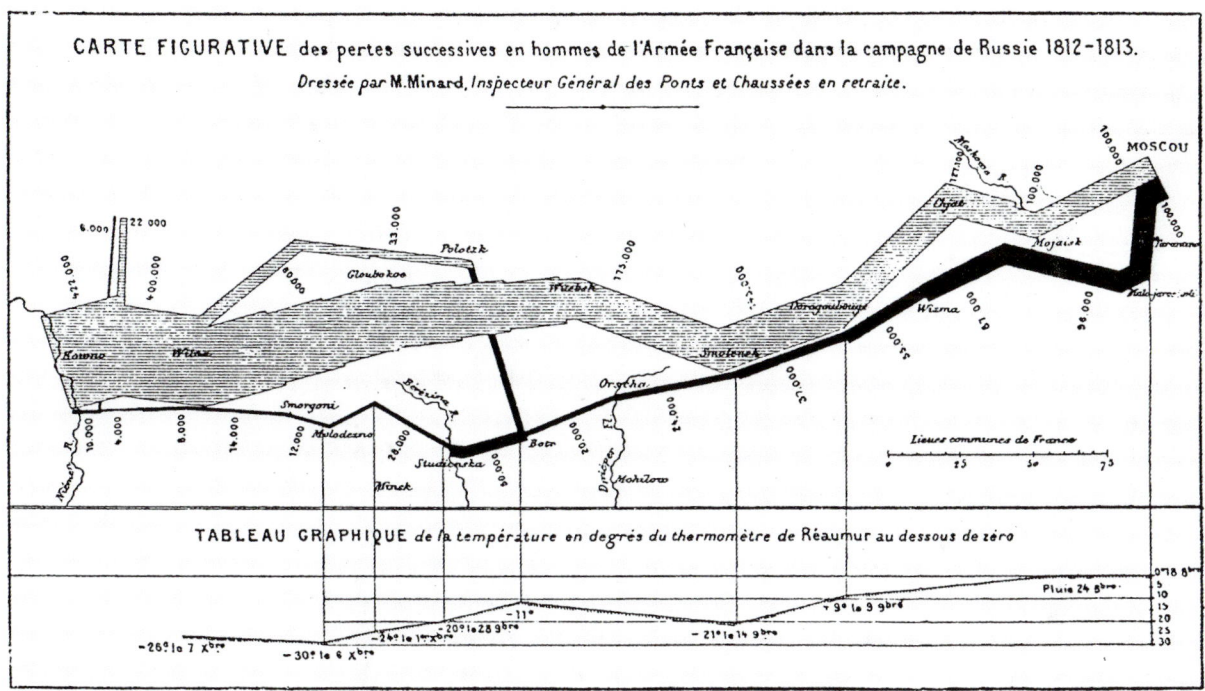

DIE STATISTISCHE KARTE VON
Charles Minard ist ein
Musterbeispiel für kompri-
mierte grafische Information
(1861).

Vermessung und Statistik

Die Entwicklung der Kartographie vom Ende des 18. Jahrhunderts bis in das 20. Jahrhundert hinein wird geprägt von Vermessung und Statistik.

Im Frankreich des 18. Jahrhunderts legte die Schaffung der modernen Landesvermessung die Grundlagen für genaue inhaltsreiche Landkarten, die sog. ▸Topographischen Karten. Unter maßgeblicher Beteiligung der Familie Cassini entstand die „Carte de France", und sie wurde das Vorbild für alle späteren Topographischen Kartenwerke, hergestellt von zivilen Behörden oder unter militärischer Leitung, vor allem zur Orientierung im Gelände. Für die Aufnahme und Darstellung des Karteninhalts galten genaue Anweisungen.

S. 148

Die Topographischen Karten wurden wegen der immensen Kosten sowie ihrer detaillierten Informationen zum Staatsmonopol und sind z.T. erst in der 2. Hälfte des 19. Jh. veröffentlicht worden. Zugleich bildeten sie die Basis für alle Karten kleinerer Maßstäbe wie z.B. Übersichts- und Wandkarten, für Atlanten sowie indirekt auch für die ersten Karten als Infografiken in Zeitungen am Ende des 19. Jh.

An der Wende vom 18. zum 19. Jh. sind auch die amtlichen statistischen Dienste gegründet oder grundlegend reformiert worden. Bis heute erheben, sammeln und veröffentlichen sie aus allen Lebensbereichen Daten, die schon sehr früh als zuverlässige Quellen für die sog. Thematischen Karten Verwendung gefunden haben. Diese Karten sind jeweils einem speziellen Thema gewidmet, z.B. der Verteilung der Bevölkerung, der Bodennutzung oder den Wahlergebnissen, und ihre Bedeutung nahm im 19. und 20. Jh. kontinuierlich zu. Für die Umsetzung von Daten in Thematische Karten gab es zunächst keine Lehrbücher. Ungeachtet dessen entstanden gleichsam intuitiv Thematische Karten, und auch unter den frühen ▸kartographischen Infografiken finden sich derartige Darstellungen.

S. 140 ff.

Eine Sonderform dieses Kartentyps bilden die ▸Wetterkarten, die seit dem Ende des 19. Jh. von Meteorologen hergestellt und regelmäßig in Zeitungen, später auch im Fernsehen veröffentlicht werden.

S. 160

Der Begriff „Kartographie" wurde erst in der Mitte des 19. Jh. geprägt und fand rasch allgemeine Verwendung. Die Kartographie selbst galt zunächst lediglich als eine Hilfsdisziplin zwischen Vermessung und Geographie. Doch bereits zu Anfang des 20. Jh. wurden Forderungen nach der Kartographie als einer eigenständigen Wissenschaft erhoben.

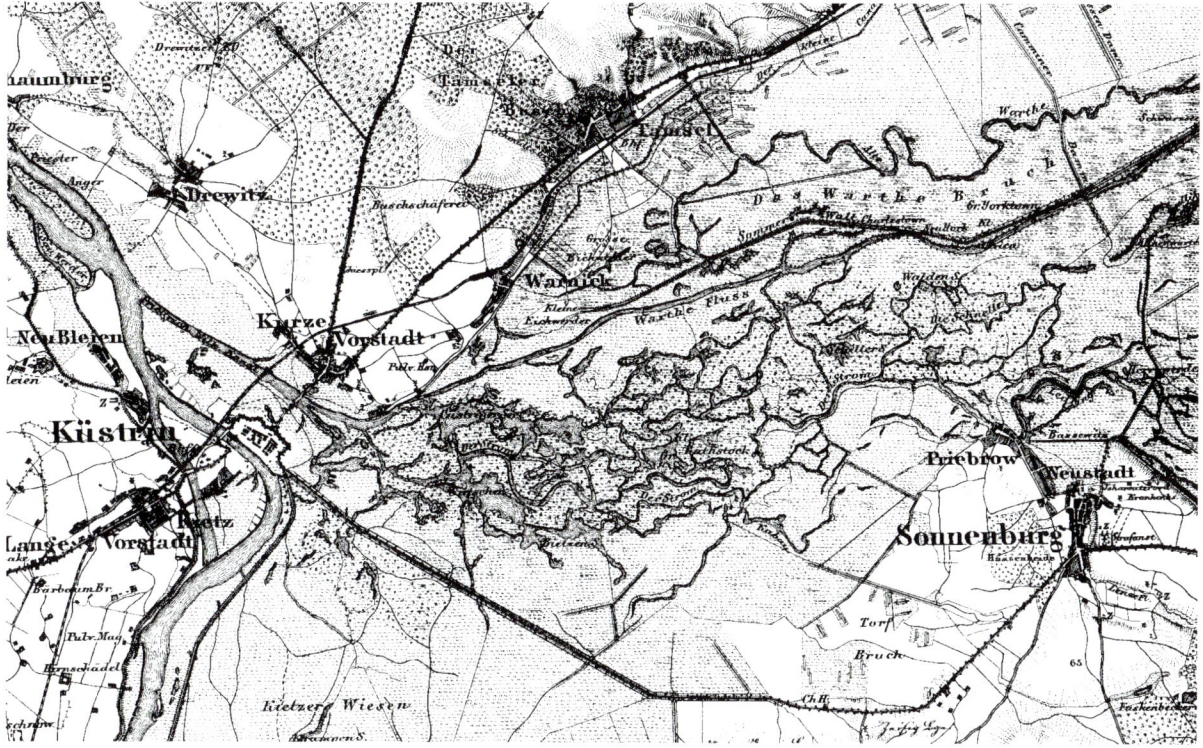

TOPOGRAPHISCHE KARTE
vom Preußischen Staate
im Maßstab 1 : 100 000.
Ausschnitt aus dem
Blatt 170 Küstrin (1858).

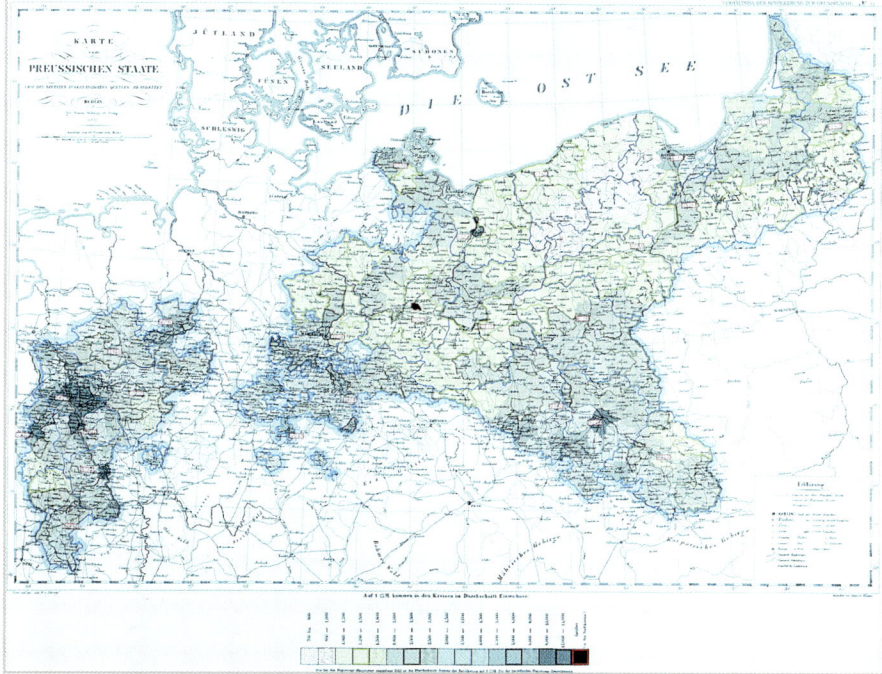

THEMATISCHE KARTE
mit der Bevölkerungsdichte
im Königreich Preußen 1825.

Die Infografik wird massenwirksam

Die demokatischen Emanzipationsbewegungen im ersten Drittel des 20. Jahrhunderts verlangten nach allgemeinverständlicher Darstellung von Wirtschaft und Politik. Die Didaktisierung der Infografik drängte jetzt in den Vordergrund.

Im 19. Jahrhundert waren die wesentlichen Darstellungstechniken entwickelt worden, um Realität richtig und verständlich abzubilden. Nun galt es, die Verständlichkeit so zu steigern, daß Bildungsgrenzen überwunden und „bildungsferne" Zielgruppen erreicht werden konnten. Die Aussage der Bilder immer weiter zu vereinfachen bot keinen gangbaren Weg, da ja komplexes Wissen vermittelt werden sollte. Eine Lösung wurde schließlich über die Regulierung und Standardisierung der Bildsprache angestrebt. So wie jeder Text auf eine Grammatik und jede Musik auf ein Tonsystem zurückgeführt werden kann, sollte auch für die Visualisierung von Zahlen und Fakten die richtige Systematik gefunden werden. Denn wenn die Menschen sprachliche Regeln spontan, also über das Zuhören, erkennen und auch anwenden lernen, so muß ähnliches auch für das Erlernen und Gebrauchen bildsprachlicher Regeln gelten. Eine solche „Bildgrammatik" würde das Publikum mit der Zeit qualifizieren, so daß es auch komplexe Zusammenhänge verstehen könnte.

Zu Beginn des 20. Jahrhunderts beschäftigten sich parallel verschiedene Experten mit der Didaktisierung der Infografik. So veröffentlichte z.B. Karsten 1925 in den USA ein umfassendes Regelwerk für Bildstatistiken. Zur gleichen Zeit entwickelte Neurath die Wiener Methode der Bildstatistik für das neu gegründete Gesellschafts- und Wirtschaftsmuseum. Das Museum diente der sozialdemokratische Regierung als zentrales Instrument politischer Volksbildung im „Roten Wien". Durch den unterhaltsamen Museumsbesuch sollte die Bevölkerung für ihre neuen Aufgaben in der Demokratie qualifiziert werden. Neurath, Ökonom und Philosoph, sah in der Statistik den entscheidenden Faktor zur Beurteilung ökonomischer Zusammenhänge. Gleichzeitig erkannte er, daß Zahlenkolonnen wenig attraktiv auf das Museumspublikum wirken würden. Bildtafeln sollten deshalb die abstrakten Zahlen massenwirksam präsentieren. Die Wiener Methode, später „Isotype" genannt, ist aus heutiger Sicht zum einen wegen ihrer ausgearbeiteten Didaktik interessant. Das spiegelte sich in der praktischen Umsetzung wider, die von Wissenschaftlern, Pädagogen und Grafikern im Team realisiert wurde. Auffällig ist zum anderen die grafische Qualität, die vor allem dem beteiligten Grafiker Arntz zu verdanken ist. Isotype ist aus heutiger Sicht als pointierter Ausdruck des zeittypischen Bedürfnisses zu sehen, populäre grafische Darstellungen zu regeln.

A simple chart which is read and understood is better than a complicated one which no one deciphers.
KARL G. KARSTEN, 1925

Um alles Wesentliche einprägsam zu machen, müssen viele Einzelheiten wegfallen. Vereinfachte Mengenbilder sich merken ist besser als genaue Zahlen (zu) vergessen.
OTTO NEURATH, 1930

ISOTYPE = *International System of Typographic Picture Education.* Die griechischen Begriffe „iso" („gleich") und „typos" („Zeichen") erläutern das Grundprinzip, für denselben Gegenstand immer dasselbe Symbol zu verwenden.

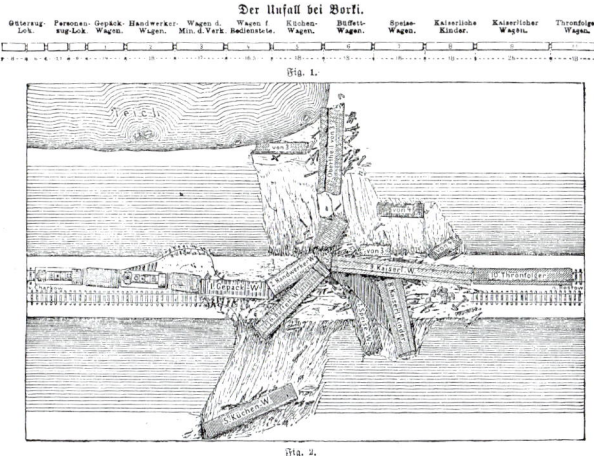

Der Unfall bei Borki.

Fig. 1.

Fig. 2.

Großes Aufsehen erregte der Unfall bei Borki, von dem Kaiser Alexander III. von Rußland mit seiner Familie auf der Rückreise vom Kaukasus nach Petersburg (17. [29.] Okt. 1888) betroffen wurde. Fig. 1 (S. 826) zeigt die Anordnung des Zugs vor dem Unfall. Die ganze Länge des Zugs betrug 300 m, sein Gewicht 454 t. Der kaiserl. Wagen wog allein 48 t. Der Unfall ereignete sich auf freier Strecke in der Nähe der 43 km südlich von Charkow belegenen Station Borki an der nach Rostow führenden Eisenbahn. Fig. 2 (S. 826) zeigt den Zug nach dem Unfall. Die erste Lokomotive war zum Teil, die zweite Lokomotive und der erste Wagen (Nr. 1) waren vollständig entgleist. Der Speisewagen (7) war aus den Schienen geworfen und lag mit eingedrückten Wänden und ohne Dach auf der Dammböschung, ebenso der Wagen der kaiserl. Kinder (8). Von der kaiserl. Familie wurde niemand bedenklich verletzt. Die Ursache des Unglücks ist nicht sicher festgestellt worden.

Auf den deutschen Schmalspurbahnen, deren Länge 1897—99 = 1357, 1602 und 1713 km betrug, ereigneten sich in diesen Jahren 127, 204 und 277 Unfälle, wobei 20, 11 und 26 Personen getötet und 53, 68 und 114 Personen verletzt wurden.

SCHON AUF EIN MASSEN-publikum ausgerichtet: „Der Unfall bei Borki" schien 1908 – also immerhin 20 Jahre nach dem Geschehen – immer noch so von allgemeinem Interesse zu sein, daß er in Brockhaus' Konversations-Lexikon aufgenommen wurde.

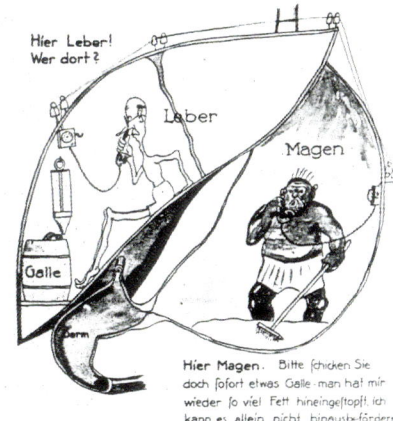

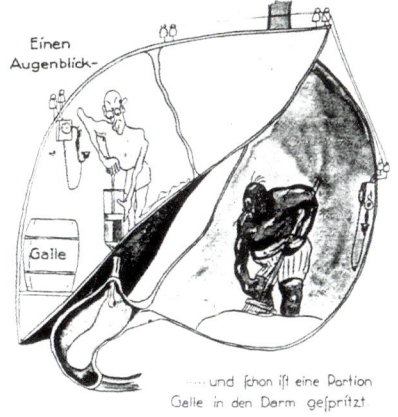

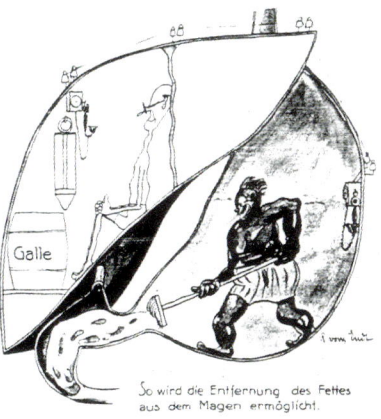

UM EIN BREITES PUBLIKUM FÜR die Funktion des menschlichen Organismus zu interessieren, entschied sich der Gestalter für eine Karikatur. Die Grafik wurde 1926 auf der Düsseldorfer Ausstellung „Gesolei" gezeigt. Diese Schau für „Gesundheitspflege, soziale Fürsorge, Leibesübungen" war eine Vorläuferin heutiger Publikumsmessen.

Isotype-Prinzipien

Im Wiener Museum entstanden zwischen 1925 und 1934 nicht nur Hunderte von Bildstatistiken. Museumsleiter Neurath formulierte auch die didaktischen Prinzipien: Isotype-Grafiken sollten immer anschaulich und gegenständlich sein sowie die Mengen korrekt visualisieren.

Die Wiener Museumspädagogen sahen ihr wesentliches Anliegen darin, Gesellschaft und Ökonomie verständlich darzustellen. Die Grafiken mußten also einfach sein und jeweils nur ein ausgewähltes Thema veranschaulichen. Handelte es sich dabei um Zahlen, so bestand der erste didaktische Kunstgriff – ähnlich wie in der Mengenlehre – darin, sich von den exakten Werten abzuwenden und sich den dahinter verborgenen Beziehungen und Verhältnissen zuzuwenden. Nicht lückenloses Wissen, das nur Fachwissenschaftler interessiert, sondern größere Zusammenhänge in überschaubaren Einheiten sollten präsentiert werden. Ihre Bildstatistiken zeigten deshalb statt spröder Zahlen anschauliche Mengenverhältnisse.

Zweitens verwendete man gegenständliche Symbole zur Mengendarstellung, um es dem Betrachter leicht zu machen, sich sowohl an den Gegenstand als auch an die Verhältnisse visuell zu erinnern.

Und drittens wurden in Isotype-Grafiken größere Mengen stets durch eine größere Anzahl von Symbolen und nicht durch größere Symbole wiedergegeben. Diese Darstellung erleichtert zum einen den korrekten Mengenvergleich. Zum anderen liefert sie auch logisch meistens das richtige Bild, nämlich dann, wenn es sich um eine wachsende Anzahl und nicht um größer werdende Gegenstände handelt.

Die gegenständliche Mengendarstellung erforderte einen umfangreichen Symbolvorrat. Dem Grafiker Arntz, der seit 1929 zum Museumsteam gehörte, gelang es, die anspruchsvollen Inhalte bildlich adäquat umzusetzen. Die von ihm entworfenen Symbole wurden in Linol geschnitten und vervielfältigt: nüchterne Zeichen, der inhaltlichen Idee entsprechend frei von Schmörkeln und persönlichen künstlerischen Nuancen. Arntz ist auch der einheitliche Gestaltungsstil und die klare Struktur der Bilder zu verdanken.

es wird von allem unnötigen, von allem dekorativen abgesehen und schriftartig, einer klaren typographie ähnlich, der inhalt zur darstellung gebracht. ... dieses konsequente system des aufzeigens von zahlen oder mengenbewegungen durch vereinfachte, zur reihungsfähigkeit durchgeformte zeichen für jedes gebiet ist die wichtigste grundlage für alle arbeiten des museums und der beginn einer darstellungsart, die nicht nur statistik und geografie beleben wird, sondern für alle wissenschaften die grundlage zur verständlichmachung ihrer zusammenhänge im abbild geben kann.
GERD ARNTZ, 1930

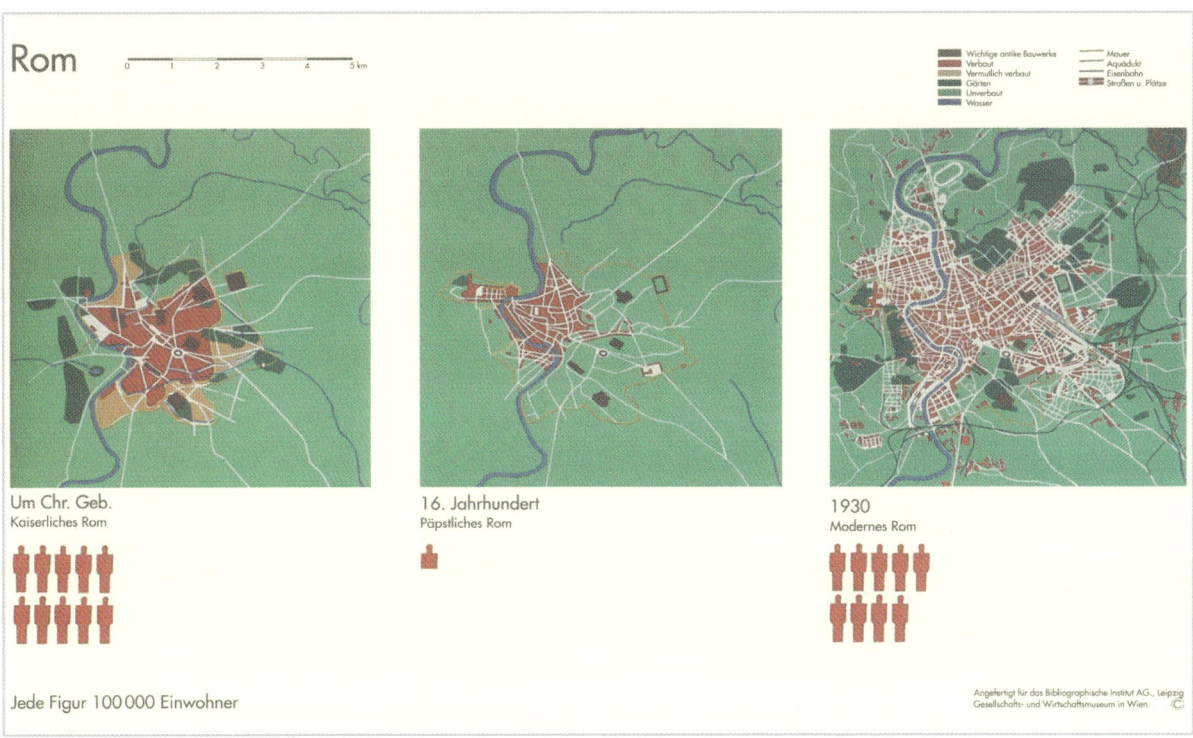

Rom

0 1 2 3 4 5 km

Wichtige antike Bauwerke · Mauer
Verbaut · Aquädukt
Vermutlich verbaut · Eisenbahn
Gärten · Straßen u. Plätze
Unverbaut
Wasser

Um Chr. Geb.
Kaiserliches Rom

16. Jahrhundert
Päpstliches Rom

1930
Modernes Rom

Jede Figur 100 000 Einwohner

Angefertigt für das Bibliographische Institut AG., Leipzig
Gesellschafts- und Wirtschaftsmuseum in Wien.

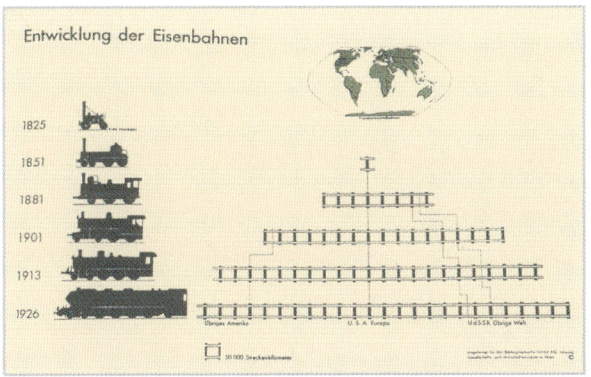

Entwicklung der Eisenbahnen

1825
1851
1881
1901
1913
1926

Übriges Amerika · U.S.A. Europa · UdSSR. Übrige Welt

30 000 Streckenkilometer

ZWEI ISOTYPE-GRAFIKEN AUS
dem Atlas „Gesellschaft und
Wirtschaft", erschienen 1930
in Leipzig. Auf 100 Tafeln
wurden hier Vorgänge aus
Geschichte und Wirtschaft
in einheitlichem Design
präsentiert.

Der Streit um die Zuspitzung

Isotype war zu seiner Zeit umstritten. Während Statistiker die starke Zuspitzung des Inhalts kritisierten, empfanden Museumspädagogen die einheitliche Gestaltung als monoton. Wissenschaft und Unterhaltung – das sind auch heute noch die Pole, zwischen denen die Infografik vermitteln muß.

Der schärfste zeitgenössische Isotype-Kritiker Woytinsky leitete das statistische Büro des Allgemeinen Deutschen Gewerkschaftsbundes. In seinem Werk „Die Welt in Zahlen" ergänzte er statistische Grunddaten aus Wirtschaft und Staat durch herkömmliche Diagramme. Woytinsky mißbilligte vor allem, daß bei Isotype-Bildern die Mengen stark gerundet und die absoluten Zahlen nur aus der Legende ersichtlich wurden. Neurath wehrte sich mit dem Argument, daß zugunsten der didaktischen Zuspitzung Einzelheiten wegfallen müßten.

Auch von museumspädagogischer Seite wurde Isotype kritisiert: Das Reichsmuseum für Gesellschaft und Wirtschaft in Düsseldorf wollte in den dreißiger Jahren das von der Arbeit erschöpfte Publikum durch wechselnde Darstellungsformen unterhalten. Die Isotype-Bilder lehnte man als zu streng und eintönig ab. Die Düsseldorfer Museumspädagogen ließen sich dabei durch die heute noch verbreitete Einschätzung leiten, daß gesellschaftliche Realität grundsätzlich so kompliziert sei, daß man ihr nur durch unterhaltsame Verpackung zu Aufmerksamkeit verhelfen könne. Neurath vertrat dagegen die im Kern wirklich aufklärerische Position, daß es eine Frage des didaktischen Geschicks sei, auch sperrige Themen für das allgemeine Publikum interessant aufzubereiten. Er forderte die Bildpädagogen auf, den Inhalt selbst zum Erlebnis zu machen.

Ungefähr ein Jahrzehnt Wiener Methode haben uns gelehrt, daß man Hunderttausende durch gut entworfene, logisch streng durchdachte Bildertafeln und Modelle interessieren kann, ohne zu unmotivierter Abwechslung, Spielereien und sogenannten lustigen Zeichnungen greifen zu müssen.

OTTO NEURATH, 1933

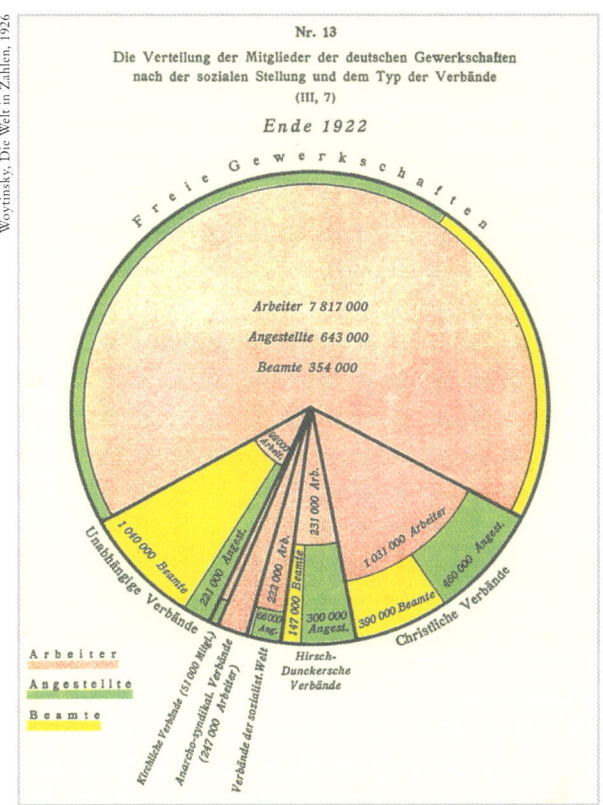

Woytinsky, Die Welt in Zahlen, 1926

Nr. 13

Die Verteilung der Mitglieder der deutschen Gewerkschaften
nach der sozialen Stellung und dem Typ der Verbände
(III, 7)

Ende 1922

Arbeiter 7 817 000

Angestellte 643 000

Beamte 354 000

Arbeiter

Angestellte

Beamte

DIE AUSEINANDERSETZUNG ÜBER DEN RICHTIGEN STIL

populärer Grafiken zwischen Neurath und dem Isotype-Kritiker Woytinsky klingt heute, siebzig Jahre später, noch erstaunlich aktuell:

Das Nachrechnen der einförmigen Figürchen wird auf die Dauer unerträglich langweilig und ermüdend, und man verzichtet schliesslich auf die Versuche, den Sinn der merkwürdigen „Bilderschrift" zu begreifen, man betrachtet die Tafel etwa wie die Zeichnung der Wandtapeten. Mit dem Verschwinden der Zahl verschwindet auch der Sinn der graphischen Darstellung.

WLADIMIR WOYTINSKY

Daß der Fachstatistiker an solchen Abrundungs-methoden Anstoß nimmt, kann uns nicht weiter ver-wundern. Ihre Berechtigung leiten wir aus dem Umstand ab, daß durch Übermittlung korrekter statistischer Zahlenmassen vielen Men-schen wenig geholfen ist, weil sie mit den Bruch-stücken, die in der Erinne-rung haften bleiben, wenig anfangen können, zumal ihnen die Hauptpropor-tionen oft gar nicht zum Bewußtsein kommen. (...) Vereinfachte Mengenbilder sich merken ist besser als genaue Zahlen (zu) vergessen.

OTTO NEURATH

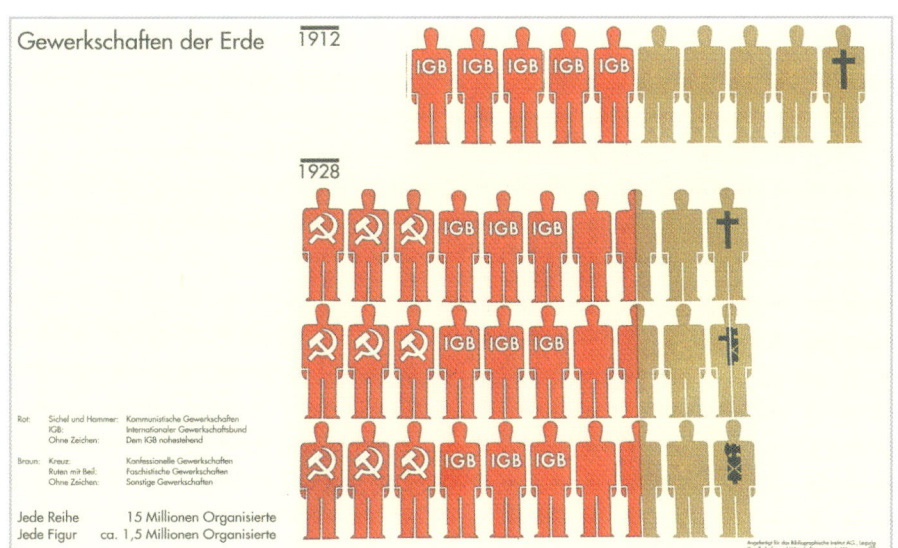

Gewerkschaften der Erde   1912

1928

Rot:	Sichel und Hammer:	Kommunistische Gewerkschaften
	IGB:	Internationaler Gewerkschaftsbund
	Ohne Zeichen:	Dem IGB nahestehend
Braun:	Kreuz:	Konfessionelle Gewerkschaften
	Ruten mit Beil:	Faschistische Gewerkschaften
	Ohne Zeichen:	Sonstige Gewerkschaften

Jede Reihe   15 Millionen Organisierte
Jede Figur   ca. 1,5 Millionen Organisierte

Gesellschaft und Wirtschaft, 1930

(K)ein Hilfsmittel der Propaganda

Im Rahmen faschistischer Propaganda spielte die massenwirksame Infografik zunächst eine Rolle, wurde dann jedoch durch das emotionaler wirkende Foto ersetzt.

Das Wiener Gesellschafts- und Wirtschaftsmuseum wurde 1934 von der rechtsautoritären Regierung geschlossen. Das Nachfolgeinstitut änderte den Grafikstil durch naturalistische Symbole und „volkstümlichere" Schrift – und die Inhalte.

Auch in Deutschland nutzten die nationalsozialistischen Machthaber Infografiken zunächst als massenwirksames Propagandainstrument: vor allem für Ausstellungen und pseusowissenschaftliche Werke. So arbeitete die Ausstellung „Deutsches Volk – deutsche Arbeit" 1934 mit vielen anspruchsvollen Grafiken und Modellen. Arrangiert wurde sie von den ehemaligen Bauhaus-Lehrern Bayer, Gropius, Schmid und van der Rohe. Moderne Gestaltungstechnik und sinnvolle didaktische Überlegungen wurden hier mit antidemokratischen Zielen verknüpft. Der ohne Zweifel schmale Grat zwischen verantwortungsvoller Zuspitzung und suggestiver Propaganda war überschritten. Schmid präsentierte 1936 im Haus der Rheinischen Heimat einen „Saal der Statistiken". Er kopierte die Symbolik von Isotype und „reicherte" sie mit altertümlichen, für den Nationalsozialismus typischen Stilelementen an.

Den Stil der Infografiken in Büchern prägten der Deutsche Lichtbild Dienst und seine Zeichner. Hier wurde auch die „Bildzählmethode" von Busse in Anlehnung an Neurath verwendet. Die Grenzüberschreitung zur Propaganda läßt sich an einigen Hauptpunkten festmachen: Wertende Überschriften sowie manipulierte Zahlenauswahl oder -darstellung produzierten eine Scheinrealität. Die Zeichner in der NS-Zeit arbeiteten zudem oft mit demagogischen Prototypen, z.B. „den Kriminellen" im Gegensatz zur „wertvollen Familie".

In den späteren Jahren der NS-Herrschaft finden sich kaum noch Infografiken, möglicherweise, weil man Fotos und Filme als die emotional wirkungsvolleren Stilmittel einschätzte. Sie zeigten Bilder aus dem „echten Leben" und erfüllten damit den für suggestive Propaganda unerläßlichen Anspruch, als „wahr" zu erscheinen. Im Umkehrschluß wird hier eine Grenze der Infografik deutlich: Sie ist nur bedingt aufladbar mit Realitätsbezug und Emotionalität. Denn sie bleibt immer abstrakt und wenig mitreißend im Gegensatz zur Filmsequenz oder zum Foto.

DER EINSATZ RELATIVER, D.H. PROZENTUALER Zahlen und die gezielte Auswahl von Kategorien produzieren wirkungsvoll Scheinrealität.

EBENFALLS TYPISCH: DAS LINEARE Hochrechnen von Zahlen – um so Entwicklungen bedarfsgerecht vorhersagen zu können.

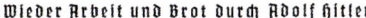

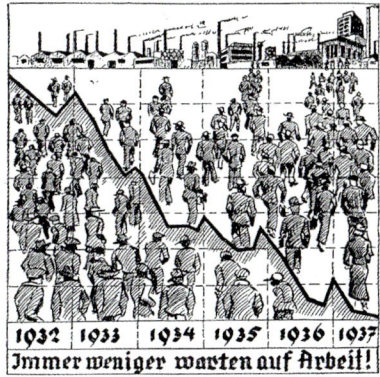

EINE MEGA-BILDSTATISTIK BEDECKTE 1938 die Außenwand eines Ausstellungsgebäudes. Für die propagandistische Wirkung ist neben der fehlenden Y-Achse hier vor allem die wertende Überschrift entscheidend.

KARTEN ERHIELTEN OFT ERST durch die Überschrift ihre eigentliche Aussage, indem inhaltliche Zusammenhänge hergestellt wurden, ohne daß diese ursächlich aus den abgebildeten Fakten abzuleiten wären.

Ästhetischer Höhepunkt: Fortune

Das mit Demokratie, Sozialreform und technischem Fortschritt verbundene Bildverständnis überlebte nur in der Emigration. Isotype fand in Großbritannien und in den USA eine Heimat. Hier erlebt die Infografikgeschichte in den 40er Jahren ihren ästhetischen Höhepunkt: die Grafiken in „Fortune".

In den USA wurde Isotype als Ausdrucksform aufklärerischer und sozialreformerisch intendierter Kommunikationsabsichten bewahrt. Und: Infografiken fanden hier erstmals einen festen Platz in Publikumszeitschriften, Werbung und Bilderdiensten. Rudolf Modley, ein ehemaliger Mitarbeiter Neuraths, arbeitete ab 1930 zunächst in Chicago am Museum für Wirtschaft und Industrie, dann in dem von ihm gegründeten Bilderdienst „Pictorial Statistics" (später Pictograph Corporation). Bis zu seinem Tode 1976 wirkte er im Sinne Neuraths in der Stiftung Glyph, die sich die internationale nichtlinguistische Verständigung zur Aufgabe gesetzt hatte. Der Bauhauslehrer Bayer war 1938 in die USA emigriert. Dort gestaltete er u.a. einen Atlas im Isotype-Stil und Anzeigenmotive für die Container Corporation of America.

Auch in der Wirtschaftszeitschrift „Fortune" sind in den dreißiger und vierziger Jahren Einflüsse von Bauhaus und Isotype erkennbar. Unter der künstlerischen Leitung von Will Burtin wurden im redaktionellen Teil der Zeitschrift deren Grundsätze kreativ aufgenommen. Die Fortune-Grafiken überzeugen als integraler Bestandteil des Gesamtlayouts durch ihre klare Farbigkeit, eindeutige Information und korrekte Datenpräsentation. Sie realisieren ästhetisch moderne Informationsstrategien, deren Qualität die überwiegende Mehrzahl heutiger Infografiken weit in den Schatten stellt.

Bereits seit Ende der 30er Jahre veröffentlichte Fortune die Ergebnisse eigener ▸Meinungsumfragen. In den karikaturnahen Infografiken wird die Metaebene Meinungsrealität dargestellt, indem Mengenanteile jeweils deutlich als Haltungen von Personen qualifiziert wurden. Werden dagegen heute Meinungen visualisiert, so geht in den meisten Fälle die wichtige Differenzierung zwischen Realität und Meinungsrealität verloren.  S. 94

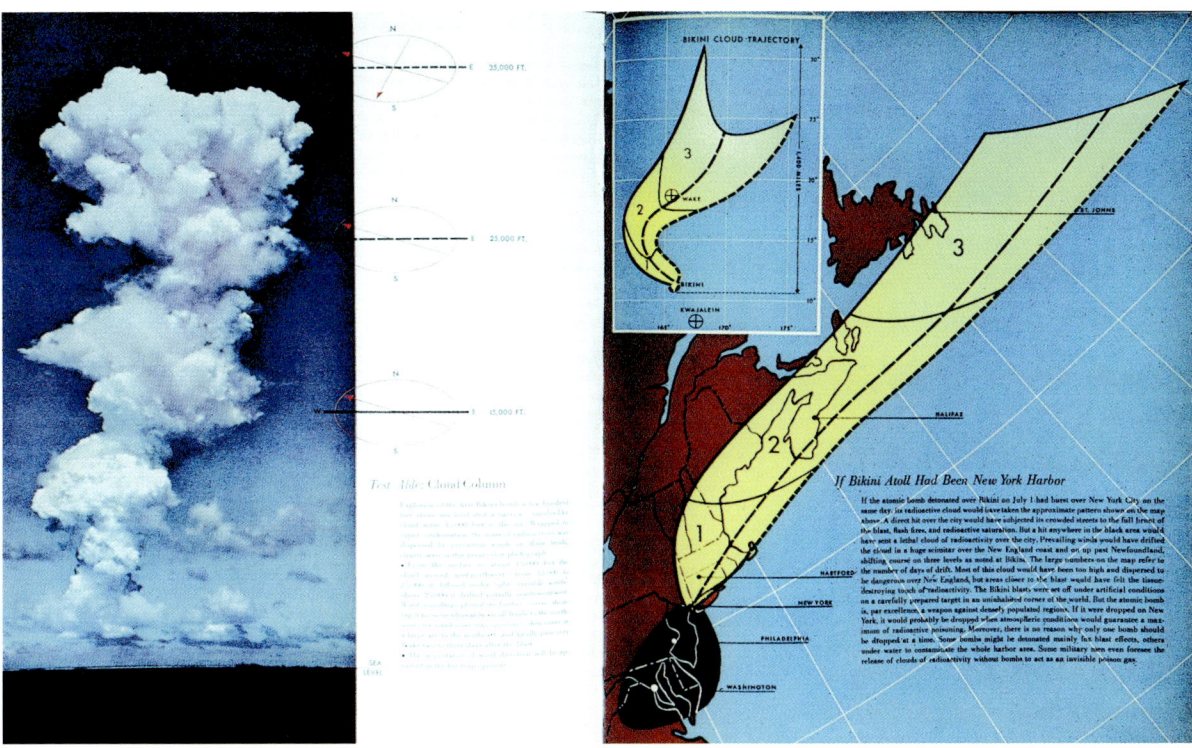

If Bikini Atoll Had Been New York Harbor

1940 FARM INCOME: $9,109,000,000   *Farmer's wife*   1946 FARM INCOME: $25,323,000,000

IF BIKINI ATOLL HAD BEEN
New York Habour – eine
durch die Infografik domi-
nierte Doppelseite aus dem
Wirtschaftsmagazin „For-
tune". Um die Auswirkun-
gen des Atombombenver-
suchs den Lesern nahe zu
bringen, wurde das Ereignis
in der Karte nach New York
verlegt (Dezember 1946).

DIESE EINFACHE GRAFIK ZEIGT
wirkungsvoll, daß das höhe-
re Einkommen für die Far-
mersfrau auch mehr Lebens-
qualität bedeutet (Fortune,
Februar 1947).

Mühsamer Neubeginn

Im Nachkriegsdeutschland faßten die Medien alles, was als Propaganda interpretiert werden konnte, mit der Kneifzange an. Didaktische Bilder hatten deshalb einen zweifelhaften Ruf.

Die „wertfreie" Information bevorzugte den Text und das scheinobjektive Foto. Neuraths Isotype war dagegen der selbstgewisse Ausdruck der Sozialreform. Sie brauchte als Basis breiten gesellschaftlichen Konsens über das, was als Fortschritt zu gelten hatte, und engagierte Weltverbesserer als Träger. Im verunsicherten Nachkriegsdeutschland kam es daher nur zur Aufnahme methodischer Versatzstücke in Einzeldisziplinen.

Primäres Einsatzgebiet für Infografiken wurde wiederum der Schulunterricht. Der Berufschullehrer Koberstein versuchte sogar, die Isotype-Tradition für den Schulunterricht zu retten. Die Pictogrammentwicklung trieben die Informationsdesigner voran, besonders deren Protagonist Aicher. Allgemein verständliche Bildzeichen setzten sich, wie auch von Neurath angestrebt, international z.B. auf Flughäfen und in Gebrauchsanweisungen durch.

Schwieriger gestaltete sich der Neubeginn in den Printmedien. Das Magazin „Der Spiegel" arbeitete zwar von der ersten Ausgabe an mit Infografiken. Der damals verantwortliche Mitarbeiter gründete später „Globus", den heute noch als Tochter der Presseagentur dpa bestehenden Infografikdienst. Doch obwohl es viel zu erklären gab, vermieden die Grafiken damals möglichst jede Stellungnahme. Das statistische Zahlenbild herrschte vor, erläuternde Sachbilder waren rar. Überdeutlich zeigte sich die Scheu vor didaktischer Reduktion. Sie hatte im Koordinatensystem des angelsächsisch orientierten Wortjournalismus – „Trennung von Nachricht und Meinung" – keinen Platz mehr. So überlebten lehrreiche Infografiken nur in Schulbüchern und Veröffentlichungen zur politischen Bildung, leider weitgehend unberührt vom gestalterischen Fortschritt.

Bilder in den Medien sollten vor allem dokumentieren oder unterhalten. So erscheint paradoxerweise das Goldene Zeitalter der Illustrierten in den fünfziger und sechziger Jahren als infografische Wüste. Infografiken tauchen deshalb erst wieder verstärkt in Zeitungen und Zeitschriften auf, nachdem sie sich, aus den USA zurückkommend, vom Informationsbild zum unterhaltsamen Bild gemausert hatten.

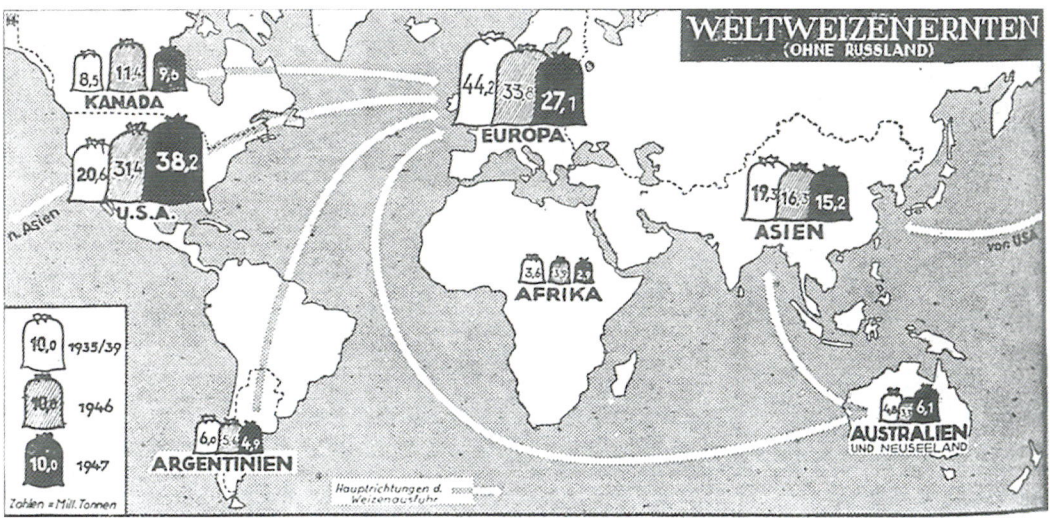

WELTWEIZENERNTEN
(OHNE RUSSLAND)

KANADA 8,5 11,4 9,6

U.S.A. 20,6 31,4 38,2

n.Asien

1935/39 10,0
1946 10,0
1947 10,0

Zahlen = Mill. Tonnen

ARGENTINIEN 6,0 5,4 4,9

EUROPA 44,2 33,6 27,1

AFRIKA 3,6 3,9 2,3

ASIEN 19,5 16,3 15,2

vor USA

AUSTRALIEN
UND NEUSEELAND 4,6 5,5 6,1

Hauptrichtungen d. Weizenausfuhr

DEUTSCHE INFOGRAFIK-
wirklichkeit vor Beginn des
Computerzeitalters:
Weltweizenernten.
Der Spiegel, 8.11.1947.

Das Land der schwarzen Diamanten – das Ruhrgebiet

An der Grenze zwischen dem Rheinischen Schiefergebirge und dem Norddeutschen Tiefland liegt das ebene oder leicht wellige Land an der Ruhr. Einstmals ein stilles Bauernland, ist es heute eines der dichtest besiedelten Gebiete Europas, in dem sich in Städten ohne Grenzen 6 Mill. Menschen zusammenballen. Im Dreieck Köln-Wesel-Hamm wohnen sogar 10 Mill. Menschen (= 1/6 der Bevölkerung d. Bundesrepublik).

Wie kommt das? Aus untergegangenen Wäldern entstand im Land an Rhein, Ruhr und Lippe eines der größten Steinkohlenlager der Welt.

Rund 300 Schächte zählte man im westdeutschen Steinkohlenbergbau. Bis 1966 wurden über 60 von ihnen stillgelegt, weil die Kohle im Öl einen mächtigen Konkurrenten bekam. Viel Kohle liegt „auf Halde", und immer mehr Kumpels müssen „umschulen".

Die Ruhrkohle ist ein wichtiger Grundstoff für die sich immer mehr ausbreitende chemische Industrie. Neben den großen Werken der „Kohlechemie" wachsen aber auch die Fabriken der „Petro- oder Ölchemie". „Pipelines" bringen das Öl heran.

Für die Eisen- und Stahlindustrie ist die Ruhrkohle nach wie vor unentbehrlich. Das in den Hochöfen mit dem Ruhrkoks gewonnene Roheisen wird in zahlreichen Betrieben „veredelt" und weiterverarbeitet. „Ruhrstahl" ist weltberühmt und dient als Werkstoff für viele Erzeugnisse vom kleinsten Nagel bis zur größten Brückenkonstruktion!

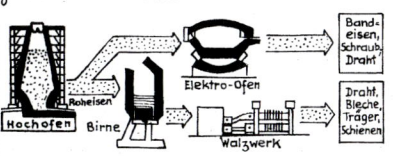

DAS LAND DER SCHWARZEN
Diamanten – das Ruhr-
gebiet. Broschüre für den
Schulunterricht, 1968.

Die kartographische Infografik

Im 20. Jahrhundert wird die kartographische Infografik von vier wesentlichen Entwicklungslinien bestimmt.

1. Seit dem Ende des 19. Jh. erfolgt der endgültige „Abstieg" der Landkarte von den Regionen der Macht und der Kultur des bürgerlichen Wohlstands in die Alltagskultur der Massen, u.a. durch regelmäßigen Einsatz von Landkarten in Tageszeitungen und nach dem 2. Weltkrieg auch im Fernsehen.

2. Der systematische Einsatz der Landkarte als Mittel der Propaganda in kommunistischen und faschistischen Regimen weist der Landkarte von ihrer grafischen Gestaltung und kommunikativen Funktion her die gleichen Aufgaben zu, wie sie die aktuelle Infografik kennzeichnen: einfach, übersichtlich, prägnant, kontrastreich und sofort verständlich zu sein für alle Betrachter. Der Unterschied zwischen Propagandakarte und kartographischer Infografik liegt nicht in der grafischen Form, sondern in der inhaltlichen Zielsetzung.

3. Die seit den 60er Jahren einsetzende Entwicklung der Kartographie zu einer eigenständigen Wissenschaft hat auch dazu geführt, daß der Kartennutzer zum Zentrum des kartographischen Kommunikationsprozesses geworden ist. Auf die jeweiligen Bedürfnisse und Fähigkeiten der Kartennutzer soll die Gestaltung der Landkarten ausgerichtet sein. Eine wesentliche Veröffentlichung im Zuge dieser Entwicklung war die „Graphische Semiologie" von Jacques Bertin von 1967.

4. Die elektronische Datenverarbeitung mittels Computer und der jeweiligen Software-Programme hat auch der Kartenherstellung auf allen Ebenen der inhaltlichen und grafischen Vielfalt ein Feld geöffnet, das durch das Internet weltweite Dimensionen erlangt hat. Gegenwärtig stehen die fortschrittsgläubige Freude und die fachlichen Zweifel bezüglich der Verbesserung von kartographischer Kommunikation und Information durch diese Technik in deutlichem Gegensatz. Eine wesentliche Rolle dabei spielt offensichtlich, daß Information – im Gegensatz zu älteren Traditionen unseres Jahrhunderts – nicht mehr als „Arbeit", sondern als „Entertainment", also als lustverbundenes „Infotainment" für alle, aufgefaßt wird. Dabei steht die scheinbar mühelose Aufnahme von Informationen in „leichten Häppchen" im Vordergrund. Eine Hauptursache für diese Haltung ist zweifellos die Informationsüberflutung durch die ökonomisch gnadenlose Konkurrenz der Massenmedien.

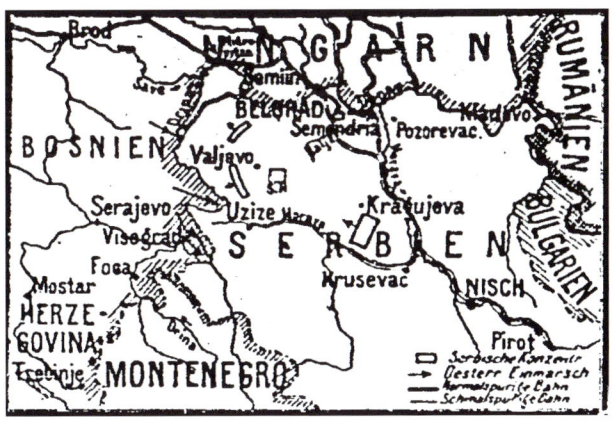

INFOGRAFIK ZUM AUSBRUCH DES
1. Weltkrieges: Einmarsch
der Österreicher in Serbien.
Berliner Tageblatt am
28. Juli 1914.

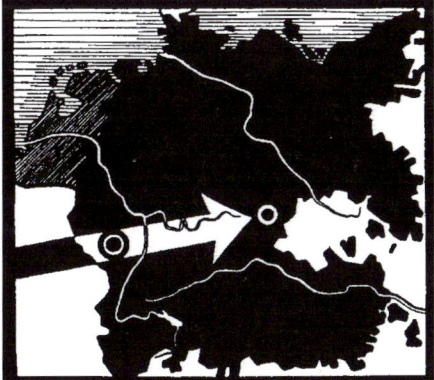

PROPAGANDAKARTE 1932
Saarbrücken-Eger:
„Die Hüfte des deutschen
Volksbodens".

DREI TYPISCHE BEISPIELE
für Infografiken vom Juni
1986: Carpress, Index Funk,
Frankfurter Allgemeine
Zeitung.

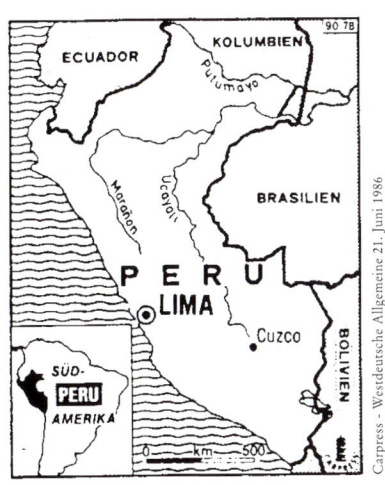

Carpress - Westdeutsche Allgemeine 21. Juni 1986

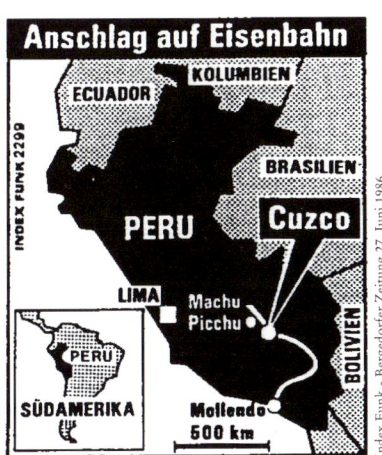

Index Funk - Bergedorfer Zeitung 27. Juni 1986

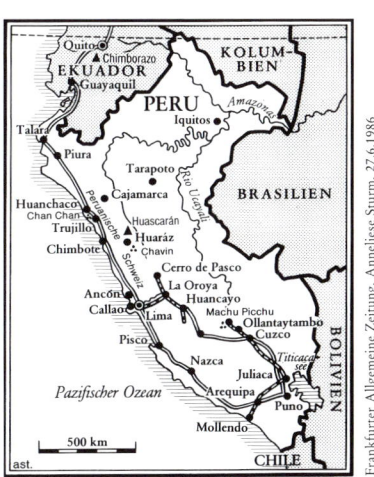

Frankfurter Allgemeine Zeitung, Anneliese Sturm, 27.6.1986

Fast food für die „Infoelite"?

Die Infografik ist in der Gegenwart angekommen. Ihre heutigen Produzenten können auf eine umfangreiche Tradition zurückgreifen. Dies tun sie allerdings eher selten. Das Ergebnis: Die Infografik ist überall – aber wo ist die Information?

Die neuere Infografik-Geschichte beginnt im Jahre 1985 mit dem Erscheinen von „USA today", die als erste Tageszeitung ein durchgestaltetes Layout mit Infografiken verwendete. In Deutschland markierte „Focus" im Jahre 1993 den Startpunkt.

Daß sich der Trend so schnell und verbreitet durchsetzen konnte, ist zum großen Teil technischen Innovationen zu verdanken. Fast alle Infografiken werden am Computer produziert. Die Drucktechnik setzt dem visuellen Ausdruck in Farbe und Schnelligkeit keine Schranken mehr. Besonders in den neuen deutschen Bundesländern stehen Zeitungsrotationsmaschinen, für die Vierfarbdruck Tagesgeschäft ist. Die Bürodrucker sind dank Windows und Office voll grafikfähig. Und Online-Prints und digitaler Offsetdruck machen aufwendige Farbdrucke auch für kleine Auflagen wirtschaftlich.

Wie immer bei solchen Veränderungen standen für die Produzenten zunächst die technischen Probleme und ihre Bewältigung im Vordergrund – kein Wunder, daß das ästhetische Niveau der „selbstgestrickten" Grafiken deshalb oft nicht überzeugen konnte.

Diese anfängliche Durststrecke scheint überwunden: Technische Entwicklungen und die Routine im Umgang mit Infografiken verbesserten die ästhetische Qualität der Infografiken tatsächlich spürbar – allerdings von einem relativ niedrigen Niveau aus. Denn wie auch in der Typographie führte die Begeisterung über die neuen technischen Hilfsmittel zunächst zu einer sehr hohen Toleranz gegenüber ästhetisch schwachen Ergebnissen. Mittlerweile bieten alle Standardprogramme auch umfangreiche Clip-Art- und Symbolbibliotheken an. Sie befähigen auch zeichnerisch nicht so versierte Infografiker zu komplizierteren Darstellungen.

Stark verbesserungsbedürftig bleibt die inhaltliche Qualität der Infografiken. Bei vielen aktuellen Beispielen gewinnt man den Eindruck, daß die ▸Regeln, die einen reibungslosen Informationstransport gewährleisten würden, weiterhin nicht bekannt sind oder bewußt verletzt werden.

 S. 80 ff.

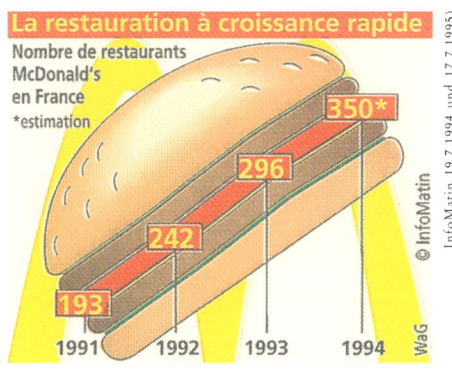

La restauration à croissance rapide

Nombre de restaurants McDonald's en France
*estimation

350*
296
242
193

1991 1992 1993 1994

© InfoMatin · InfoMatin 19.7.1994 und 17.7.1995

WaG

Big Mac

Nombre de restaurants McDonald's en France

415*

158

1990 1995 (estimation)

WaG

„JUNK FOOD" ALS „CHARTJUNK": zweimal unkorrekte Mengendarstellung: Wegen des fehlenden Nullpunkts erscheint als Verdreifachung, was nicht mal eine Verdoppelung ist (ganz links). Die Darstellung von Mengen durch unterschiedlich große Körper erlaubt dem Leser keine visuelle Vorstellung über die Verhältnisse (links).

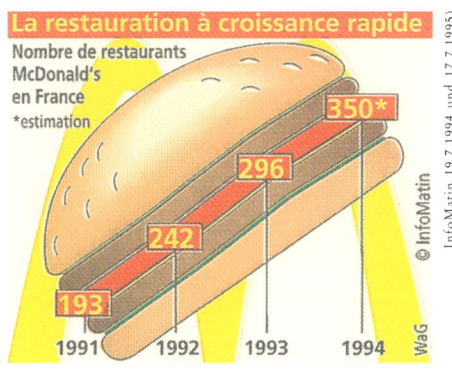

DIE WEGE VON OPIUM UND KOKAIN ZU DEN ABNEHMERN

DER WELT GRÖSSTER OPIUM-PRODUZENT ist der Goldene Halbmond, Kolumbiens Kartelle beherrschen den Kokain-Markt. Der BND erkundet die internationalen Transportwege in Zusammenarbeit mit ausländischen Geheimdiensten

NORDAMERIKA

WEST EUROPA

95 Tonnen Heroin

67 Tonnen Kokain

GOLDENES DREIECK

Shan-Land, das von Khun Sa beherrschte Gebiet

LAOS

BURMA

THAI-LAND

ca. 3000 t Opium

MEXIKO
ca. 55 t Opium
ca. 10 t Opium
GUATEMALA

KOLUM-BIEN
ca. 1374 t Kokain (+ 460 t Opium)
PERU
BOLIVIEN

GOLDENER HALBMOND
AFGHANISTAN
IRAN PAKISTAN
ca. 3500 t Opium

Quelle: Bundesnachrichtendienst und UN International Drug Control Programme

Focus 3/1993 (Erstausgabe)

„FOCUS" LÄUTETE 1993 auch in Deutschland das neue Infografik-Zeitalter ein. Diese Grafik stammt aus der ersten Ausgabe. Sie wirkt auf den ersten Blick überzeugend informativ. Beim genaueren Hinsehen entdeckt man allerdings viele Unstimmigkeiten. Die „Wege" des Rauschgifts sind nur angedeutet, es werden unterschiedliche Kategorien (Opium/Heroin) verwendet, der Mengenvergleich ist fehlerhaft: Als größter Rauschgiftproduzent erscheint das „Goldene Dreieck", da die Säcke den höchsten Stapel bilden. Tatsächlich produziert aber der „Goldene Halbmond" mehr, wenn auch die Menge falsch visualisiert ist (zwei Symbole zuviel). Was das „Shan-Land" ist, erfährt der interessierte Leser auch aus dem darüberstehenden Text nicht.

51

Akteure & Medien

Handbuch der Infografik

Vom gemeinen Umgang mit Bildern

Bilder gelten vielen als Sprache der Sprachlosen. Populär bleibt die Ansicht, daß sich komplexe Zusammenhänge am besten mit Worten beschreiben ließen. Die Infografik muß deshalb um ihren gleichberechtigten Platz neben dem Text noch kämpfen.

Elitemedien beschränken sich nach wie vor auf konservative Infografik-Formen wie Börsenkurse oder ▸Orientierungskarten. Unternehmen empfinden sich selbst offensichtlich nur als seriös, wenn die Bildstatistiken in ihren Geschäftsberichten streng und fantasielos daherkommen. Weil Bilder nichtsprachlich argumentieren, werden ihre Möglichkeiten oft unterschätzt. Den Transfer komplizierter Gedanken traut man ihnen nicht zu. Das hängt auch damit zusammen, daß Infografiken innerhalb neuer Kommunikationskonzepte bisher vorrangig der Unterhaltung und nicht der Information dienen.

S. 148

Man kann diese Bilderscheu auch als Weigerung deuten, sich auf eine klare, allgemeinverständliche „Sprache" einzulassen. Denn nicht selten entdeckt man erst beim Versuch der Visualisierung, wie verschwommen und unvollständig ein Gedankengang ist, der in Textform ganz akzeptabel wirkte.

Um Infografiken als ernstzunehmende Kommunikationsform zu etablieren, müßte ihr Potential besser ausgeschöpft werden. Denn bisher geben viele banale oder zweifelhafte Darstellungen den Kritikern recht. Die Infografik kann dem Text nur dann wirklich Konkurrenz machen, wenn sie ein kompliziertes Prinzip oder einen interessanten statistischen Zusammenhang so plastisch darstellt, wie es kein Text vermag.

Parallel dazu müßte die Kritikfähigkeit des Publikums gegenüber Bildern weiterentwickelt werden. Textkompetenz, so wenig sie auch verbreitet sein mag, ist immerhin anerkanntes gesellschaftliches Lernziel. Die Methoden ihrer Vermittlung sind seit Jahrzehnten pädagogisch bewährt. Die ideologiekritische Betrachtung von Bildern steht dagegen am Anfang. Wer mit Infografiken manipulieren will, hat heute noch ein leichtes Spiel.

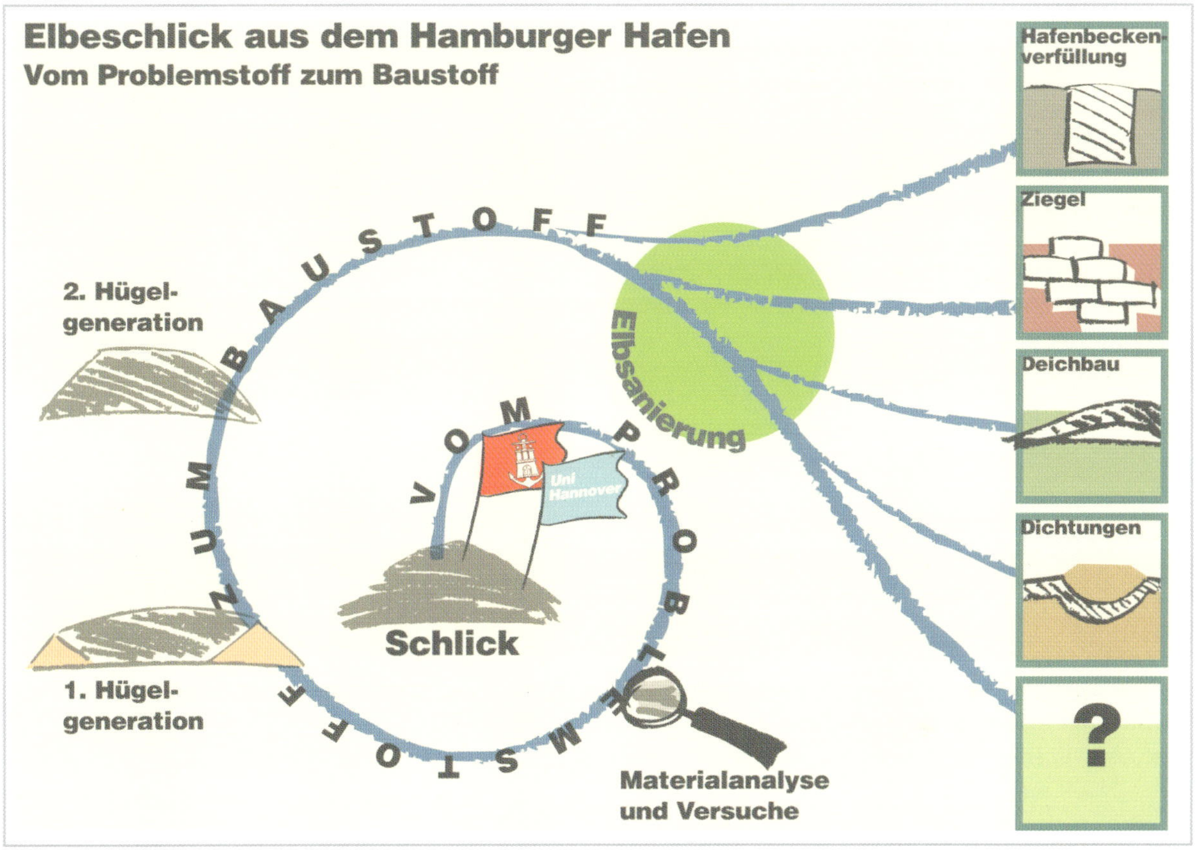

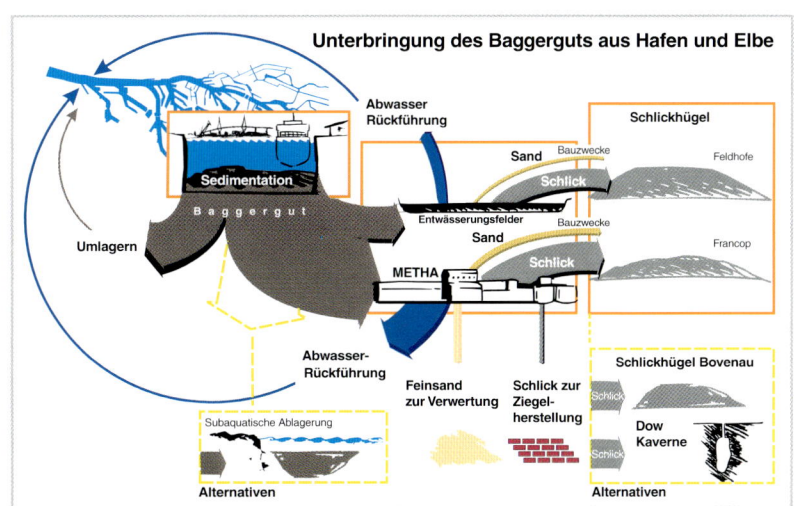

Elbeschlick aus dem Hamburger Hafen
Vom Problemstoff zum Baustoff

B A U S T O F F

Elbsanierung

2. Hügel-generation

V O M   P R O B L E M S T O F F

Z U M

1. Hügel-generation

Schlick

Uni Hannover

Materialanalyse und Versuche

Hafenbecken-verfüllung

Ziegel

Deichbau

Dichtungen

?

Beide Grafiken: Freie und Hansestadt Hamburg, Strom- und Hafenbau 1998 (Jansen/Töllner)

DIE ARBEITSFELDER EINER
Behörde – ein Thema, bei dem wohl kaum einer mit einer Infografik rechnet. Wo normalerweise in Tabellen und Organigrammen gedacht wird, wählte man für eine Festschrift eine freie Darstellung.

Die wenig später benötigte Vorlage für politische Entscheidungsgremien orientierte sich an dieser Infografik, fiel aber doch konventioneller aus – auch, weil mehr präzise Inhalte vermittelt werden mußten.

Unterbringung des Baggerguts aus Hafen und Elbe

Abwasser Rückführung

Sedimentation

Baggergut

Umlagern

Schlickhügel

Sand · Bauzwecke

Schlick

Feldhofe

Entwässerungsfelder

Sand · Bauzwecke

METHA

Schlick

Francop

Abwasser-Rückführung

Feinsand zur Verwertung

Schlick zur Ziegel-herstellung

Subaquatische Ablagerung

Alternativen

Schlickhügel Bovenau

Schlick

Dow Kaverne

Schlick

Alternativen

Die Verantwortung der Produzenten

Wie verantwortungsvoll die Aufgabe des Infografikers ist, wird deutlich, wenn man sich beispielsweise mit der Statistik auseinandersetzt – und mit ihrer Bedeutung zur Bewertung gesellschaftlicher Vorgänge.

Die Statistik läßt nicht nur viele qualitative Veränderungen außer acht, weil sie ein Phänomen in Zahlen zusammenfaßt. Sie kann überhaupt nur berücksichtigen, was sich in Zahlen abbilden läßt. Oder anders herum: Alles muß zur Zahl werden, damit es zur statistischen Größe werden kann.

In den zwanziger Jahren, als die bildstatistische Methode ▸Isotype entwickelt wurde, standen die fortschrittlichen Kräfte der Statistik uneingeschränkt positiv gegenüber. Sie sahen in ihr die gesellschaftliche und ökonomische Realität objektiv widergespiegelt. Bildstatistiken sollten deshalb das Instrument sein, um politische Selbstverantwortung zu fördern.

 S. 38

Die Zeit vor dem Zweiten Weltkrieg war geprägt von Gesellschaftsvorstellungen, die ingenieurhaft mit ihrem Gegenstand umgingen und technikgläubig meinten, es komme nur auf die richtigen Regelungsmechanismen an. Diese Art der Technikauffassung wird heute in Frage gestellt, weil Technik nicht mehr nur mit positiven Entwicklungen verbunden wird und nicht zuletzt weil die Staaten zusammengebrochen sind, die sich auf eine „wissenschaftliche Weltanschauung" gründeten.

was nun, wenn man zur einsicht käme, daß das denken in bildern und die ihm zugehörige visuelle sprache einen höheren menschlichen stellenwert hat als die analytische erkenntnis und die ihr gemäße verbale ausdrucksweise? (...) sicher ist unsere technische zivilisation auf exaktheit und genauigkeit aufgebaut. ist auch unsere moralische, politische und kulturelle existenz durch sie bestimmt?
OTL AICHER, 1991

Statistik, besonders wenn sie in einer Infografik zusammengefaßt wird, kann eine mechanistische Weltsicht reproduzieren. Das erlaubt jedoch nicht den Umkehrschluß, daß immer nur eine sprachliche Darstellung die richtige Alternative sei. Genauso wie Bilder Klischees und Lügen verbreiten können, können dies auch Texte tun. Wer ein politisches Interesse daran hat, durch eine plakative Darstellung Fremdenhaß zu schüren, dem wird dies in jeder Ausdrucksform gelingen. Infografiker müssen deshalb verantwortungsbewußt handeln, um die Chancen des Mediums voll ausnutzen, die ▸Manipulationsmöglichkeiten aber gering halten zu können. Sie müssen treffende, aber nicht propagandistische Bilder gestalten, insbesondere bei emotionsbesetzten Themen wie beispielsweise dem Bevölkerungswachstum.

 S. 94

Napi Magyarország, 18.1.99

4 *Napi* MAGYARORSZÁG | **Belpolitika** | • 1999. január 18., hétfő

Áradó emberiség – apadó magyarság

Számtalan jóslat eltemette már a magyarokat. Herder, a német filozófus több mint két évszázaddal ezelőtti prognózisa szerint nekünk már nem is szabadna léteznünk itt, Európa közepén. De nemcsak a komor jóslatokat élük szerencsésen túl, hanem a járványokat, a háborúkat, a forradalmakat és a diktatúrákat. Feloldhatatlan ellentmondással szembesülünk mégis. Békeidőben gyarapodunk a legkevésbé.

Magyarországnak a századfordulón több mint 18 millió lakosa volt. Az 1910-es népszámlálás adatai szerint ebből 9,945 millió magyar. Nyolc évvel később a trianoni szerződés által meghagyott területen – amely szinte megegyezett a naival – 7,980 millió ember maradt, kilencízted részben magyar. A csonka Magyarország lakossága a második világháborús emberveszteségek dacára 1980-ra elérte csúcspontját, 10,731 millió főt. A következő esztendőben ezután már többben haltak meg, mint ahányan születtek. Azóta az ország lélekszáma folyamatosan csökken, a múlt évben alig haladta meg a 10,1 milliót. Az évenkénti népségfogyás a rendszerváltás óta megduplázódott. A tavalyi 40 ezres lakosságcsökkenés ismét rekordot döntött. A közhittel ellentétben a születések száma nem a nyolcvanas években kezdett csökkenni. Már az ötvenes évek derekától egyre kevesebb gyermek jött világra. Az átlagos életkor viszont a statisztikákban hosszú időn keresztül nem volt kimutatható a népességfogyás.

Öregedő ország

A második világháborút követően Európában Magyarországon csökkent először a gyermekvállalási kedv olyan mértékben, hogy a társadalomban a fiatalabb korosztály kisebb arányt képviselt, mint az idősebb.

Kevesebb házasság, korábbi halandóság

Robbanó világnépesség

Krisztus előtt 10 ezer évvel 5 millió ember élhetett a földön. Akkor még kereken 3 ezer év szükségeltetett ahhoz, hogy ez a szám megkétszereződjék.

ŽIVKOVIĆ NATÁLIA

8000 éve | **7000** | **6000** | **5000** | **4000** | **3000** | **2000** | **Kr. e. 1000** | **Krisztus születése** | **Kr. u. 1000** | **Ma** | **2050-ben**

10.000.000.000

1887. JULIUS 11.

PESTIS- ÉS KOLERA-JÁRVÁNY

Skizziert nach einem Modell in der Ausstellung „Erdsicht–Global Change"

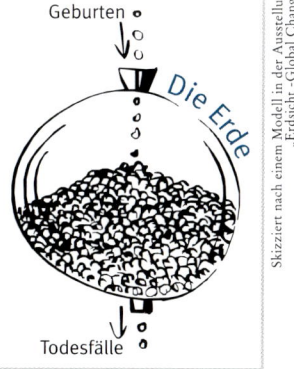

Geburten

Die Erde

Todesfälle

DAS BEVÖLKERUNGSWACHSTUM ist ein beliebtes Bildstatistik-Thema. Wie das Publikum diese Entwicklung bewerten soll, entscheidet der Infografiker, indem er ein Bild wählt: die überquellende Ölsardinenbüchse, gigantisch wachsende Riesen oder das Gefäß mit dem endlichen Volumen.
Mein Favorit: Die Riesenmenschen. Sie zeigen zwar Dynamik, verbreiten aber nicht das falsche Bild eines geschlossenen Raums.

Produzenten-Teams

Die Vorarbeit für eine Infografik unterscheidet sich deutlich von der Textproduktion. Auch für die Umsetzung müssen neue Wege beschritten werden. Die besten Lösungen entstehen fast immer im Team.

In den Köpfen ihrer Schöpfer entscheidet sich die inhaltliche und ästhetische Qualität einer Infografik. Um alle Aspekte sinnvoll zu vereinen, bedarf es einer neuen Berufsdefinition. Der Infografiker muß Grafiker, Texter und Konzeptioner in einer Person sein. Besser noch: ein Team, das gleichberechtigt um die Lösung ringt. Ist die regelmäßige visuelle Aufbereitung oder Animation von Daten z.B. für Bildschirmanwendungen notwendig, sollte ein Informatiker die Gruppe ergänzen.

Ein Team aus verschiedenen Spezialisten entwickelte vor mehr als 60 Jahren die ▸Isotype-Grafiken. Nur so konnte nach der Meinung des Museumschefs Neurath die typische engstirnige Herangehensweise vermieden werden, die den Grafiker zu einer visuellen, den Wissenschaftler aber zu einer theoretischen Überbetonung veranlasse. Die Gruppenarbeit an Infografiken besitzt noch einen weiteren Vorteil: Es läßt sich ein Hausstil herausarbeiten, der nicht von den Stärken und Schwächen eines Einzelnen bestimmt wird.  S. 38

Infografiken erfordern neue Recherchewege. Um ein Thema zu visualisieren, sind bestimmte Grundlagen notwendig: exakte Zahlen, detaillierte Bildvorlagen, Kenntnis über spezielle ▸Symbole. Und – die Reihenfolge der Arbeitsschritte verändert sich. Während in der traditionellen Informationsvermittlung jahrzehntelang zuerst der Text und dann die Bebilderung entstand, sind nun parallele, aufeinander abgestimmte Prozesse gefragt. 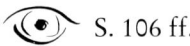 S. 106 ff.

Die Medien haben sich in ihrer Arbeitsorganisation zumindest schon bewegt. Da ihre Existenz unmittelbar vom sensiblen Reagieren auf Lesebedürfnisse abhängt, sind die Visualisierer bereits oft in den gesamten Produktionsprozeß mit einbezogen und nehmen an Redaktionssitzungen teil. Ein Art Director wacht darüber, daß die Infografik den ihr zukommenden Stellenwert im Gesamtauftritt erhält. In Werbeagenturen und Designbüros hat sich diese Erkenntnis noch nicht allgemein durchgesetzt: Viele Geschäftsberichte glänzen mit einfallslosen Diagrammen und schlichten Tabellen – und welche Agentur rät ihrem Kunden schon zu einer Kampagne, die sich wesentlich auf Infografiken stützt?

So entsteht eine Infografik

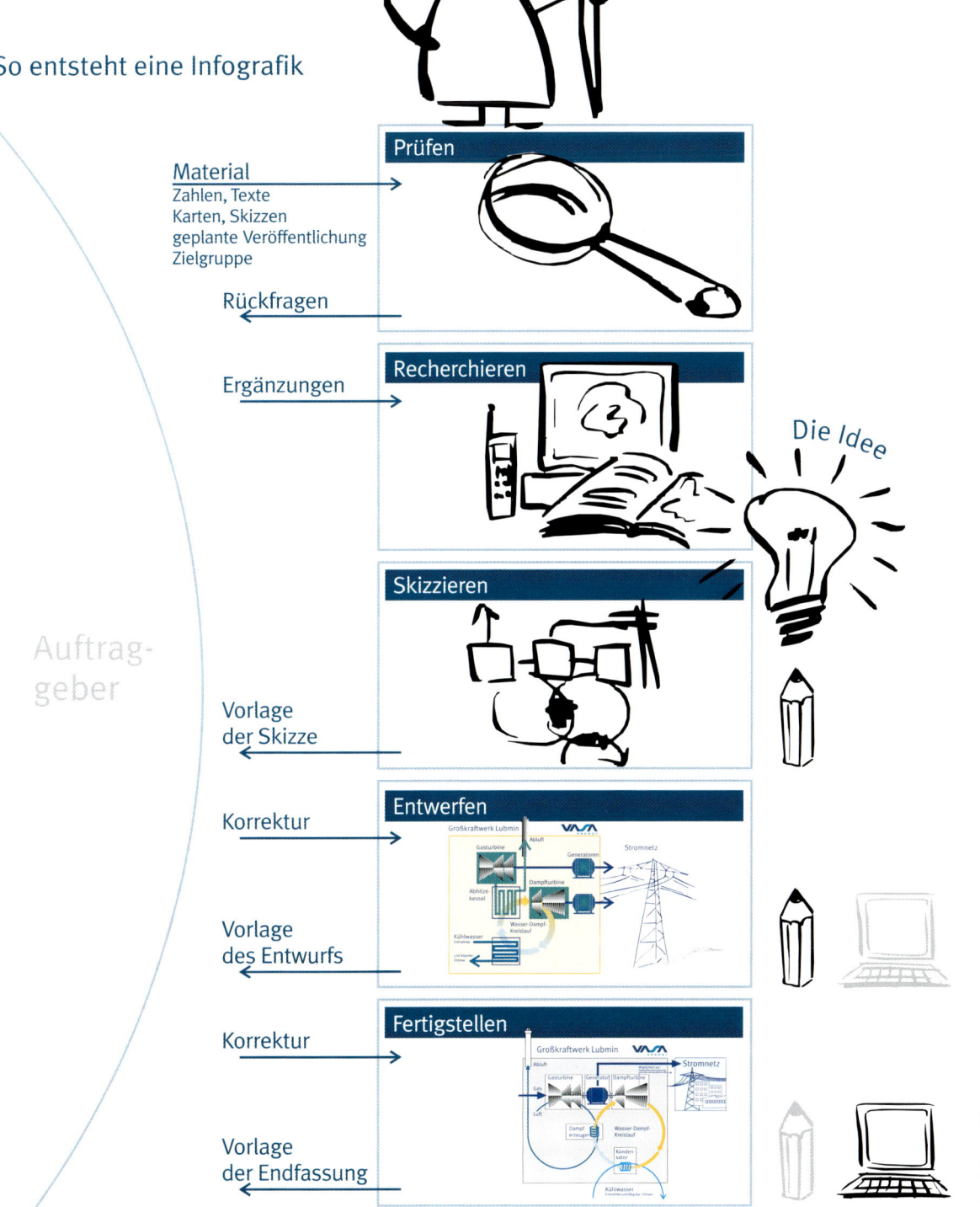

Prüfen

Material
Zahlen, Texte
Karten, Skizzen
geplante Veröffentlichung
Zielgruppe

Rückfragen

Recherchieren

Ergänzungen

Die Idee

Skizzieren

Vorlage
der Skizze

Entwerfen

Korrektur

Großkraftwerk Lubmin

Vorlage
des Entwurfs

Fertigstellen

Korrektur

Großkraftwerk Lubmin

Vorlage
der Endfassung

Auftrag-
geber

Veröffentlichung

Angela Jansen, 1999

Fernsehen und Film

Obwohl das Fernsehen prägend für ihre Ästhetik ist, führt die Infografik im Medium selbst eher eine Randexistenz. Gefragt ist im Fernsehen „Echtzeitkommunikation" mit aktuellen Bildern vom Geschehen, die stark emotional wirken.

Lange schon begegnen den Fernsehzuschauern Infografiken bei Wetter und Wahlen: Die entwickelte Technik erlaubt den simulierten Wetterflug über die Bundesrepublik. Und die prozentuale Verteilung der Wählerstimmen baut sich in animierten Grafiken dynamisch bunt vor den Augen des Zuschauers auf. Aber wie die meisten Echtzeitübertragungen sind auch diese keine.

Die Grafik muß vorher konstruiert sein. Da Nachrichtensendungen heute fast nur noch von Live-Übertragung zu Live-Übertragung schalten, wird verständlich, warum sie selten infografisch illustriert werden: Es fehlt die selbst im Zeitalter schnellster Rechner notwendige Zeit, eine sinnvolle Darstellung zu entwickeln.

Eine weitere Einschränkung für Infografiken in Fernsehen und Video stellt die grobe Auflösung dar. Sie erzwingt einfache Darstellungen und kurze, relativ groß gesetzte Texte.

Informationsfilme – auch außerhalb des Fernsehens – werden meist mit weniger Zeitdruck produziert. Dennoch finden sich auch hier noch viel zu selten Infografiken. Man scheut offensichtlich den Aufwand, den komplexere Darstellungen erfordern. Zudem orientieren sich die Filmemacher auch hier an der aktuellen Ästhetik von Trendsettern wie Musikvideos: Schnelle Schnitte, verwischte Aufnahmen, alles ist ständig in Bewegung.

Infografiken in Informationsfilmen sollten nur sparsam, informationsfördernd animiert werden. Das Thema entscheidet, wieviel Bewegung die Infografik braucht bzw. verträgt. Der Kontrast zwischen stehenden Infografiken und bewegten Realszenen ist dabei nicht nur stilistisch interessant, sondern fördert auch durch die zwischengeschobenen ruhigen Phasen die Erinnerungsleistung des Zuschauers.

IM FERNSEHEN GEHÖREN animierte Wettervorhersagen bereits zum Standard.

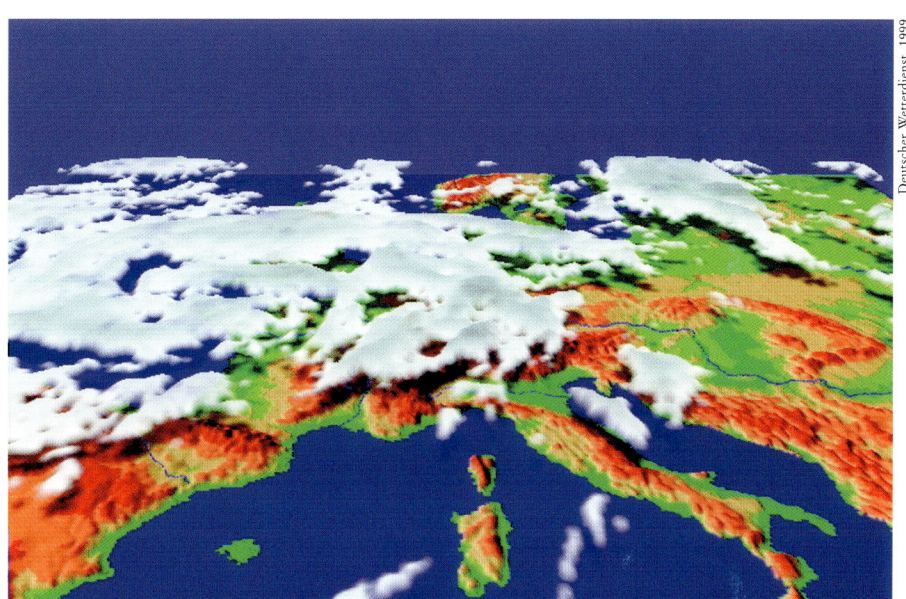

Deutscher Wetterdienst, 1999

EIGNET SICH BESONDERS GUT für Filmsequenzen: eine ▸Anamorphose, in der die einzelnen Regionen entsprechend ihrer Bedeutung (in diesem Fall für das Bruttoinlandsprodukt) dargestellt werden. S. 164

 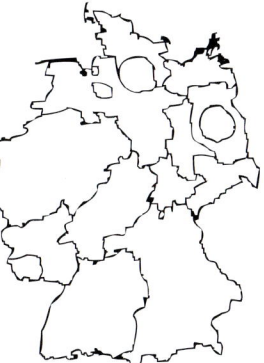 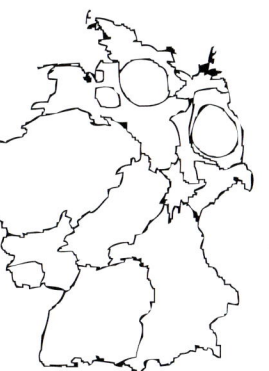 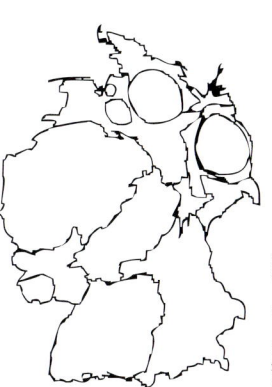

Wolf-Dieter Rase, 1993

Zeitung und Zeitschrift

Die Infografik „als Kind des Fernsehens" ist mittlerweile in Zeitungen und Zeitschriften fest verankert. Der Einsatz eigener Infografiker führt zu individuellen Lösungen, deren Niveau kontinuierlich steigt.

Geprägt vom bilderorientierten unterhaltsamen Fernsehen verlangen Tageszeitungsleser kürzere Texte und größere Bilder. Zunehmend reagieren auch die bundesdeutschen Blätter auf diese Bedürfnisse mit selbst produzierten Infografiken. Dabei muß die Infografik die Besonderheiten der Printmedien berücksichtigen: die längere Betrachtungsdauer, die Möglichkeit, zurückzublättern, die Freiheit des Lesers, zwischen Text und Grafik zu wechseln.

Über Jahrzehnte bestimmte „Globus" Inhalt und Design der Zeitungsgrafiken, belieferte die meisten Tageszeitungen in der Republik. Mit „AFP infografik" hat sich heute ein modern wirkender Konkurrent auf dem Markt etabliert. In den letzten Jahren ist ein Trend zur Individualisierung zu erkennen. Das liegt zum einen daran, daß in den Redaktionen jetzt speziell ausgebildete Infografiker arbeiten. Zum anderen sind Infografiken zum Standard geworden, so daß die Zeitungen versuchen, ihr eigenes Corporate Design durch selbst kreierte oder zumindest stilistisch angepaßte Agenturgrafiken zu betonen.

Was die inhaltliche und ästhetische Qualität der Infografiken angeht, so wünscht man sich durchaus weitere Verbesserungen. So ist der seitengestaltende Einsatz immer noch sehr selten. Und: viele Medien haben nach einer kurzen Euphorie Infografiken zugunsten großer Fotos bereits wieder zurückgenommen. Kaum zu finden sind nach wie vor Prinzipdarstellungen, obwohl auch lokalpolitische Themen oft nach solchen Grafiken schreien. (Wie läuft ein Bürgerbegehren ab? Welche Gruppen arbeiten im Tourismus-Ausschuß?)

Bessere Voraussetzungen finden Infografiken in Wochenzeitungen und Zeitschriften: Farbe ist angesagt, längere Artikel bilden das passende Umfeld, und es steht eine längere Produktionszeit zur Verfügung. In einem Wochenmagazin wie „Der Spiegel" findet man deshalb auch bis zu 30 Grafiken pro Heft – während sich die meisten Tageszeitungen auf ein bis zwei Grafiken pro Ausgabe beschränken. Folgerichtig beschäftigt der Spiegel auch eine ganze Infografik-Abteilung. Die Tageszeitungen stellen häufig nur eine Person für die Infografik ab, die zumeist noch Standards wie die Börsenkurse oder die Wetterkarte mitbetreut. Für populärwissenschaftliche Zeitschriften sind Schaubilder selbstverständlich. Hier war und ist die lehrreiche Grafik anerkannt. Diese Medien setzen deshalb auch aufwendig illustrierte Prinzipdarstellungen ein.

(...) die Zeitung wäre nicht gut beraten, sich den Sehgewohnheiten des Fernsehpublikums zu unterwerfen – und sie hat es auch gar nicht nötig, wenn sie sich ihrer Stärken besinnt, die in der ausführlichen und vertiefenden Darstellung liegen.
WERNER D'INKA, 1992

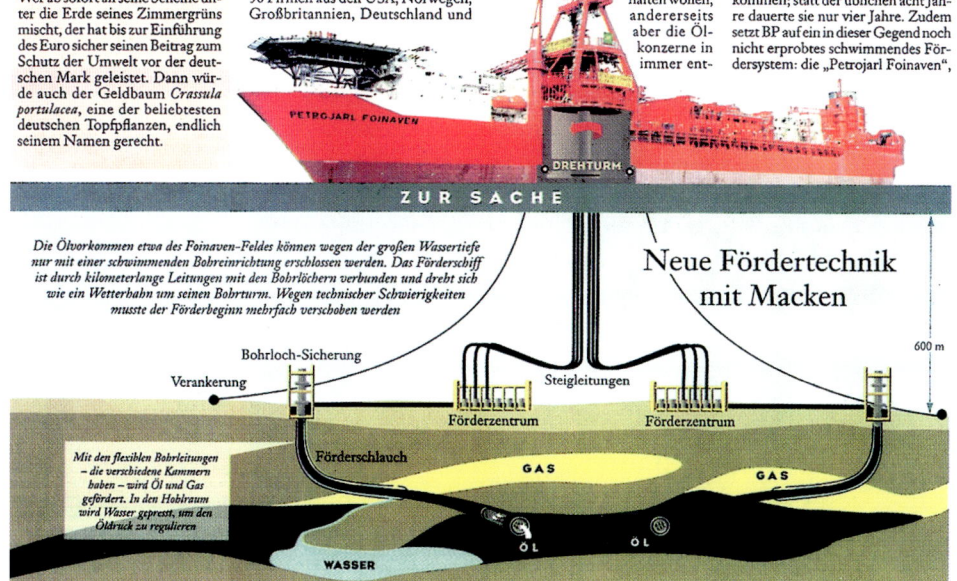

Wer ab sofort all seine Scheine unter die Erde seines Zimmergrüns mischt, der hat bis zur Einführung des Euro sicher seinen Beitrag zum Schutz der Umwelt vor der deutschen Mark geleistet. Dann würde auch der Geldbaum *Crassula portulacea*, eine der beliebtesten deutschen Topfpflanzen, endlich seinem Namen gerecht.

30 Firmen aus den USA, Norwegen, Großbritannien, Deutschland und halten wollen, andererseits aber die Ölkonzerne in immer ent-

kommen; statt der üblichen acht Jahre dauerte sie nur vier Jahre. Zudem setzt BP auf ein in dieser Gegend noch nicht erprobtes schwimmendes Fördersystem: die „Petrojarl Foinaven",

einer freiwilligen Erkundung der Gewässer ein, dass dort eine „empfindliche Ökologie" anzutreffen sei – glaubt jedoch, dass „sich die Erschließung aller Voraussicht nach aber nicht signifikant hierauf auswirken wird". Die britische Regierung und die Ölindustrie haben sogar eine 5-Millionen-Mark-Studie in Auftrag gegeben, um die Folgen der Ölförderung für die Korallen zu untersu-

Die Woche, 20.6.1997

ZUR SACHE

Die Ölvorkommen etwa des Foinaven-Feldes können wegen der großen Wassertiefe nur mit einer schwimmenden Bohreinrichtung erschlossen werden. Das Förderschiff ist durch kilometerlange Leitungen mit den Bohrlöchern verbunden und dreht sich wie ein Wetterhahn um seinen Bohrturm. Wegen technischer Schwierigkeiten musste der Förderbeginn mehrfach verschoben werden

Neue Fördertechnik mit Macken

Mit den flexiblen Bohrleitungen – die verschiedene Kammern haben – wird Öl und Gas gefördert. In den Hohlraum wird Wasser gepresst, um den Öldruck zu regulieren

MEHR ZUM THEMA

PORTRÄT
Angela Merkel
SEITE 3

POLITIK
Interview mit Gerhard Schröder
SEITEN 6+7

WISSENSCHAFT
Umwelt auf der Kippe
SEITEN 26+27
Selbstgemachter Umweltschutz
SEITE 28

chen. Doch das Ergebnis wollen die Auftraggeber nicht mehr abwarten.

Gegenüber Greenpeace spielt die englische Regierung auf Zeit. Aus Angst vor einer verheerenden öffentlichen Wirkung ließ sich zumindest bis Montag dieser Woche nicht zu einer Räumung hinreißen. Da Rockall ein Teil Großbritanniens sei, so ein Regierungssprecher, dürfe auch jeder dorthin reisen: „Die Leute können da so lange bleiben, wie sie wollen."

WOCHENZEITUNGEN WIE „Die Woche" oder „CASH" sind experimentierfreudiger als die meisten Tageszeitungen. Sie nutzen Infografiken häufiger auch großformatig und layout-bestimmend.

CASH, 29. Mai 1998 (Nigel Simmonds)

PR und Öffentlichkeitsarbeit

In der Kommunikation mit der Öffentlichkeit nutzen Unternehmen und Behörden seit langem Infografiken. Denn Baupläne, technische Anlagen oder umfangreiche Zahlenkolonnen können so einem breiten Publikum nahe gebracht werden.

Presse- und Öffentlichkeitsarbeit wendet sich an die für das Unternehmen wichtigen Personengruppen. Sie will Transparenz herstellen und die Akzeptanz – und mittelbar die Marktstellung – fördern. Im Gegensatz zur Werbung, die direkt auf den Absatz eines Produktes zielt, hat sie langfristig imagefördernden Charakter. Absender von Öffentlichkeitsarbeit bzw. PR (Public Relations) können Unternehmen, Verbände, Behörden oder politische Interessengruppen sein. Adressaten sind: die Öffentlichkeit allgemein oder eine spezifische Zielgruppe, wie z.B. die Anwohner eines Chemiebetriebes.

Da PR fast immer Transparenz schaffen will, spielt die Infografik eine große Rolle. Besonders in den seit den siebziger Jahren selbstverständlichen Begleitinformationen – etwa vor dem geplanten Bau einer Müllverbrennungsanlage – versucht man, durch Infografiken die technischen Abläufe zu erläutern. Steht die avisierte Zielgruppe dem Projekt möglicherweise skeptisch gegenüber, dann müssen Infografiken zwei wichtige Bedingungen erfüllen: Sie müssen erstens „wahr" sein. Eine Bildstatistik, die den zukünftigen Verkehrslärm durch geschickte Darstellung „gering"rechnet, zeichnet zwar auf den ersten Blick ein freundliches Bild der Zukunft, bewirkt aber, wenn der Trick erkannt ist, eine negative Einstellung gegenüber dem gesamten Projekt. Sie müssen zweitens das Verständnis in den Vordergrund stellen. Verniedlichende Metaphern – wie etwa die Müllverbrennung als Comic, auf dem nette kleine Fantasiewesen werkeln – gehen deshalb meist nach hinten los. Statt Überzeugung bewirken sie Zweifel an der technischen Kompetenz des Planers. Die Einbeziehung von Fotos – etwa von vergleichbarer, bereits realisierter Technik – stärkt dagegen die Glaubwürdigkeit des Unternehmens.

Ein sinnvolles Einsatzfeld für Infografiken innerhalb der PR bieten auch Pressedienste. Wenn heute der Fachverband der Saunahersteller oder der Nationalpark Wattenmeer die Presse über ihre Arbeit informieren, so sollten Texte und Fotos selbstverständlich durch Infografiken ergänzt werden. Die Medien – allen voran kostenlos verteilte Anzeigenblätter – nehmen einen solchen Service dankbar an. Oft kostet die Herstellung einer ansprechenden Infografik sogar weniger als ein Foto – und liefert dennoch detailliertere Information.

Das Entwässerungssystem am Flughafen Hamburg

Trinkwasser

Gebäude und Pier

Niederschlag   **Enteisungsmittel**

Vorfeld

Niederschlag

Start- und Landebahnen

Abwasser-vorbehandlung

Regen-rückhaltebecken mit Abscheider

+TOC-Analyse

Regenrückhaltebecken mit Abscheider

Tarpenbek   **Alster**

Elbe

Abwasser

Kläranlage

Flughafen Hamburg, Umwelterklärung 1999 (Jansen)

Teilnahmen an Schulungen zu Umweltschutz und Sicherheit (pro Jahr)

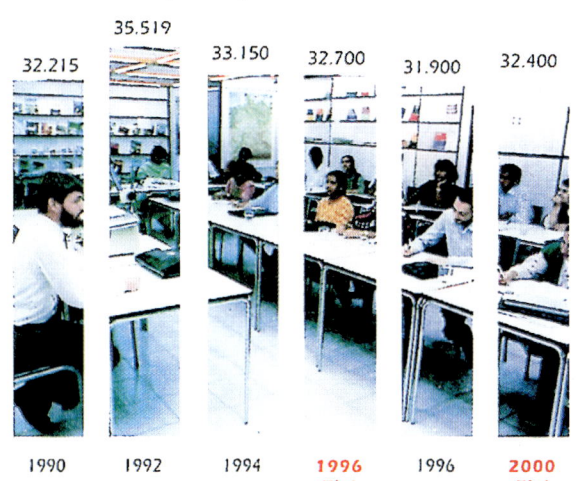

Bayer AG, Umweltbericht, 1997

32.215	35.519	33.150	32.700	31.900	32.400
1990	1992	1994	**1996 Ziel**	1996	**2000 Ziel**

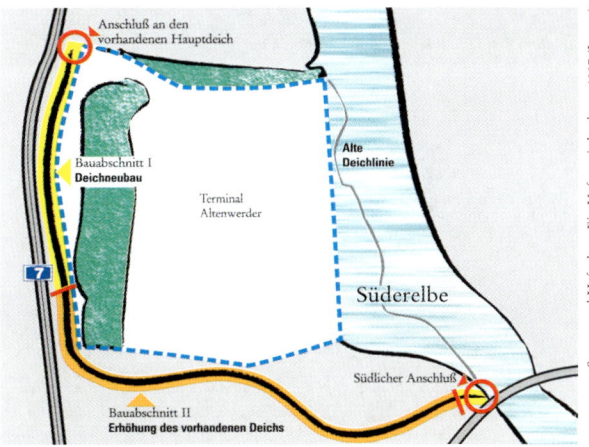

Strom- und Hafenbau, Ein Hafen wird gebaut, 1997 (Jansen)

ALLE DREI INFOGRAFIK-TYPEN eignen sich auch für die Unternehmenskommunikation – besonders dort, wo durch Argumentation Investoren oder Kunden gewonnen bzw. Anwohner miteinbezogen werden sollen.

Werbung

Konsumgüter wird man auch künftig vor allem emotional und suggestiv bewerben, so daß für die Infografik hier kaum Platz ist. Im Bereich der „Investor Relations" – wenn man mit Investoren und nicht mit Endverbrauchern kommuniziert – sind jedoch „infografische Zuwachsraten" wünschenswert.

Werbung, die den Verbraucher ansprechen soll, muß oft suggestiv argumentieren, um einen Kaufreiz für das spezielle Produkt auszulösen. Die im Kern immer sachlichen Infografiken können in diesem Sinne nicht viel bewirken. Wenn man dennoch in Anzeigen oder in der TV-Werbung Beispiele findet, so sind diese oft wenig überzeugend, weil sie Fakten oder Daten sehr platt für die Botschaft zurecht „bürsten".

Anderen Gesetzen folgt dagegen die Ansprache möglicher Investoren. Die Kommunikation mit potentiellen und tatsächlichen Partnern, „Investor Relations", siedelt sich deshalb auch begrifflich in der Nähe der Öffentlichkeitsarbeit/ Public Relations an. Hier müssen Sachinhalte und komplexe Daten schnell und transparent vermittelt werden – ohne Infografiken undenkbar. Diese Erkenntnis setzt sich – beginnend mit den Geschäftsberichten – mehr und mehr durch.

Daß die meisten Produkte solcher Expertenkommunikation noch recht bieder daher kommen, hat vor allem an zwei Gründe: Man überschätzt erstens immer noch die Bedeutung der exakten Zahl. In dem Glauben, daß nur die vollständige Datenpräsentation in Zahlenform „Wahrheit" transportiert, scheut man die Zusammenfassung der Kerndaten in einer Bildstatistik. Dabei würde auch ein Manager lieber ein „Aha"-Erlebnis aus einer Tortengrafik ziehen und das Nachrechnen seinem Buchhalter überlassen, der die Zahlen im Anhang prüft. Zweitens hält man Texte – selbst wenn sie zu stichwortartigen „Bullet Points" heruntergekommen sind – für eine seriösere Argumentationsform als Infografiken. Deshalb werden die komplizierten Varianten einer Produktionsentwicklung lieber in langen Texten vorgestellt als in Prinzipdarstellungen. Werbeagenturen entwickeln in einem solchen Fall nur selten infografische Alternativen, weil die Grafiker sich meistens nicht als Informationsdesigner verstehen und außerdem das jeweilige Fachgebiet des Kunden nicht gut genug kennen. Spezialisten für bestimmte Themenbereiche, die möglicherweise auch entgegen der üblichen Arbeitsteilung in Agenturen direkt mit den Fachleuten im Unternehmen zusammenarbeiten, könnten hier einen Durchbruch für die Infografik erzielen.

Rheinhyp AG, 1998 (Gläser & Partner)

EINE INFOGRAFIK SOLLTE DIE
Anzeige faktenreich machen,
aber leider verzichtete man
zugunsten der plakativen
Aussage auf die Beschriftung
der y-Achse.

Cap Gemini GmbH, 1998

„EINFACH PROFESSIONELL ..."
ist die Anzeige der Rheinhyp gestaltet – man fragt
sich allerdings, ob die Zins-
kurve morgen im Minus
landet.

Umsatzrenditen europäischer Chemieunternehmen: Pharma bringt Ertrag

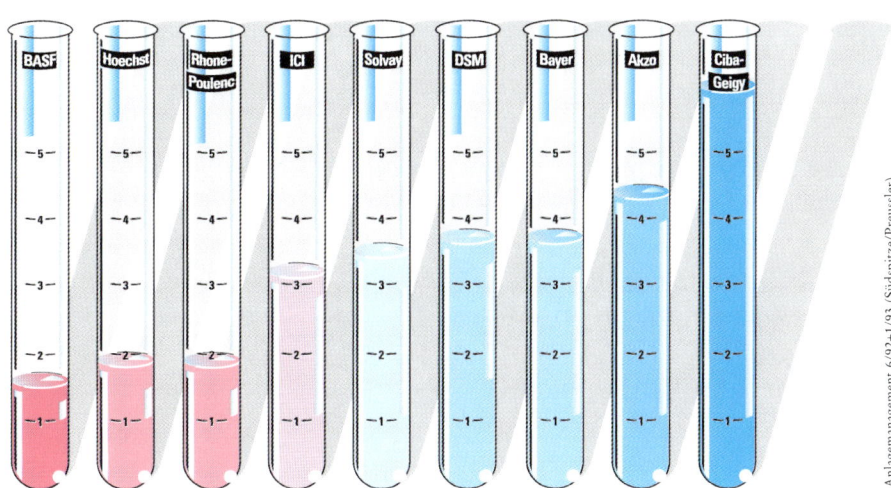

Anlagemanagement 6/92+1/93 (Südspitze/Preussler)

SERIÖS INFORMIERT
das Pharma-Chart poten-
tielle Anleger.

Internet

Obwohl das Internet ein Bildmedium wie kein anderes ist, sind Unternehmen und Medien in ihrem Internet-Auftritt mit Infografiken noch sehr sparsam. Technische Gründe sind hierfür sicherlich wesentlich. Hinzu kommt möglicherweise, daß Infografiken als Informationsquellen immer noch nicht richtig ernst genommen werden.

Die Kriterien für den Internet-Einsatz gelten gleichzeitig auch für Infografiken auf CD-ROMs. Auch hier bestimmt der Nutzer, wie lange er sich einer Seite oder einer Grafik widmet. Überzeugen wird deshalb in der Regel derjenige, der dem Menschen vor dem Bildschirm ein interessantes Angebot macht – und nicht der, der ihm permanent eine Werbebotschaft vor die Augen hält. Ein weiterer wichtiger Aspekt: Die Information wird am Bildschirm gelesen, d.h. dessen Auflösung und Farbumfang sind entscheidend. Internet-Seiten erlauben bewegte Grafiken, wenn der Betrachter über eine entsprechende Software verfügt.

In der kurzen Geschichte dieses Mediums haben sich Internet-Seiten stark gewandelt. Nach einer puristischen Anfangsphase, in der hauptsächlich Texte kommuniziert wurden, folgte eine Zeit, in der jeder Bewegung auf seinen Seiten haben wollte – was zu einer Überbetonung grafischer Schmuckelemente führte. Mittlerweile geht der Trend wieder zu mehr Information.

Es wäre also durchaus sinnvoll, auf Web-Sites mit Infografiken zu arbeiten. Das geschieht aber bisher nur selten. Ein Grund könnte sein, daß das Internet als Informationsmedium verstanden wird, Infografiken jedoch eher unterhaltend eingesetzt werden.

Im Internet kann die Infografik eine in den Printmedien nur bedingt mögliche Funktion übernehmen: Sie kann als grafische Gliederung die Struktur des gesamten Seitenaufbaus verdeutlichen. Verweise und Unterpunkte lassen sich über die Grafik – etwa wenn es um die Tochtergesellschaften eines Unternehmens geht – direkt ansteuern. Die Animation von Grafiken sollte inhaltlich begründet sein: Während in der Wahlstatistik die Bewegung vor allem unterhaltenden Charakter hat, kann z.B. das Wachstum des Hamburger Hafens anschaulich gemacht werden durch Überblendung der Hafenkarte von den Anfängen bis zur Gegenwart.

Die technischen Grenzen des Mediums Internet, d.h. vor allem die ungeliebten Wartezeiten beim Aufbau einer Seite, sind für Infografiken heute nicht mehr wirklich entscheidend. Die meisten Grafiken lassen sich von der Datenmenge her so reduzieren, daß sie keinen Ärger beim Nutzer auslösen.

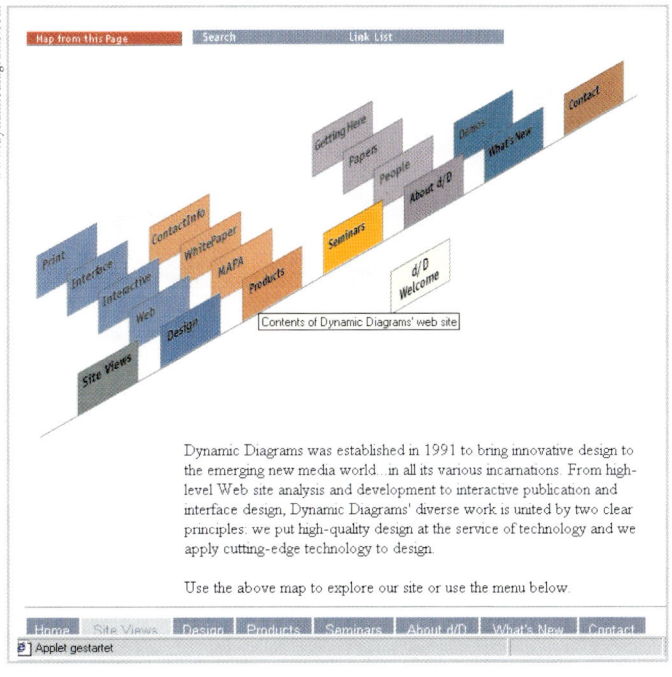

Vorbildlich: die Struktur
der Internet-Seiten wird in
diesem Organigramm sicht-
bar gemacht. Selbstver-
ständlich kann man von hier
aus direkt auf die jeweiligen
Seiten springen.

www.dynamicdiagrams.com

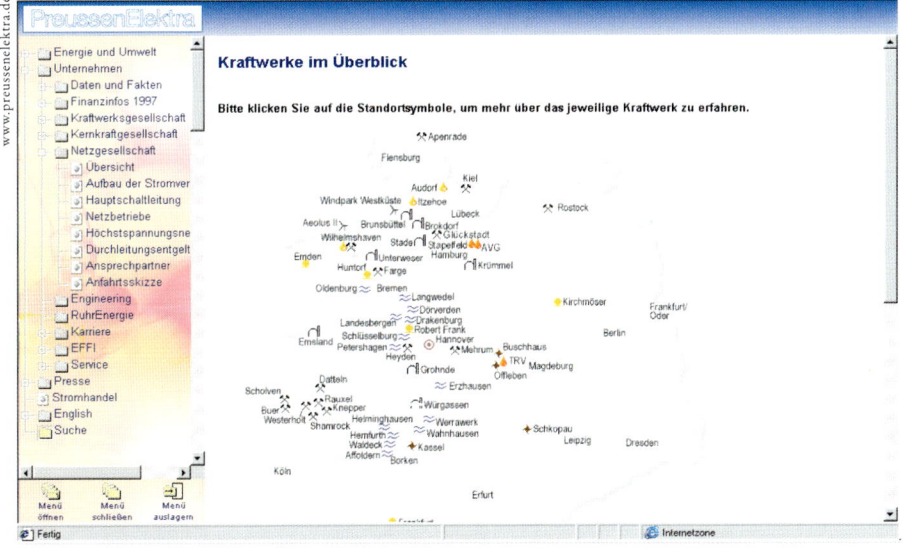

www.preussenelektra.de

Die Karte dient hier
als grafische Gliederung: Sie
liefert den Überblick und
zeigt beim Mausklick
Detailinformationen über
das betreffende Kraftwerk.

Grundlagen der Bildkommunikation

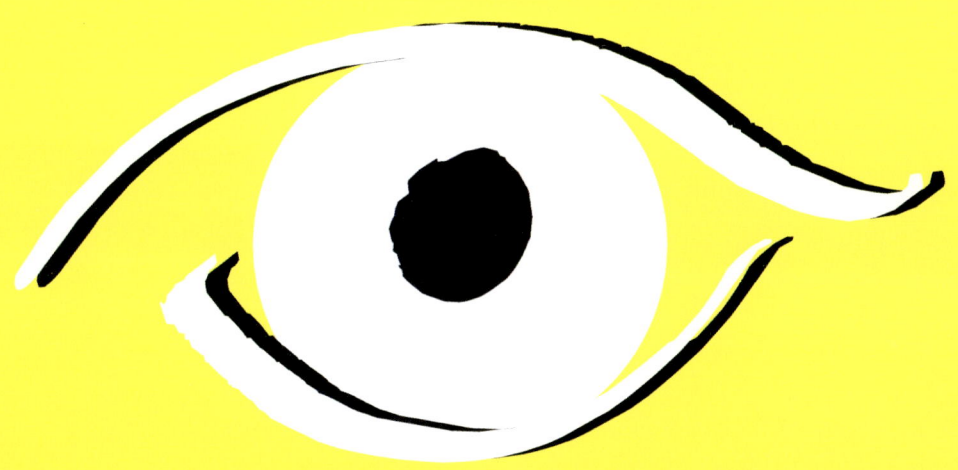

Was unterscheidet Bilder und Texte?

Die Kommunikation durch Bilder unterscheidet sich grundsätzlich von der durch Texte oder Wörter. Weil Bilder „auf einen Blick" gelesen werden, bewirken sie eine schnelle Reaktion und stärkere Emotionen.

Der wichtigste Unterschied zwischen Bildern und Texten: Der Betrachter nimmt Bilder immer als Gesamtheit wahr, während er einen Text Wort für Wort abtastet und erfaßt. Man sagt deshalb auch, daß Texte „digital" und Bilder „analog" gelesen werden. Diese Eigenschaft von Bildern qualifiziert sie, um Zusammenhänge darzustellen: Während das Bild simultan eine Situation präsentiert, kann der Text sie nur nach und nach entwickeln. Im Gegenzug bedeutet dies, daß logische Hierarchien durch Text einfacher darzustellen sind, weil dem Leser die Reihenfolge klar vorgegeben werden kann.

Bildkommunikation ist direkt, weil sie nichtsprachlich argumentiert. Deshalb erleichtern Bilder die Verständigung auch über Sprach- und Wissensgrenzen hinaus. Wenn Pictogramme z.B. auf Flughäfen den Weg weisen, sind sie für diese Aufgabe Texten eindeutig überlegen.

Analoge Darstellungen zeichnen sich in der Regel durch Einfachheit und Anschaulichkeit aus, während digitale Verfahren genauer sind und deshalb bessere Voraussetzungen für exakte Anweisungen oder Rechenoperationen bieten.

Bilder sind aber nur das schnellere Kommunikationsmittel, wenn alle Bildelemente direkt verständlich sind. Sind diese jedoch verschlüsselt, so erfordern sie gedankliche Mehrarbeit – und sind oft nur mittels des zugeordneten Textes richtig zu interpretieren.

Direkt, nichtsprachlich und schnell – diese drei Merkmale der Bildkommunikation erklären ihren emotionalen Charakter. Transportiert wird die Emotion in Bildern durch eine große Zahl von Farben und Formen – während Texte all dies mit nur 26 Buchstaben leisten müssen.

Der Sinn (des Textes, AJ) *ergibt sich aus der Folge. Das Lesen eines Bildes oder eines Bildsymbols ist davon grundsätzlich verschieden. Es ist sofort in seiner Ganzheit vorhanden, wird auf einen Schlag gesehen.*
OTL AICHER, 1991

Analoge und digitale Darstellung

Angela Jansen, 1999

analog	digital

Tageszeit

```
16:04:52
```

Wegbeschreibung

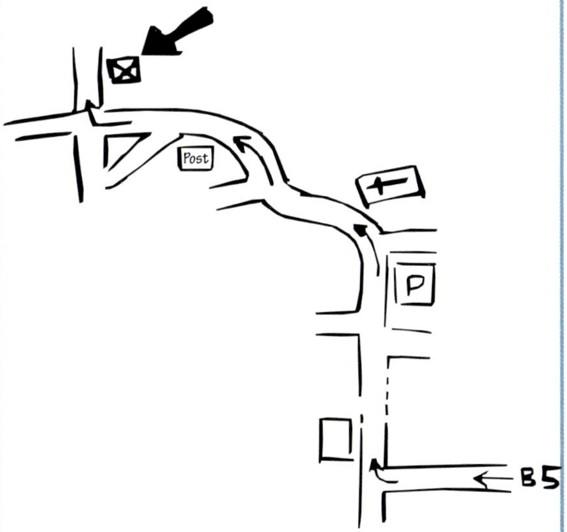

Von der B 5 kommend so lange geradeaus
fahren, bis es nicht mehr weiter geht.

Dann rechts abbiegen.

Bis in die Dorfmitte geradeaus
(Parkplatz auf der rechten Seite).

Vor der Kirche links abbiegen.

Die erste Straße hinter der Post rechts rein.

Das erste Haus auf der rechten Seite.
Geschafft!

Was ist ein Informationsbild?

Informationsbilder steuern immer ein bestimmtes Ziel an: Sie wollen über ein Thema auf visuelle Art informieren. Im Gegensatz zu künstlerischen Bildern gelten für sie bestimmte Gestaltungsregeln.

Natürlich können auch künstlerische Bilder Information vermitteln. Die Grenze zum Informationsbild ist deshalb fließend. Eine Abgrenzung erlaubt der Zweck der Bildherstellung: Das Informationsbild – egal ob Foto, Illustration oder Infografik – wird zielgerichtet zur Informationsvermittlung entworfen, während dies in künstlerischen Bildern ein Aspekt neben anderen sein kann – wie z.B. der Gefühlsdarstellung oder persönlichen Interpretation.

Die Priorität der Information schränkt das umfangreiche Repertoire künstlerischer Darstellungsformen für die Infografik ein. Immer müssen sich alle verwendeten Grafikelemente dem ▸Informationsziel unterordnen. Eine Irritation über die Darstellung würde die erfolgreiche Informationsvermittlung stören oder gar verhindern.

S. 80 ff.

Informationsbilder können verschiedene Aufgaben übernehmen: Entweder aktivieren sie beim Betrachter lediglich vorhandenes Wissen, vermitteln ihm neue Erkenntnisse über einen bekannten Gegenstand oder stellen ein ganz neues Thema vor.

Die einfachste Funktion für ein Informationsbild: Es ruft vom Betrachter bereits gespeicherte Schemata ab. So aktiviert z.B. das Pictogramm mit der durchgestrichenen Zigarette den Begriff „Rauchverbot". Ebenso erinnert das Foto eines berühmten Menschen an die gespeicherten Assoziationen zu dieser Person.

Eine umfangreichere Aufgabe übernimmt ein Informationsbild, wenn es vorhandenes Wissen korrigiert, erweitert oder aus bekannten Elementen ein neuer Gegenstand zusammengesetzt wird. Eine Infografik kann einen neuen Aspekt eines Themas erschließen, so daß der Betrachter seine Meinung verändert. Auch eine ungewöhnliche fotografische Ansicht kann eine vorhandene Einstellung beeinflussen.

Die weitestgehende Funktion erfüllt ein Informationsbild, wenn es den Betrachter befähigt, für bisher unbekannte Dinge oder Abläufe ein Modell zu entwickkeln. Das setzt ein detailreiches, verständlich strukturiertes Bild voraus. Ein Foto kann dies in der Regel nicht leisten – die Infografik bietet sich geradezu an.

UNBEKANNTE WELTEN
sind für die meisten von uns
ein Infografikthema, das
nach einer detailreichen
Darstellung verlangt.

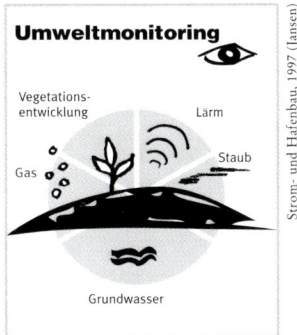

Umweltmonitoring

Vegetations-
entwicklung

Lärm

Gas

Staub

Grundwasser

Strom- und Hafenbau, 1997 (Jansen)

VERTRAUTE BEGRIFFE
können dagegen sehr einfach
visualisiert werden.

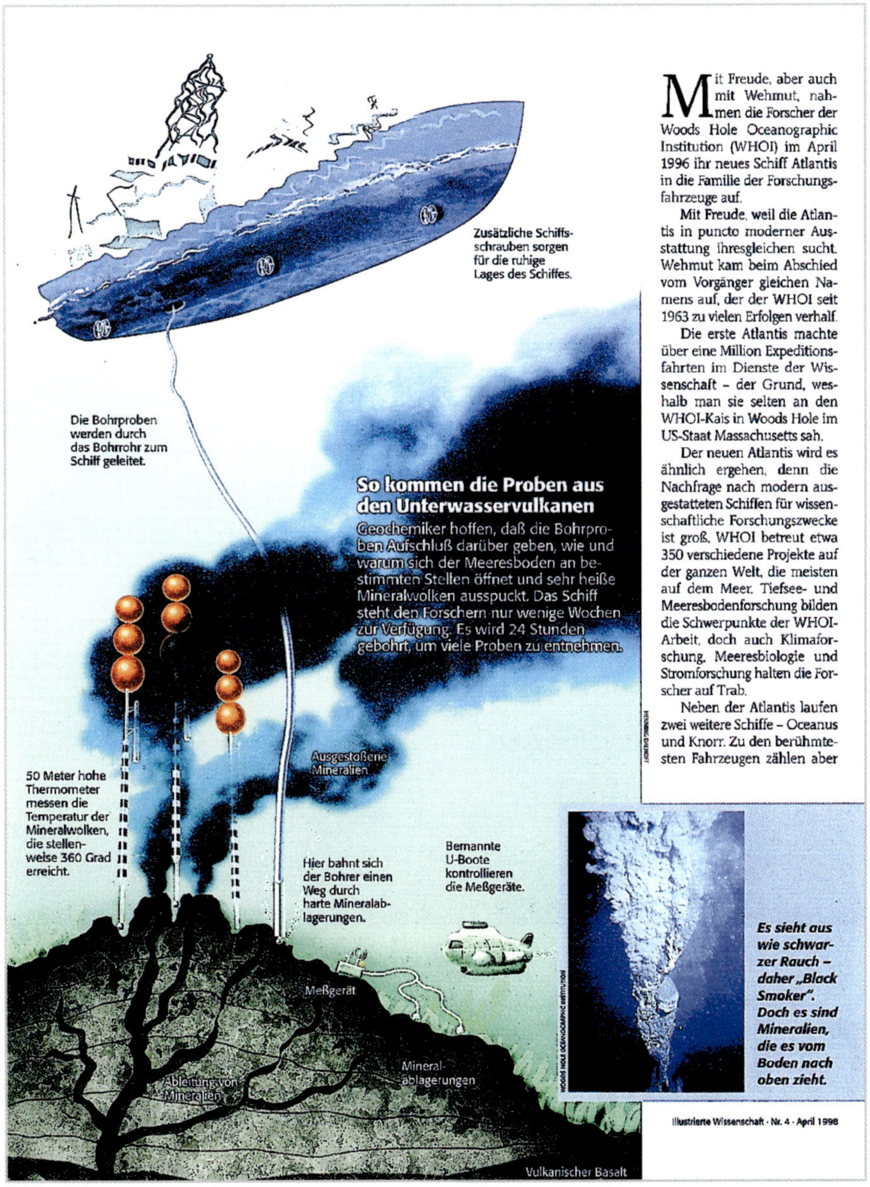

Illustrierte Wissenschaft, April 1998 (Henning Dalhoff)

Mit Freude, aber auch mit Wehmut, nahmen die Forscher der Woods Hole Oceanographic Institution (WHOI) im April 1996 ihr neues Schiff Atlantis in die Familie der Forschungsfahrzeuge auf.

Mit Freude, weil die Atlantis in puncto moderner Ausstattung ihresgleichen sucht. Wehmut kam beim Abschied vom Vorgänger gleichen Namens auf, der der WHOI seit 1963 zu vielen Erfolgen verhalf.

Die erste Atlantis machte über eine Million Expeditionsfahrten im Dienste der Wissenschaft – der Grund, weshalb man sie selten an den WHOI-Kais in Woods Hole im US-Staat Massachusetts sah.

Der neuen Atlantis wird es ähnlich ergehen, denn die Nachfrage nach modern ausgestatteten Schiffen für wissenschaftliche Forschungszwecke ist groß. WHOI betreut etwa 350 verschiedene Projekte auf der ganzen Welt, die meisten auf dem Meer. Tiefsee- und Meeresbodenforschung bilden die Schwerpunkte der WHOI-Arbeit, doch auch Klimaforschung, Meeresbiologie und Stromforschung halten die Forscher auf Trab.

Neben der Atlantis laufen zwei weitere Schiffe – Oceanus und Knorr. Zu den berühmtesten Fahrzeugen zählen aber

---

Zusätzliche Schiffs-
schrauben sorgen
für die ruhige
Lage des Schiffes.

Die Bohrproben
werden durch
das Bohrrohr zum
Schiff geleitet.

So kommen die Proben aus den Unterwasservulkanen

Geochemiker hoffen, daß die Bohrproben Aufschluß darüber geben, wie und warum sich der Meeresboden an bestimmten Stellen öffnet und sehr heiße Mineralwolken ausspuckt. Das Schiff steht den Forschern nur wenige Wochen zur Verfügung. Es wird 24 Stunden gebohrt, um viele Proben zu entnehmen.

Ausgestoßene
Mineralien

50 Meter hohe
Thermometer
messen die
Temperatur der
Mineralwolken,
die stellen-
welse 360 Grad
erreicht.

Hier bahnt sich
der Bohrer einen
Weg durch
harte Mineralab-
lagerungen.

Bemannte
U-Boote
kontrollieren
die Meßgeräte.

Meßgerät

Ableitung von
Mineralien

Mineral-
ablagerungen

Vulkanischer Basalt

Es sieht aus wie schwarzer Rauch – daher „Black Smoker". Doch es sind Mineralien, die es vom Boden nach oben zieht.

Die Infografik: das Bild der Zukunft

**Das unterscheidet die Infografik von anderen Informationsbildern:
Sie bildet nicht ab – wie es z. B. das Foto tut –, sondern sie zeigt Merkmale
und Beziehungen. Dazu ist in den meisten Fällen die Integration von
Text- und Bildelementen sinnvoll.**

Infografiken sind nicht vorrangig der Kunst verpflichtet. Stil und Persönlich-
keit des Zeichners treten hinter die Information zurück. Oftmals bietet es sich
an, im Team zu arbeiten, damit die beteiligten Personen entsprechend ihrer jeweiligen Qualifikation wirken können. Infografiken können Fotos, Filmsequenzen oder Illustrationen ihren Stärken entsprechend als Teilelemente einbinden.

Infografiken sind kein neues Stilmittel. Die Geschichte zeigt, daß menschliche
Kommunikation ohne erklärende Visualisierungen nicht möglich ist. Die technischen Möglichkeiten des Computerzeitalters erleichtern den universellen Einsatz. Während man zu Bleisatzzeiten den Bilddruckstock und den Text separat
produzieren mußte, sind heute der integrativen Gestaltung kaum noch technische Grenzen gesetzt.

Die Infografik kennt Darstellungsgrenzen.

Sie ist immer konkret. Deshalb scheitert sie, wenn der Gegenstand so abstrakt
ist, daß man sich kein Bild von ihm machen kann. Dies gilt besonders für
Hypothesen, die wegen ihrer Unschärfe nicht zu visualisieren sind.

Sie ist immer einfach. Komplexe Themen müssen deshalb in mehrere Bilder
zerlegt werden. Die Umsetzung eines Themas in eine Infografik zwingt zu
Einfachheit und Logik. Das bedeutet keineswegs automatisch, daß die Information reduziert wird. Im Gegenteil, oft gewinnt die Aussage sogar an Klarheit.

Sie ist immer zweidimensional – auch wenn sie mit Perspektive Scheinräume
schafft. Ist echte Räumlichkeit ein Muß, so bleibt nur das Modell als Alternative.

Die Stellung der Infografik zu anderen Medien

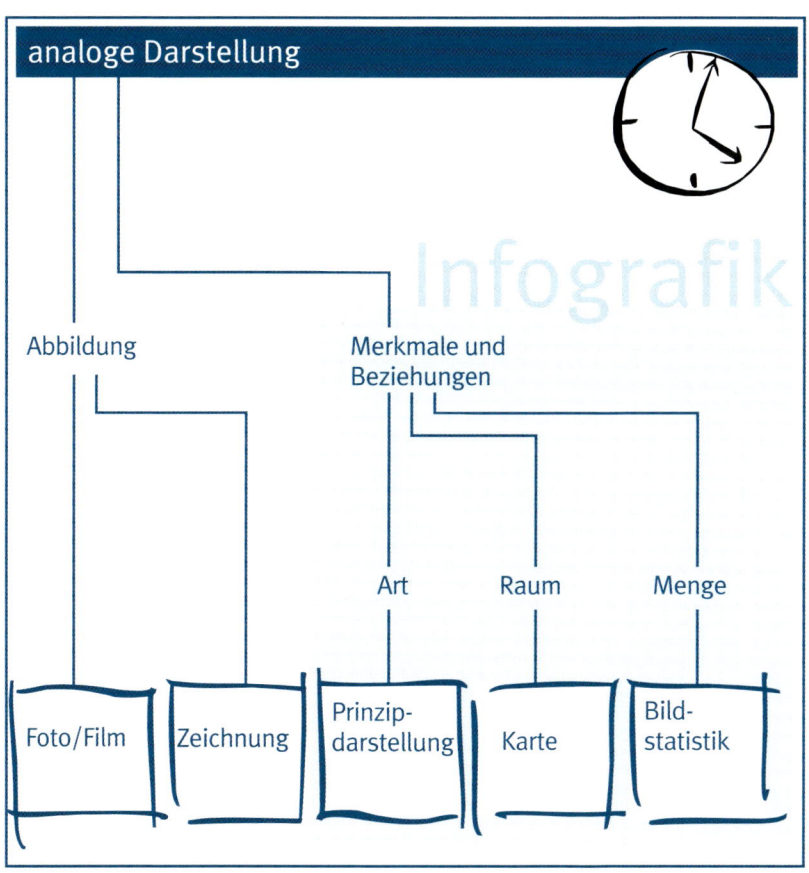

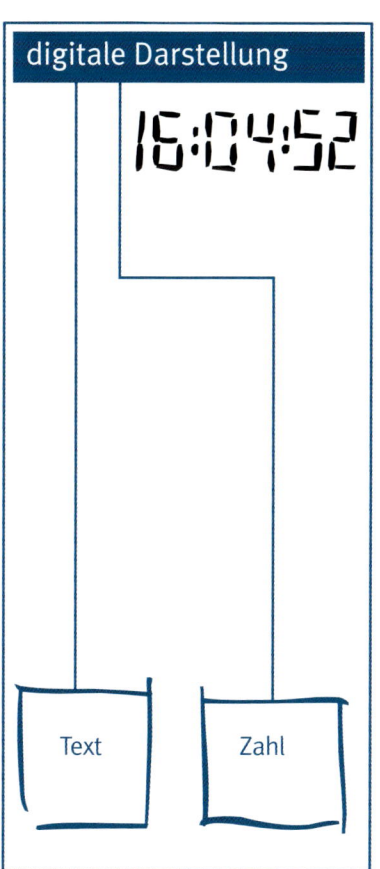

Angela Jansen, 1999

Der Kommunikationsprozeß

Die Kommunikation zwischen dem Infografiker und seinem Publikum kann nur erfolgreich verlaufen, wenn das Informationsziel definiert und dieses medien- und zielgruppengerecht visualisiert wird.

Der Entstehungsprozeß einer Infografik ist zweistufig:

Auswahl. Entscheidend für eine überzeugende Materialauswahl sind die Zuspitzung für einen bestimmten Zweck sowie eine stabile logische Struktur. Der Infografiker muß sorgfältig arbeiten, denn eine „schlechte Grafik", die auf unpräziser Grundlage entstanden ist, wird in der Regel ihm angelastet, nicht jedoch den Autoren des Ausgangsmaterials.

Umsetzung. Hier wirken vor allem solche Gestaltungsfaktoren wie ▸Formen, ▸Farben und ▸Typographie. ▸Bildstatistiken verlangen eine korrekte Aufbereitung des Zahlenmaterials. Das Vorwissen der Zielgruppe bestimmt die Auswahl von ▸Symbolen und wie realistisch bzw. komplex das Bild sein soll.

 S. 98 ff.
S. 172 ff.

 S. 106

Auch der Aneignungsprozeß kann in zwei Phasen unterteilt werden:

Annahme/Ablehnung. Ob der Betrachter sich überhaupt mit der Grafik beschäftigt, hängt zum einen davon ab, welche Routine er im Umgang mit Bildern besitzt, zum anderen, ob bestimmte Elemente sein Interesse wecken. In dieser ersten Rezeptionsphase entscheidet sich, ob überhaupt ein Kommunikationsprozeß zustande kommt. Dies ist nur möglich, wenn die visuelle Sprache des Gestalters mit dem Bildwissen des Publikums zumindest teilweise übereinstimmt.

Verständnis. Hier entscheidet sich die Tiefe des Verstehens. Der Leser entwickelt eine Vorstellung vom Gegenstand. Sie sollte dem ausgewählten Material möglichst nahe kommen. Im besten Fall kann sich der Leser sogar eine zutreffende Vorstellung vom Ausgangsmaterial machen.

It is the responsibility of the 'transformer' to understand the data, to get all necessary information from the expert, to decide what is worth transmitting to the public, how to make it understandable, how to link it with general knowledge or with information already given in other charts. In this sense the transformer is the trustee of the public.
MARIE NEURATH, 1956

Der Kommunikationsprozeß

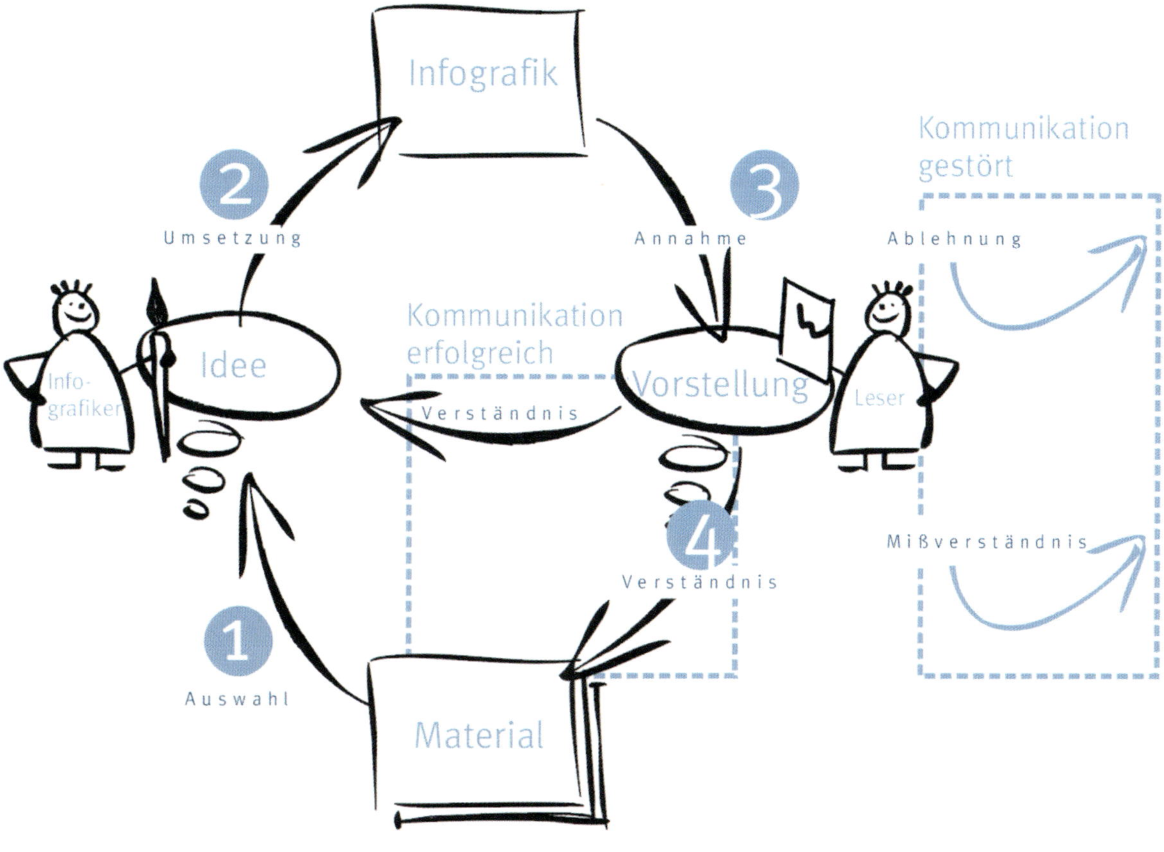

Angela Jansen, 1999

Infografik

2 Umsetzung

3 Annahme

Kommunikation gestört

Ablehnung

Info-grafiker

Idee

Kommunikation erfolgreich

Verständnis

Vorstellung

Leser

1 Auswahl

4 Verständnis

Mißverständnis

Material

Handbuch der Infografik

Regeln

Regeln für den Inhalt

Die folgenden Regeln helfen bei der Entwicklung von Infografiken, die ernsthafte Information transportieren sollen. Wer diesen Anspruch allerdings nicht teilt, wird möglicherweise viele der Regeln für überflüssig halten.

Regelungsbedarf für populäre Schaubilder erkannten besonders die Statistiker schon früh: Sie definierten in den USA bereits 1916 erste allgemeingültige Standards. Mit der zunehmenden Bedeutung von Bildstatistiken verfeinerte sich das Regelwerk. Allerdings gingen und gehen diese Impulse fast immer von der Wissenschaft aus (Ökonomie, Statistik, Kartographie). Sie richteten sich vor allem auf innerwissenschaftliche Kommunikationsziele und bezogen sich nur am Rande auf populäre Darstellungen – mit Ausnahme von ▸Isotype, das dezidiert als Methode für die Massenkommunikation entworfen wurde. Isotype-Grundsätze finden sich deshalb auch in den folgenden Regeln wieder.

 S. 38

Ihr Ziel ist nicht die Reglementierung kreativer Prozesse, sondern die Formulierung eines Rahmens, in dem sich der Infografiker auf den tatsächlich kreativen Anteil seiner Arbeit konzentrieren kann. Der Herstellungsprozeß kann auf diese Weise effizienter gestaltet werden, so daß anspruchsvollere Ergebnisse zu erreichen sind. Für die Konsumenten von Infografiken bieten die Regeln ein Instrument der kritischen Rezeption. Mit ihrer Hilfe lernen sie, Schaubilder zu lesen sowie ihre Aussagekraft und ihren Wahrheitsgehalt, also ihre Qualität, zu beurteilen.

If simple and convenient standards can be found and made generally known, there will be possible a more universal use of graphic methods with a consequent gain to mankind because of the greater speed and accuracy with which complex information may be imparted and interpreted.
AMERICAN STATISTICAL ASSOCIATION, 1916

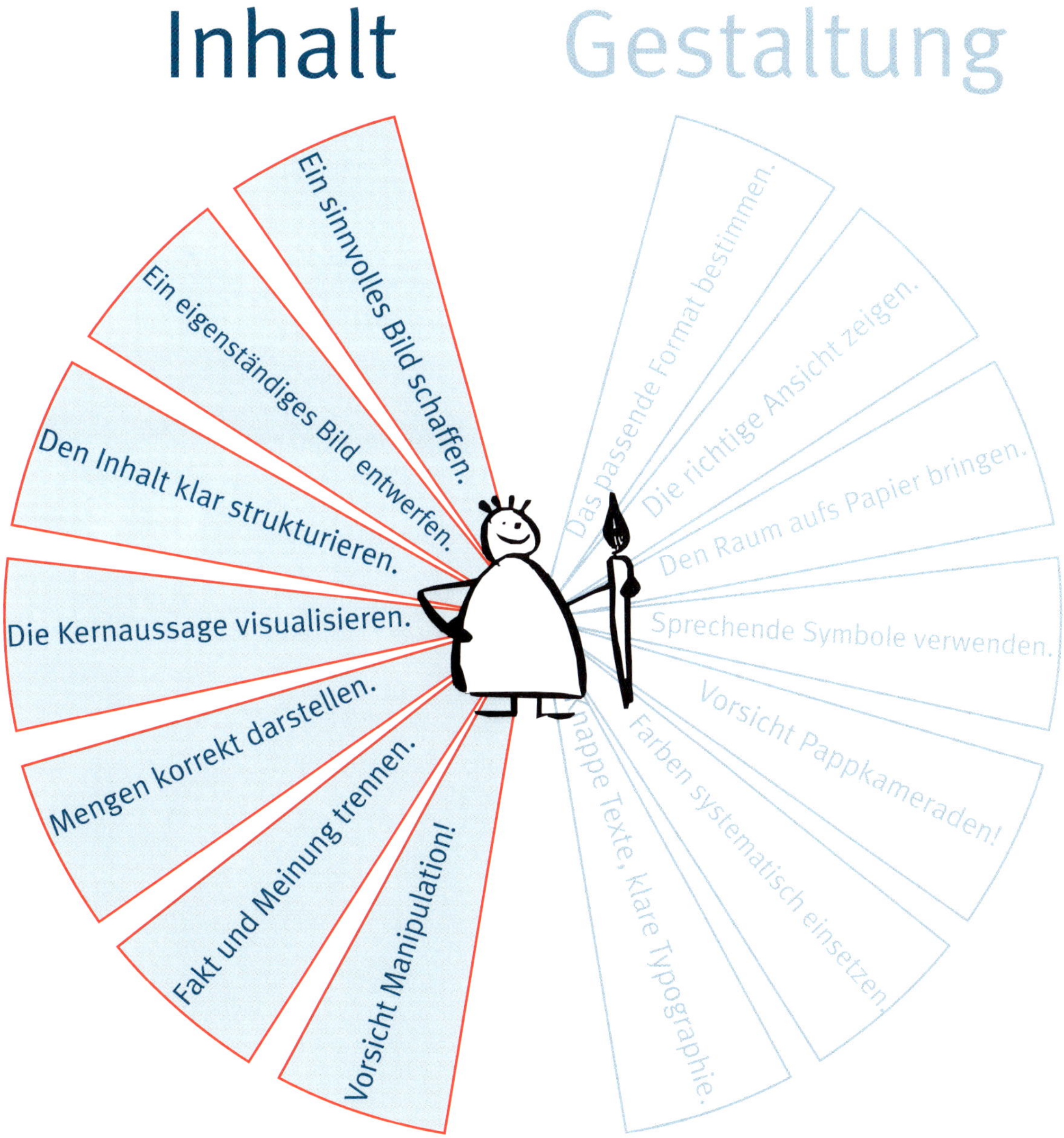

Inhalt   Gestaltung

Inhalt:

- Ein sinnvolles Bild schaffen.
- Ein eigenständiges Bild entwerfen.
- Den Inhalt klar strukturieren.
- Die Kernaussage visualisieren.
- Mengen korrekt darstellen.
- Fakt und Meinung trennen.
- Vorsicht Manipulation!

Gestaltung:

- Das passende Format bestimmen.
- Die richtige Ansicht zeigen.
- Den Raum aufs Papier bringen.
- Sprechende Symbole verwenden.
- Vorsicht Pappkameraden!
- Farben systematisch einsetzen.
- Knappe Texte, klare Typographie.

Ein sinnvolles Bild schaffen

Infografiken sind sinnvoll, um Zusammenhänge deutlich zu machen, räumliche Zuordnungen zu zeigen, Vergleiche zu visualisieren oder technische Funktionsweisen zu erklären, die allein mit sprachlichen Mitteln nur auf komplizierte Weise erläutert werden können.

Um Tatsachen zu vermitteln, die sich in einem Satz genauso verständlich ausdrücken lassen, braucht man keine Infografik. Sinnvoll ist sie dort, wo sie dem Text – oder auch der Zahl – eindeutig überlegen ist: Soll z.B. die Finanzplanung einer Kommune vorgestellt werden, so kann eine Prinzipdarstellung die Entscheidungswege visualisieren und damit das „trockene Thema" auflockern. Auch die räumlichen Dimensionen einer Umweltkatastrophe gibt eine Karte anschaulich wieder, wenn sie die betroffene Region mit der Fläche des heimatlichen Bundeslandes vergleicht. Diese Gegenüberstellung würde in textlicher Form längst nicht so direkt wirken. Die Bildstatistik schließlich präsentiert die generelle Aussage der Geschäftsergebnisse eines Unternehmens, die sich in Zahlenform nur Eingeweihten bzw. nach längeren Rechenoperationen erschließen.

Jedes Thema enthält Aspekte, für die sich eine Infografik anbietet, während andere besser sprachlich erläutert werden können. Es ist die Aufgabe des Infografikers, diese besonderen infografischen Anteile herauszuarbeiten. Er muß deshalb möglichst umfangreiches – und vollständiges – Basismaterial zur Verfügung haben. Das können Texte, Zahlen, Landkarten oder auch Fotos und Skizzen sein. Und: Er muß genau über den Veröffentlichungszusammenhang und die Leser bzw. Nutzer Bescheid wissen, damit er die Grafikaussage genau auf diese abstimmen kann. Die am Veröffentlichungszweck orientierte Auswertung des Basismaterials nimmt einen großen Anteil der Entwicklungszeit in Anspruch. Mit dieser Arbeit muß der Infografiker unbedingt beginnen. Andernfalls wird ihm selbst seine ganze Kreativität nicht dazu verhelfen, ein wirklich sinnvolles Bild zu entwerfen.

Unklares wird durch ein Schaubild nicht klarer.
Willi Schön, 1969

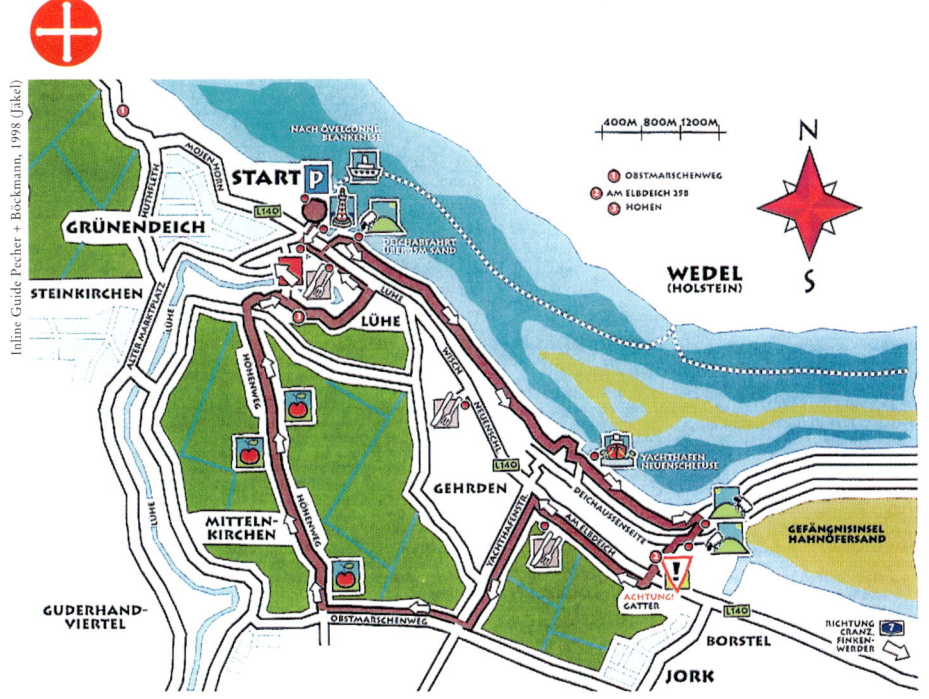

Inline Guide Pecher + Böckmann, 1998 (Jäkel)

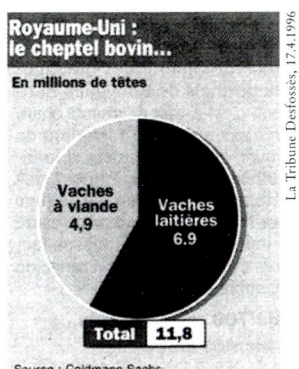

La Tribune Desfossés, 17.4.1996

ZWEI WERTE SIND EIN BISSCHEN wenig für eine Infografik. Um zu beurteilen, ob der britische Schlachtvieh-Anteil besonders hoch ist, hätte man den Vergleich zur Vergangenheit oder zu anderen Ländern benötigt.

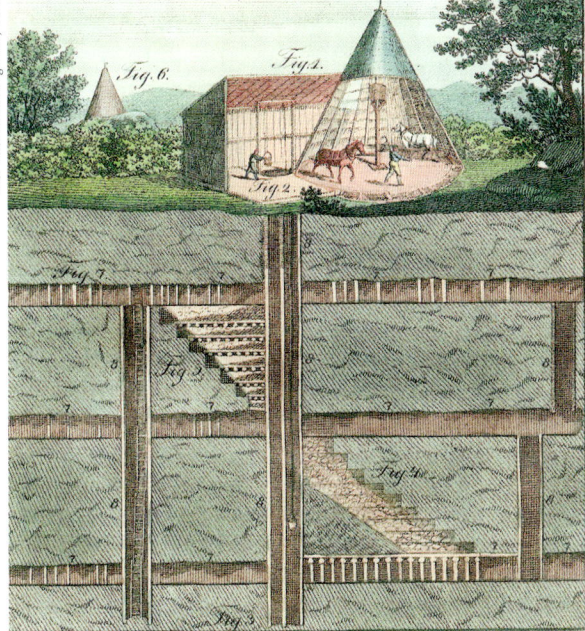

Der belehrende Bergmann, 1830

DIE INFOGRAFIK-KARTE STELLT DEN Streckenverlauf der Route für Inline Skater anschaulich dar. Sie ist hier dem Text eindeutig überlegen – ebenso wie das Schnittbild aus dem Jahre 1830, das einen Bergwerksstollen zeigt.

Ein eigenständiges Bild entwerfen

Eine Infografik muß verständlich sein, auch ohne daß man ihr Umfeld wahrnimmt. Nur dann wird ihr Informationsgehalt sicher beim Publikum ankommen.

Nimmt man die Infografik als Informationsträger ernst, so muß dem Publikum über sie ein Themeneinstieg möglich sein. Die Infografik muß deshalb unabhängig vom Text wirken. In audiovisuellen Medien und auch im Vortrag steht sie ohnehin meist allein, so daß man generell eine vollständige Aussage anbieten muß.

Um eigenständig zu sein, braucht jede Infografik eine Überschrift. Möglich sind sachliche und wertende Überschriften. Entweder benennt der Autor nur das Thema (also etwa „Umsätze der Firma X im Jahr 1998") und überläßt es dem Publikum, die Tendenz der Aussage aus der Grafik abzuleiten. Oder es wird bereits in der Überschrift die Hauptaussage herausgestellt (z.B. „Zweistellige Zuwachsraten im Bereich Kosmetik"), die der Betrachter anschließend in der Grafik bestätigt findet. Beide Varianten haben ihre Vor- und Nachteile: Die sachliche Überschrift verlangt vom Betrachter, daß er selbst die Bedeutung der präsentierten Fakten entschlüsselt, was zu einem tieferen Verständnis führen kann, sofern der Aneignungsprozeß nicht vorzeitig abgebrochen wird. Die wertende Überschrift verkürzt die Wahrnehmungszeit durch den Gleichklang von Text und Bild. Dies mag das Publikum als klare eindeutige Information, aber auch als Versuch der ▸ Manipulation interpretieren. Welche Überschriftenform der Gestalter auswählt, hängt vom Informationszusammenhang und der Zielgruppe ab. Auf alle Fälle gilt aber, daß die Überschrift nie mehr oder etwas anderes versprechen darf, als die Grafik halten kann. Und: Sie ist in jedem Fall der für Fotos üblichen Bildunterschrift vorzuziehen. Denn Infografiken wollen auf den ersten Blick informieren und brauchen dafür die Überschrift zur thematischen Einordnung, während Fotos zunächst auch rein emotional wirken können.

 S. 96

Erläuterungstexte sollten möglichst allgemeinverständliche Begriffe verwenden. Sind Fachausdrücke oder Abkürzungen notwendig, so werden sie direkt in der Grafik erklärt, damit der Leser nicht mühsam im Text nach Aufklärung suchen muß. Eine Quellenangabe ist selbstverständlich. Sie entlastet den Infografik-Autor auch davon, für mögliche Fehler im Ausgangsmaterial verantwortlich gemacht zu werden. Die Plausibilität der vorliegenden Materialien muß er trotzdem sorgfältig geprüft haben.

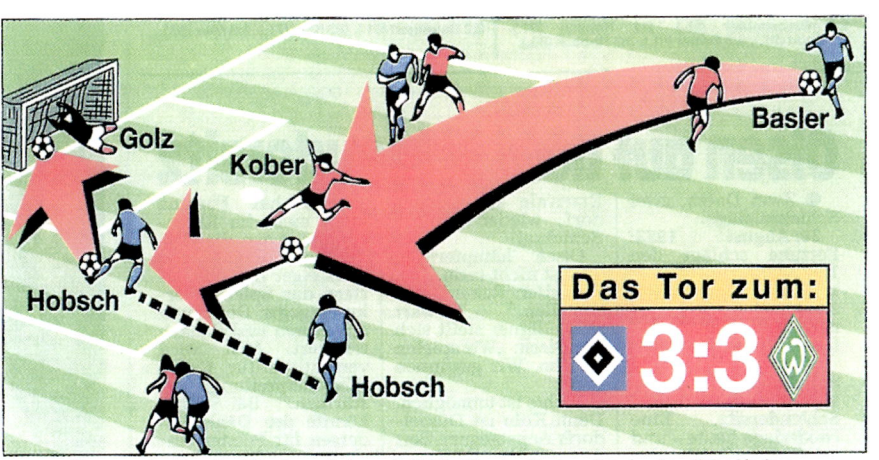

Bild am Sonntag, 20.8.1995

Das war das Tor, das Werder aufatmen ließ. 79. Minute: Basler gibt eine herrliche Vorlage diagonal auf Hobsch. Der Werder-Stürmer zieht aus zehn Metern ab, sein 2. Tor in diesem Spiel – 3:3.

EIN SCHÖNES BEISPIEL FÜR EINE eigenständige Infografik: Sie zeigt das Wesentliche der Fußballszene, ohne daß man den nebenstehenden Artikel lesen müßte.

HIER WIRD LEIDER NICHT deutlich, warum bestimmte Provinzen und Orte in der Chinakarte hervorgehoben sind. Dafür muß man zunächst den ganzseitigen Artikel durcharbeiten. Die Unsitte, Infografiken wie hier als unselbständiges Anhängsel des Textes zu behandeln, ist allerdings heute zum Glück nahezu verschwunden.

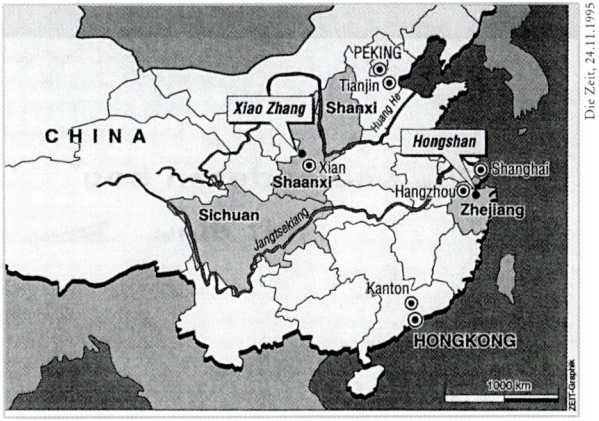

Die Zeit, 24.11.1995

Den Inhalt klar strukturieren

Während sich der Sinn von Texten aus der Abfolge von Gedanken ergibt, nimmt der Betrachter ein Bild immer als Ganzes wahr. Eine klar strukturierte Infografik umfaßt deshalb nur eine Hauptaussage und wenige logisch zugeordnete Nebenaussagen.

Der Infografiker muß sowohl den Inhalt als auch die grafische Umsetzung strukturieren, so daß sein Publikum auf den ersten Blick die Grafikaussage wahrnimmt. Nur dann wird über den Eye-Catcher-Effekt hinaus tatsächlich Information transportiert. Der Gestalter wird hier didaktisch tätig, er beschränkt sich bewußt auf eine Hauptaussage und wenige Nebenaussagen. Aus diesen leitet er die Gestaltung ab. So ist gesichert, daß sich nicht während des Visualisierungsprozesses eine Hauptaussage wildwüchsig herausbildet.

Informationsdichte entsteht durch die gezielte Präsentation logisch aufeinander bezogener Aussagen. Es reicht nicht aus, einfach sämtliche vorliegenden Fakten einzuarbeiten, wie dies viele Infografiker – vordergründig um Transparenz bemüht – tun. Tatsächlich scheuen sie aber oft nur die Arbeit, das Informationsmaterial nach seiner Bedeutung zu ordnen und es erst dann dem Publikum vorzulegen. Das heißt allerdings nicht im Umkehrschluß, daß „reißerische Aufmacher" das beste Ergebnis wären. Denn obwohl die Infografik einerseits stark zugespitzt sein muß, um eindrucksvoll zu wirken, soll sie ja andererseits gerade Zusammenhänge verdeutlichen. Der Gestalter bewegt sich immer zwischen den beiden Extremen Eye-Catcher und Informationsdichte.

Die logische Struktur der Grafik wird durch einen gut gegliederten Begleittext unterstützt, der die Informationen liefert, die visuell schlecht zu transportieren sind. Bild und Text sind direkt aufeinander zu beziehen, sie stehen nicht nur rein assoziativ nebeneinander.

Auf den ersten Blick soll man nur alles Wesentliche unterscheiden können, auf den zweiten Blick kommen noch einige wichtige Fakten hinzu, und auf den dritten Blick nimmt man Details wahr. Wenn man beim vierten Hinschauen noch etwas Neues bemerkt, ist das Bild unzulänglich.
Otto Neurath, 1934

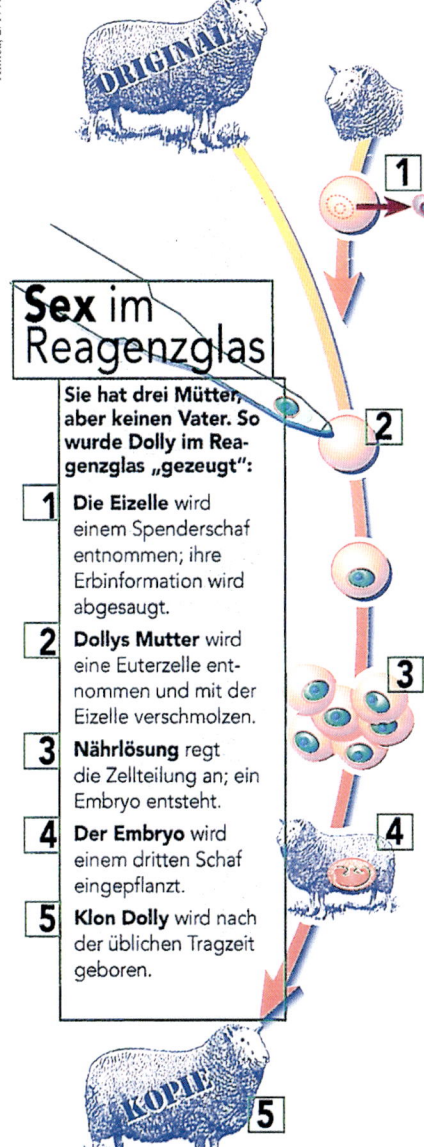

Sex im Reagenzglas

Sie hat drei Mütter, aber keinen Vater. So wurde Dolly im Reagenzglas „gezeugt":

1 Die Eizelle wird einem Spenderschaf entnommen; ihre Erbinformation wird abgesaugt.

2 Dollys Mutter wird eine Euterzelle entnommen und mit der Eizelle verschmolzen.

3 Nährlösung regt die Zellteilung an; ein Embryo entsteht.

4 Der Embryo wird einem dritten Schaf eingepflanzt.

5 Klon Dolly wird nach der üblichen Tragzeit geboren.

HIER SIND GRAFIK UND TEXT einander direkt zugeordnet. Der Leser kann so problemlos dem Ablauf folgen.

ZUGEGEBEN, ES IST EIN schwieriges Thema – wenn auch sehr reizvoll für eine Infografik. Diese Bildfolge hätte besser strukturiert werden müssen.

Die Kernaussage visualisieren

**Infografiken zeigen die Sinndifferenz immer als optische Differenz.
Das bedeutet, nicht Zahlen zu illustrieren, sondern Mengen zu visualisieren.
Und: abzubilden statt zu beschreiben. Alle grafischen Elemente in einer
Infografik transportieren Information, alle anderen sind überflüssig.**

Schon im Namen artikuliert sich, daß die Infografik Information und Grafik verknüpft. Die Kernaussage muß deshalb grafisch umgesetzt werden.
Unbefriedigend ist deshalb z.B. eine Karte, in der die Stahlproduktion der
europäischen Länder als Zahlenwerte eingetragen sind. Denn visualisiert
wird hier nur „Europa", nicht aber, welches der größte Produzent ist, oder
interessante Details, wie z.B. die geographische Verteilung der Rangfolge. Im
Unterschied zum Text liegt aber die besondere Stärke der Infografik darin,
Information auf den ersten Blick sichtbar machen zu können.

*Graphics do not become
attractive and interesting
through the addition of
ornamental hatching and
false perspective to a few bars
... no information, no sense of
discovery, no wonder, no
substance is generated by
chartjunk.*
EDWARD R. TUFTE, 1983

Gleiches gilt für qualitative Merkmale. Soll beispielsweise die Funktion einer Maschine anschaulich gemacht werden, so reicht es nicht aus, Textkästchen durch Pfeile miteinander zu verbinden. So differenziert, wie es die jeweilige Zielgruppe verlangt, muß der komplizierte Prozeß einer solchen
Anlage in verständliche Bilder „übersetzt" werden. Der Vorteil gegenüber
einer rein textlichen Beschreibung liegt darin, daß durch die Verwendung
von Bildelementen, die dem Publikum aus anderen Zusammenhängen bekannt sind, grafische Brücken zum komplexen Inhalt geschlagen werden
können und so eine Vertrautheit mit einem fremden Thema erreicht werden
kann.

Visuelle Metaphern wie z.B. der ▸Teekessel, der in einer populären Darstellung den Heizkessel des Kraftwerks bildet, sind hier oft sinnvoll. Das Bild
löst ein direktes Verständnis beim Betrachter aus, ohne daß der Umweg über
die sprachliche Entschlüsselung geleistet werden muß.

 S. 133

Viele Grafiken sind nur scheinbar informativ. Ein großer Teil ihres komplexen Eindrucks wird durch rein illustrative Elemente erzielt – z.B. durch
Bildrahmen, Schatten, Andeutung von Räumlichkeit. Nimmt man dieses
schmückende Beiwerk weg, so bleibt oft nur ein mageres Gerüst aus Zahlen
oder Fakten übrig. Damit soll nicht gesagt werden, daß die Darstellung nicht
„schmuck" sein kann. Im Gegenteil: Der Reiz einer Infografik wird wesentlich durch gekonnte Gestaltung bestimmt. Aber die Ausgestaltung muß
planvoll angelegt sein und sinnvolle Zusatzinformationen liefern. So kann
beispielsweise die detailreiche Gestaltung einer Maschine, die im Mittelpunkt der Aussage steht, die Informationswirkung vertiefen – im Gegensatz
zur rein formalen Ausschmückung einer Grafik durch dreidimensionale
Textkästchen oder komplizierte Hintergrundmuster.

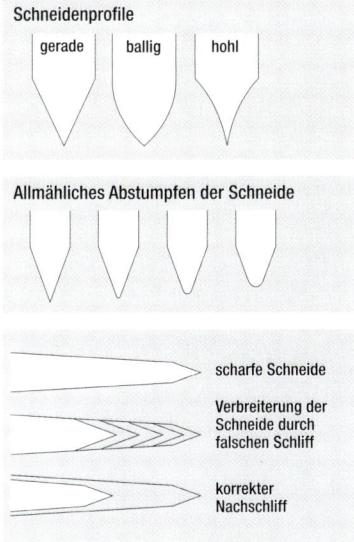

Schneidenprofile

gerade   ballig   hohl

Allmähliches Abstumpfen der Schneide

scharfe Schneide

Verbreiterung der
Schneide durch
falschen Schliff

korrekter
Nachschliff

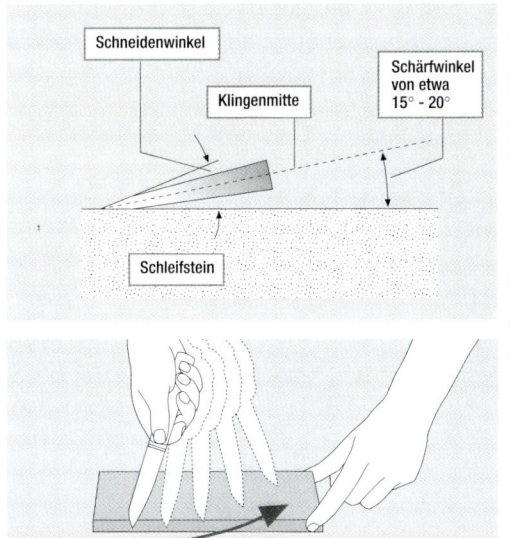

Schneidenwinkel

Klingenmitte

Schärfwinkel
von etwa
15° - 20°

Schleifstein

F.A.Z.-Grafik: Kaiser

Frankfurter Allgemeine Zeitung, 23.6.1998 (Eckhard Kaiser)

EINE GUT SORTIERTE GRAFIK,
die in fünf Einzelbildern
verschiedene Aspekte zum
Thema „Schleifen" zeigt.
(Leider fehlt die Überschrift,
die genau dies aussagt.)

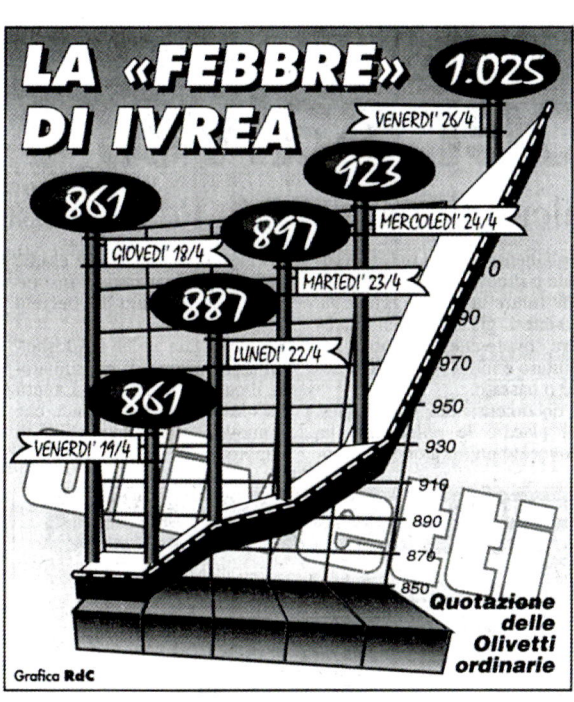

Il Resto di Carlino, Bologna, 27.4.1996

DER PSYCHEDELISCHEN
Gestaltung nach muß
Olivetti ziemlich hohes
„Fieber" haben. Die eigentlichen Kursdaten können
sich als Kernaussage so nicht
durchsetzen.

Mengen korrekt darstellen

Infografiken erfordern oft eine plakative Darstellung der Verhältnisse. Zugunsten der Anschaulichkeit dürfen aber nicht die wesentlichen Kernsätze korrekter Datenpräsentation vernachlässigt werden.

Im besten Falle transportiert eine Karte oder eine Bildstatistik die in ihr enthaltenen Mengen rein grafisch. Die zugeordneten Zahlen dienen dann allenfalls zum Nachprüfen der visuell wahrgenommenen Aussage. Nicht akzeptabel ist dagegen der Versuch, Mengendarstellungen, die einen falschen visuellen Eindruck produzieren, durch die daneben gestellten richtigen Zahlen retten zu wollen.

Drei Leitsätze bilden den Kern korrekter Datenpräsentation:

Der Nullpunkt ist unverzichtbar, um Entwicklungen richtig einzuordnen. Wenn Veränderungen nur darstellbar sind, indem man einen Ausschnitt der Skala präsentiert, sollte dies für den Leser erkennbar sein.

Die Mengen sollten sich nur in einer Dimension verändern. Das ▸Balkendiagramm ermöglicht eine differenzierte Wahrnehmung der Unterschiede – im Gegensatz zu Flächen- und Volumendiagrammen, deren Größenverhältnisse niemand ohne komplizierte Rechenoperationen korrekt miteinander vergleichen kann.

Perspektive ist mit Vorsicht zu verwenden. Sie birgt oftmals die Gefahr, daß die Betrachter die abgebildeten Mengen falsch einschätzen. Nur um eine Grafik interessanter und dynamischer zu machen, ist ihr Einsatz nicht gerechtfertigt.

Das anschauliche Denken ist hier dem begrifflichen überlegen. (...) Eine Tabelle kann noch so durchsichtig sein, sie ersetzt niemals eine graphische Darstellung, wo die Verschiedenheit der Einzelfälle sich verwischt und das allgemeine in den Vordergrund tritt.
GEORG V. MÜLLER, 1919

 S. 172 ff.

Leitsätze für Datenpräsentation

Der Nullpunkt ist wichtig

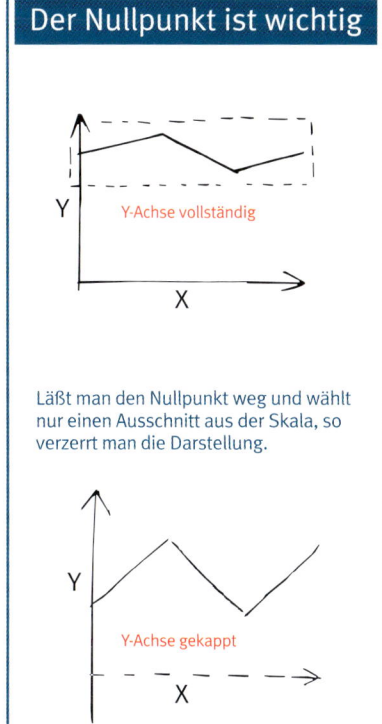

Y-Achse vollständig

Läßt man den Nullpunkt weg und wählt nur einen Ausschnitt aus der Skala, so verzerrt man die Darstellung.

Y-Achse gekappt

Keine Flächen- und Volumenvergleiche

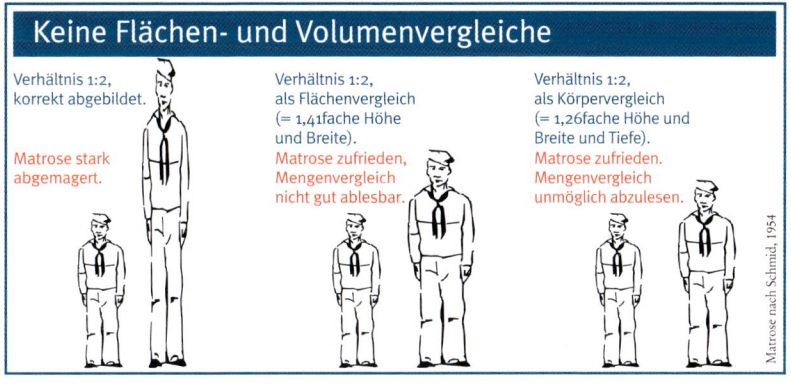

Verhältnis 1:2, korrekt abgebildet.

Matrose stark abgemagert.

Verhältnis 1:2, als Flächenvergleich (= 1,41fache Höhe und Breite).

Matrose zufrieden, Mengenvergleich nicht gut ablesbar.

Verhältnis 1:2, als Körpervergleich (= 1,26fache Höhe und Breite und Tiefe).

Matrose zufrieden. Mengenvergleich unmöglich abzulesen.

Angela Jansen, 1999

Matrose nach Schmid, 1954

Vorsicht mit Perspektive

Die perspektivisch verzerrte Darstellung erschwert es wahrzunehmen, daß die erste und die dritte Säule gleich hoch sind.

FALSCH, ABER SCHÖN:

Die grafische Idee ist einfach bestechend, so daß man den Volumenvergleich hier verkraften kann, obwohl die Mengenverhältnisse nicht korrekt ablesbar sind.

100

BIZZ

WER ÜBERLEBT?

Die meisten Firmengründer schaffen es nicht, ihr Unternehmen an die nächste Generation weiterzugeben. Bei der Übergabe europäischer Familienunternehmen fällt schon 70 Prozent der zweiten Generation der Staffelstab aus der Hand. Nur jede 10. Firma überlebt in der dritten, lediglich jede 20. in der vierten Generation.

Angaben in Prozent

30

10

5

Quelle: 3i/DGM

1. Generation   2. Generation   3. Generation   4. Generation

BIZZ, 3/98 (Matthias Schäfer)

Fakt und Meinung trennen

Meinungsumfragen stellen besondere Anforderungen an die grafische Darstellung. Es muß deutlich werden, daß es sich um Meinungen über Sachverhalte und nicht um die Sachverhalte selbst handelt.

In der Tat gelten Meinungen in der heutigen politischen Kultur durchaus als Gradmesser für Einstellungen oder sogar als Anzeichen künftiger Handlungen – so z.B. die „Sonntagsfrage" der Wahlforschung. In vielen Infografiken werden daher Umfrageergebnisse im gleichen Stil wie andere statistische Mengen visualisiert. Diese Grafiken leben von der Erinnerung an die Statistik und beanspruchen wie selbstverständlich deren Glaubwürdigkeit auch für sich.

Diese Praxis ist gefährlich, da sie die Ebenen „Realität – Meinungsrealität – Umfragerealität" vermischt und eine kritische Distanz zum Umfrageergebnis verhindert. Die angemessene Darstellung demoskopischer Zahlen müßte demnach folgende Gesichtspunkte berücksichtigen: den Sinn und Zweck der Demoskopie, ihre daraus abgeleiteten Fragestellungen und Methoden sowie die Interessen an ihrer Veröffentlichung.

Nicht nur Fakten, sondern auch Haltungen von Menschen, wie etwa die Religionszugehörigkeit, hat ▸Isotype ins Bild gesetzt. Zu diesem Zweck kombinierten die Museumsmacher jeweils ein Figurzeichen mit einem Symbol, z.B. für die christliche Religion mit einem Kreuz. Der Kunstgriff funktioniert allerdings nur bei einer Haltung, die sich direkt auf die befragte Person bezieht. Soll jedoch dargestellt werden, wie Person A das Handeln von Person B einschätzt, so versagt diese bildliche Symbolik. Eine gute Lösung ist es hier, die Grafik klar als Umfrage zu kennzeichnen, etwa durch ein Mikrophon, einen Fragebogen oder Gesichter, die eine Stimmung wiedergeben.

Unbedingt gehören in Meinungsgrafiken das Umfragedatum sowie die Größe und Zusammensetzung der befragten Gruppe. Hieraus ergibt sich die Bedeutung der abgeleiteten Urteile.

Unpräzise Fragestellungen führen zu unpräzisen Ergebnissen, die auch durch die Darstellung in einer Grafik nicht deutlicher werden. Wenn gefragt wird, was Menschen für die dringendste Aufgabe der Politik halten und ihnen für die Antwort nur Stichwörter angeboten werden, können unter demselben Stichwort „Ausländer" konträre Meinungen wie „Ausländer integrieren" und „Ausländer raus" zusammengefaßt werden.

(...) die Aussagekraft einer kleinen Erhebung durch die Vereinfachung und Kommentierung oft hochgespielt wird: Was vom Statistiker als wahrscheinlich hingestellt war, erfährt der Leser als statistisch bewiesen.
H. HOFFMANN, 1973

 S. 38

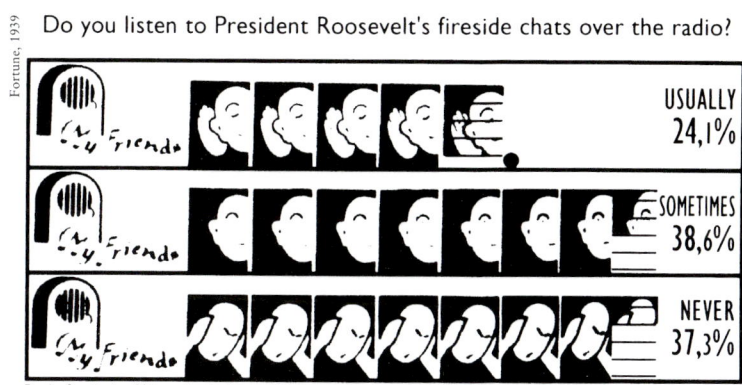

Fortune, 1939

Do you listen to President Roosevelt's fireside chats over the radio?

USUALLY
24,1%

SOMETIMES
38,6%

NEVER
37,3%

Each Symbol=5%   Each Dot=.2%

SCHON VOR 50 JAHREN
hatten die Journalisten bei
Fortune erkannt, daß
Meinungsrealität sich von
„wirklicher" Realität unterscheidet: Sie visualisierten
deshalb ihre Umfragen entsprechend.

AUCH EINE ÜBERZEUGENDE
Lösung: Die Schatten
symbolisieren die Meinung.
Leider verwischt der Bildtext
diesen Eindruck, indem er
Fakten zu kommentieren
scheint. Zweiter Schönheits-
fehler: Im letzten Bild ist die
Reihenfolge vertauscht.

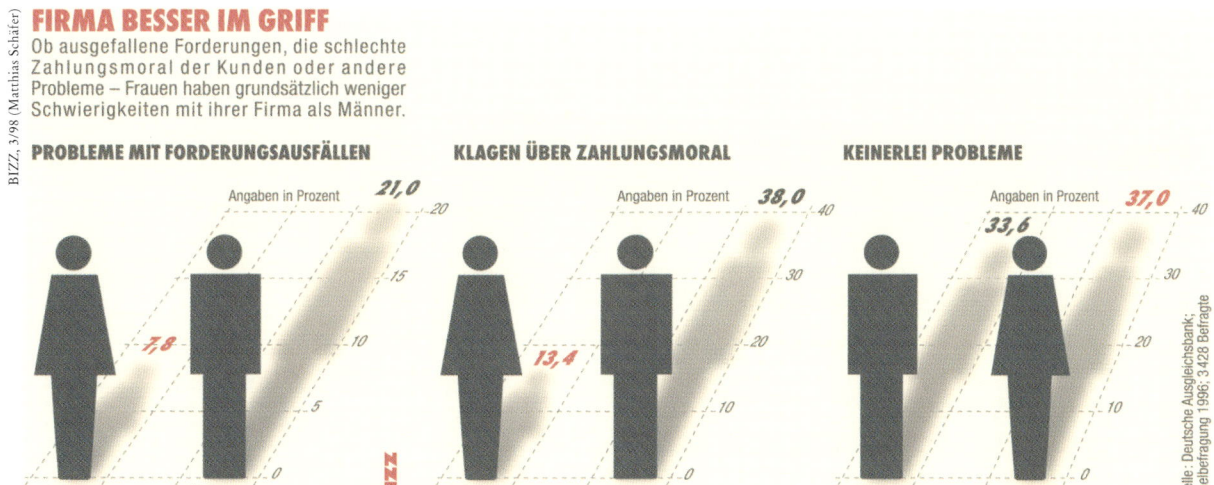

BIZZ, 3/98 (Matthias Schäfer)

FIRMA BESSER IM GRIFF
Ob ausgefallene Forderungen, die schlechte
Zahlungsmoral der Kunden oder andere
Probleme – Frauen haben grundsätzlich weniger
Schwierigkeiten mit ihrer Firma als Männer.

PROBLEME MIT FORDERUNGSAUSFÄLLEN

Angaben in Prozent   21,0

7,8

Frauen   Männer

BIZZ

KLAGEN ÜBER ZAHLUNGSMORAL

Angaben in Prozent   38,0

13,4

Frauen   Männer

KEINERLEI PROBLEME

Angaben in Prozent   37,0

33,6

Männer   Frauen

Quelle : Deutsche Ausgleichsbank;
Panelbefragung 1996: 3.428 Befragte

Vorsicht Manipulation!

Sowohl in der Konzeption als auch in der Umsetzung einer Infografik stehen viele Manipulationswege offen. Wenn Macher und Publikum sie kennen, lassen sich unbeabsichtigte Fälschungen vermeiden und beabsichtigte verlieren viel von ihrer Wirkung.

Selbstverständlich kann man von einer Infografik keine absolute „Objektivität" verlangen. Sie greift auf bereits bearbeitetes und interpretiertes Material zurück, spitzt Aussagen zu und verändert alles nochmals durch die Übersetzung in eine Grafik. Dennoch sollten Infografiker sehr gewissenhaft arbeiten. Und Leser sollten generell mißtrauisch sein, da dieser Arbeitsprozeß immer ohne ihre Mitwirkung stattfindet.

Im Umsetzungsprozeß stehen als Instrumente der Manipulation zur Verfügung: Farbgebung und Formatwahl, verzerrte Datenpräsentation, polemische Kommentierung und unterschlagene Quellen.

Leser haben in der Regel keine Möglichkeit, die Konstruktionsgrundlagen von Infografiken zu prüfen. Notbehelf kann deshalb nur die intensive Auseinandersetzung mit der Grafik sein. Einen Hinweis auf unseriöse Vorgehensweise kann die ausgefallene Darstellung liefern. Durch Originalität soll hier eine fehlende Faktengrundlage wettgemacht werden. Gleichzeitig sind aber auch – besonders in Anzeigen – klare, eindeutige Grafiken zu finden, die sich bei näherem Hinsehen als – freundlich ausgedrückt – „geschönt" entpuppen. Der bewährte Schaubildtyp allein ist also keine ausreichende Garantie für eine ernsthafte Infografik.

Bei infografischen Karten kann schon der Zuschnitt manipulativ gewählt werden: Je nachdem, welchen Teil der Welt man zeigt, läßt sich das eigene Land problemlos in den Mittelpunkt oder an den Rand des Geschehens rücken. Bildstatistiken bieten besondere Fälschungspotentiale, indem man nur einen ausgewählten Zeitraum zeigt oder den Nullpunkt der Skala wegläßt. Prinzipdarstellungen „lügen" oft durch ihre Pseudogenauigkeit: Während man tatsächlich nur sehr vage Vorstellungen vom Funktionieren eines Medikamentes hat, erscheint diese Annahme in einer klaren Infografik als bewiesener Fakt.

Sicherlich nutzt es wenig, wenn (...) an die Auftraggeber und Produzenten appelliert wird, in Zukunft auf manipulative Techniken zu verzichten. Die Frage kann also nur lauten: Wie kann man sich vor der Manipulation durch statistische Schaubilder schützen?
HEINER ABELS, 1981

Mittel der Manipulation in Infografiken

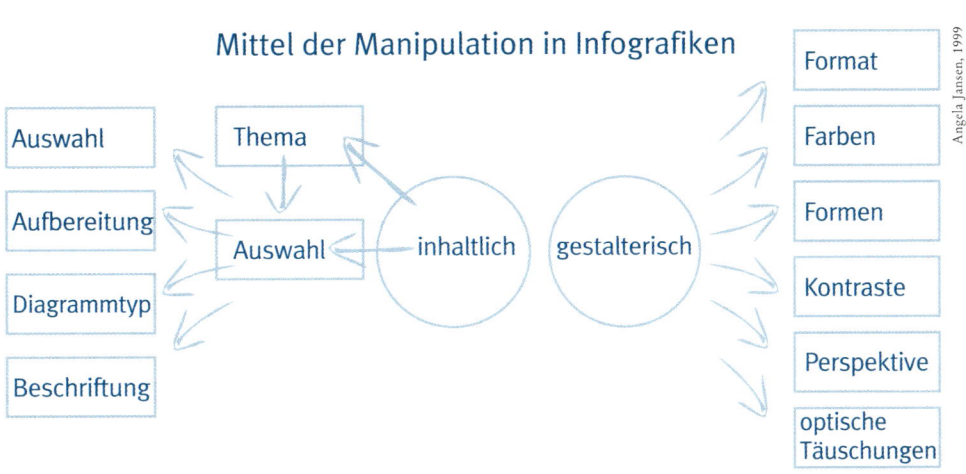

Auswahl

Thema

Aufbereitung

Auswahl → inhaltlich

Diagrammtyp

Beschriftung

gestalterisch

Format

Farben

Formen

Kontraste

Perspektive

optische Täuschungen

Angela Jansen, 1999

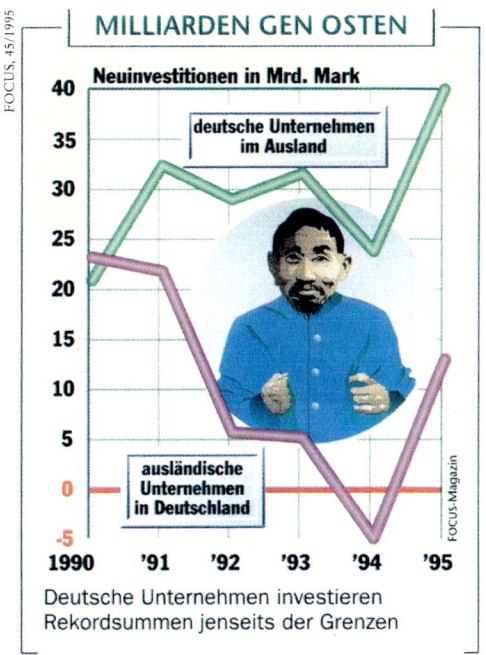

MILLIARDEN GEN OSTEN

Neuinvestitionen in Mrd. Mark

deutsche Unternehmen im Ausland

ausländische Unternehmen in Deutschland

1990 '91 '92 '93 '94 '95

FOCUS-Magazin

Deutsche Unternehmen investieren
Rekordsummen jenseits der Grenzen

EIN MUSTERBEISPIEL MANIPULATIVER INFOGRAFIK:
Der „Asiate" stellt zusammen mit der
Überschrift eine Behauptung auf, die
durch die visualisierten Zahlen nicht abge-
deckt ist. Entweder wurde hier bewußt
„gemogelt". Oder der geplante Tenor des
Textes und die zur Verfügung stehenden
Zahlen paßten nicht zusammen, ein Indiz
für unzureichende Abstimmung zwischen
Autor und Grafiker.

Regeln für die Gestaltung

„Ich packe in meine Infografik einen doppelten Linienrahmen, verzerrte Schattenschriften, Pastellfarben und einen Hintergrundverlauf ...

... und schon sind alle Kunden überzeugt oder alle Leserinnen begeistert". Mit dieser Einstellung scheinen viele Grafiker an ihre Aufgabe heranzugehen. Besonders um den Mangel an Fakten oder an grafischen Fähigkeiten zu vertuschen, wird gern zu schmückendem Beiwerk gegriffen. Wenn allerdings die Information den notwendigen „Kick" nicht bringt, retten auch üppige Schmuckelemente nichts mehr.

Was macht eine Infografik zum Seherlebnis? Zu allererst die Einheit von Inhalt und Form. Die ästhetische Eleganz einer Infografik entsteht aus dem überzeugenden Zusammenspiel aller verwendeten Elemente mit dem gemeinsamen Ziel, den Inhalt bestmöglich zu transportieren.

Um die beste Form für eine Infografik zu finden, muß die Balance gesucht werden zwischen möglichst einfacher Gestaltung und möglichst konzentriertem Inhalt. Für ein emotional besetztes Thema („Traum") kann die formale Umsetzung ganz anders ausfallen als für ein trockenes Wirtschaftsthema („Reifenindustrie"). Auch eine starke persönliche Betroffenheit der Zielgruppe wirkt sich entscheidend auf die Umsetzung aus. So ist z.B. das Thema „Invalidenrente" für selbständige Unternehmer persönlich in der Regel entscheidender als etwa „Trauminhalte".

Zwei Basistips für die Gestaltung:

Erstens: aus Beispielen lernen. Wer sich regelmäßig mit den Arbeiten von Kolleginnen und Kollegen beschäftigt, kann dort sehr viele Anregungen finden, die sich kreativ – ohne abzukupfern – in die eigene Tätigkeit einbringen lassen.

Zweitens: nur darstellen, was man selber verstanden hat. Das bedeutet zunächst, so lange nachzufragen und zu recherchieren, bis man den Gegenstand wirklich durchschaut hat. Gelingt dies nicht, sollte man auch nicht versuchen, das Unverdaute darzustellen. Der einzige gute Ausweg: sich auf die Aspekte des Themas zu konzentrieren, die klar grafisch darzustellen sind.

Graphical excellence is that which gives to the viewer the greatest number of ideas in the shortest time with the least ink in the smallest place. (...) And graphical excellence requires telling the truth about the data.
EDWARD R. TUFTE, 1983

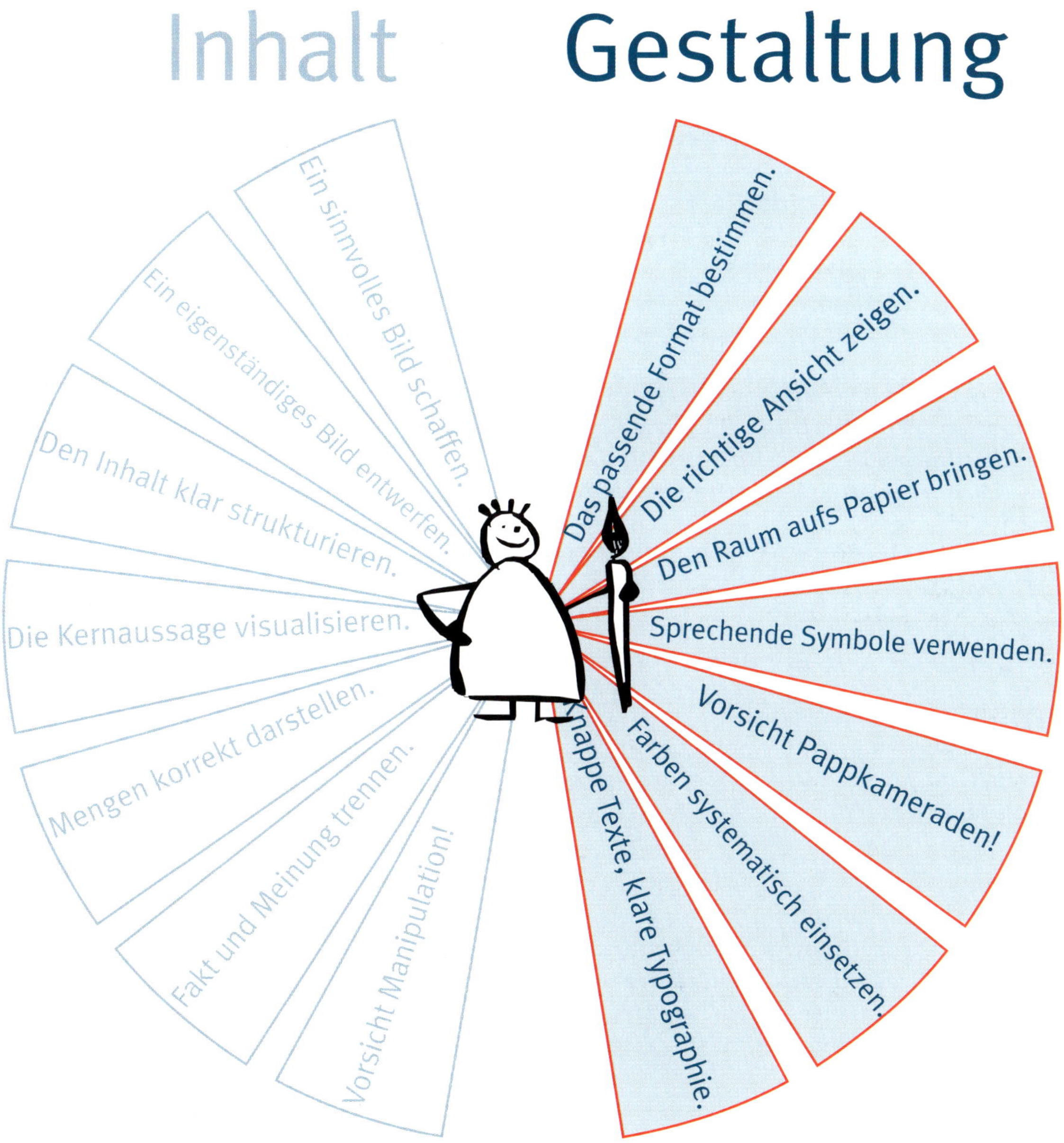

Inhalt   Gestaltung

Ein sinnvolles Bild schaffen.

Ein eigenständiges Bild entwerfen.

Den Inhalt klar strukturieren.

Die Kernaussage visualisieren.

Mengen korrekt darstellen.

Fakt und Meinung trennen.

Vorsicht Manipulation!

Das passende Format bestimmen.

Die richtige Ansicht zeigen.

Den Raum aufs Papier bringen.

Sprechende Symbole verwenden.

Vorsicht Pappkameraden!

Farben systematisch einsetzen.

Knappe Texte, klare Typographie.

Angela Jansen, 1999

Das passende Format bestimmen

Wenn Infografiken mit Texten und Bildern zusammen stehen, können sie dominieren oder sich unterordnen. Das Format beeinflußt diese Wirkung wesentlich.

Eine dominante Infografik organisiert den Text, d.h., ein Textverständnis ist ohne den Einstieg über die Grafik nicht möglich. Allerdings: Beherrschend sollte sie nur sein, wenn der Inhalt es rechtfertigt, z.B. wenn die Infografik die Zentralaussage des Textes darstellt. Daß offensive Einsatzmöglichkeiten selten genutzt werden, liegt daran, daß auch Gestalterinnen und Gestalter erst lernen müssen, der nach wie vor weit verbreiteten Ansicht von der argumentativen Überlegenheit des Textes entgegenzuwirken. Auch sind die Arbeitsfelder sowohl in Agenturen als auch in Fernsehanstalten und Verlagen in der Regel noch so strukturiert, daß die Grafikvorschläge den Textüberlegungen nachgeschaltet sind und deshalb zu selten vom Bild aus gedacht wird. Der Journalist, der auf Anweisung des Infografikers „auf Zeile" schreibt, ist immer noch die Ausnahme.

Von gleichwertigem Auftreten kann man sprechen, wenn die Infografik einen eigenständigen Argumentationsstrang innerhalb eines Beitrags übernimmt, d.h. ihre Aussage nicht im Text wiederholt bzw. erläutert wird. Auch solche Darstellungen sind aus den genannten Gründen relativ selten.

Ordnen sich Infografiken dem Text unter, so treten sie auch gestalterisch in den Hintergrund. Sie übernehmen aufbereitende, verständnisfördernde und vertiefende Funktionen.

Manche Medien erzwingen bestimmte Formate: Das gilt z.B. für alles, was sich auf Bildschirmen abspielt. Ansonsten lautet die Faustregel: Das DIN-Format ist kein Muß. Im Gegenteil. Die Gewohnheit ist hier eine Fessel. Sie spiegelt sich in den Standardeinstellungen der Chartprogramme wider, in denen diese Proportionen automatisch erzeugt werden, auch wenn sie nicht sinnvoll sind. Die Rolle der Infografik und die spezifischen Inhalte sind es, die das Format bestimmen. Mit optimalem Informationstransfer haben Normformate nichts zu tun: Sowohl der Goldene Schnitt, der seit Jahrhunderten als ästhetisches Seitenverhältnis propagiert wird, als auch das DIN-Format, das aus Gründen der Vereinheitlichung festgelegt wurde, sind für die Infografikgestaltung nicht zwingend. Eine Infografik muß sich dem Inhalt entsprechend entfalten können: etwa als langer Zeitstreifen auf dem Fuß mehrerer Seiten oder freigestellt über das ganze Format.

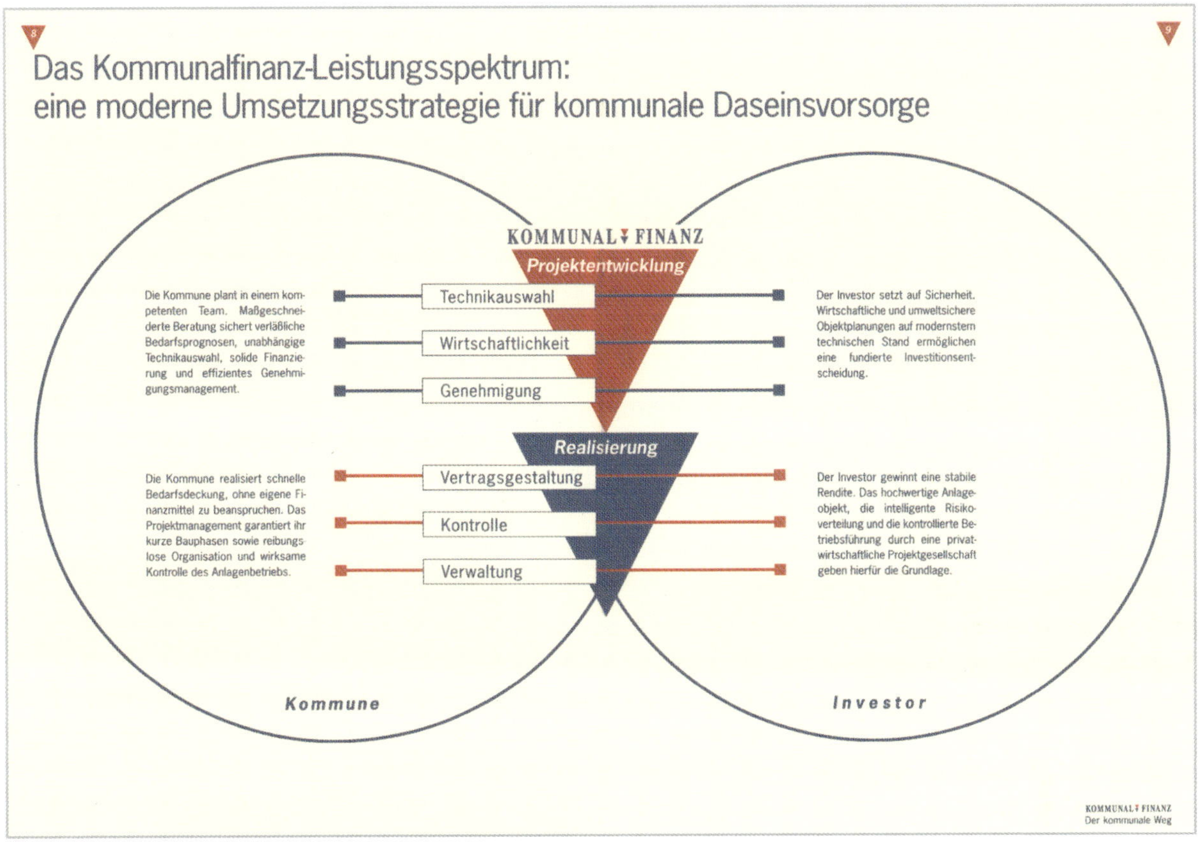

Kommunalfinanz (Jansen), 1996.

Das Kommunalfinanz-Leistungsspektrum:
eine moderne Umsetzungsstrategie für kommunale Daseinsvorsorge

KOMMUNAL FINANZ

Projektentwicklung

Technikauswahl

Wirtschaftlichkeit

Genehmigung

Die Kommune plant in einem kompetenten Team. Maßgeschneiderte Beratung sichert verläßliche Bedarfsprognosen, unabhängige Technikauswahl, solide Finanzierung und effizientes Genehmigungsmanagement.

Der Investor setzt auf Sicherheit. Wirtschaftliche und umweltsichere Objektplanungen auf modernstem technischen Stand ermöglichen eine fundierte Investitionsentscheidung.

Realisierung

Vertragsgestaltung

Kontrolle

Verwaltung

Die Kommune realisiert schnelle Bedarfsdeckung, ohne eigene Finanzmittel zu beanspruchen. Das Projektmanagement garantiert ihr kurze Bauphasen sowie reibungslose Organisation und wirksame Kontrolle des Anlagenbetriebs.

Der Investor gewinnt eine stabile Rendite. Das hochwertige Anlageobjekt, die intelligente Risikoverteilung und die kontrollierte Betriebsführung durch eine privatwirtschaftliche Projektgesellschaft geben hierfür die Grundlage.

Kommune

Investor

KOMMUNAL FINANZ
Der kommunale Weg

UNTERNEHMENSAKTIVITÄTEN
auf einen Blick: Viel öfter als bisher könnten Inhalte grafisch präsentiert werden, wenn man sich vom Diktat des Textes verabschieden würde. Und auch die kleine Grafik hat ihre Berechtigung – indem sie hier den Kontrast zum großen Foto bildet.

Die richtige Ansicht zeigen

Alle verwendeten Formen müssen eindeutig sein. Jeder Gegenstand muß aus dem Blickwinkel wiedergegeben werden, der den Inhalt am besten transportiert – und zugleich so einfach wie möglich ist.

Bezogen auf die Infografik muß man unterscheiden zwischen absoluter und relativer Einfachheit. Absolut einfach sind Formen, die regelmäßig und symmetrisch sind, wie z.B. das Quadrat oder der Kreis. Relative Einfachheit meint dagegen solche Formen, die mit möglichst wenig „Strichen" alle notwendigen Informationen transportieren. Notwendig bedeutet in diesem Zusammenhang „notwendig für das Verständnis". Um eine Struktur zu erklären, kann man stark von der realistischen Darstellung abweichen. So haben z.B. U-Bahn-Pläne nur wenig Ähnlichkeit mit der Geographie einer Stadt, weil sie zugunsten der Streckenübersicht die wirklichen Raumbeziehungen stark verändern.

Die meisten Gegenstände können aus verschiedenen Blickwinkeln gezeigt werden. Für die Infografik ist es notwendig, die jeweils zum Inhalt passende typische Ansicht herauszuarbeiten, d.h. diejenige, die die Haupteigenschaften eindeutig zeigt. Wenn die Räumlichkeit des Dargestellten nicht wesentlich ist, sollte man dabei auf ▸Perspektive verzichten.

Figuren und Hintergrund müssen in der Infografik immer deutlich getrennt sein. Dies erreicht man, indem man möglichst wenig Bildebenen verwendet und diese durch Überschneidungen voneinander abhebt.

Auch die Lage der Elemente im Raum ist für den besten Informationstransfer zu berücksichtigen. Schwerkraft wirkt auf alle Zeichenelemente. D.h. die gleiche Form kann durch ihre Stellung auf dem Blatt unterschiedliche Bedeutungen erhalten. Was oben steht, wirkt immer schwerer als ein unten stehendes Element, weil es scheinbar stärker nach unten gezogen wird. So lassen sich Bewegung und Spannung erzeugen, indem man die Schwerkraftwirkung und die Dynamik, die durch die Leserichtung entsteht, bewußt einkalkuliert.

Struktur schafft der Infografiker, indem er zusammengehörende Elemente dicht nebeneinander stellt, gleiche Formen oder gleiche Farben verwendet. Die stärkste Gemeinsamkeit stellt dabei die gleiche Farbe her. Erst danach werden gleiche Formen als zusammengehörig erkannt. Auch die Weißflächen einer Grafik spielen eine Rolle: Sie dürfen kein unerwünschtes Eigenleben entwickeln.

Die Karte (gemeint ist hier ein U-Bahn-Plan, AJ) *läßt eine Menge weg und verzerrt vieles, und gerade deshalb ist sie das bestmögliche Bild dessen, was sie zeigen will.*
RUDOLF ARNHEIM, 1978

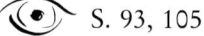 S. 93, 105

Wichtige Grundprinzipien der Gestaltung

Beste Ansicht = verständliche Ansicht

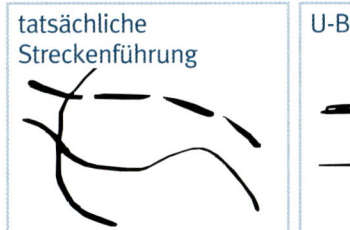
tatsächliche Streckenführung

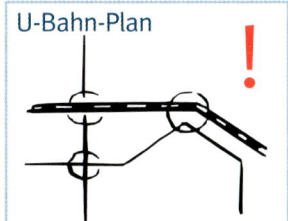
U-Bahn-Plan !

Klare Trennung Figur – Hintergrund

!

Klare Überschneidungen

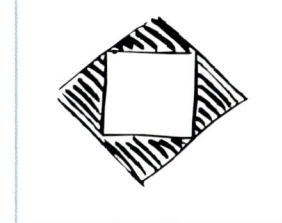

!

Bedeutung der Raumlage

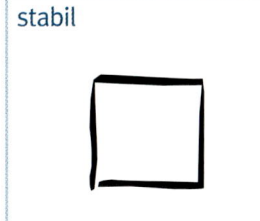
stabil

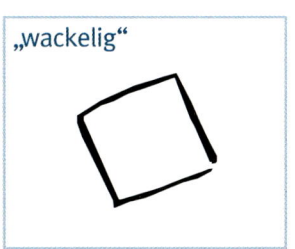
„wackelig"

Bedeutung der Leserichtung

„aufwärts"

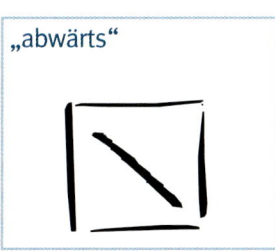
„abwärts"

stehend   stehend?   dreht sich!

Angela Jansen, 1999

Den Raum aufs Papier bringen

Bilder sind „von Natur aus" zweidimensional. Will man in ihnen Räume darstellen, muß man deshalb zur perspektivischen Darstellung als Hilfskonstruktion greifen.

Die erste Frage lautet: Ist die Räumlichkeit erforderlich, um den Informationsauftrag zu erfüllen? Keine Gründe für den Einsatz von Perspektive sind deshalb die Aufwertung einer banalen Grafik oder die schlichte Tatsache, daß die verwendete Software diese Option anbietet. Oft sind allerdings räumliche Darstellungen notwendig, um einen Gegenstand in seiner typischen Form abbilden zu können. Denn die perspektivische Ansicht erlaubt es, gleichzeitig verschiedene Seiten zu zeigen. Damit handelt man sich zugleich ein gravierendes Gestaltungsproblem ein: Man muß die Flächen und Winkel des Gegenstands „falsch", nämlich verkürzt und verzerrt, zeichnen, um sie „richtig" aussehen zu lassen.

Welche Formen räumlicher Darstellung sind in Infografiken sinnvoll? Für technische und künstlerische Zeichnungen gibt es eine Menge verschiedener Projektionsarten. Hier werden nur diejenigen vorgestellt, die sich aufgrund ihrer Besonderheiten für Infografiken anbieten.

Zunächst muß unterschieden werden zwischen sogenannten Parallel-Perspektiven (bei denen der Fluchtpunkt im Unendlichen liegt) und Fluchtpunkt-Perspektiven (bei denen der oder die Fluchtpunkte im Endlichen liegen). Parallel-Perspektiven sind „falsche" Perspektiven, die besonders bei größeren Zeichnungen technisch wirken und kein natürliches Raumgefühl erzeugen. Sie sind für die Infografik aber sehr wichtig, weil sie zumindest eine Seite der Gegenstände weitgehend unverzerrt lassen. Fluchtpunkt-Perspektiven sind „echte" Perspektiven. Sie wirken realistischer, besonders wenn man mit zwei oder drei Fluchtpunkten arbeitet, sind aber innerhalb der Infografik nur für Prinzipdarstellungen sinnvoll.

Ganz wichtig: Bereits bei der ersten Skizze sollte man überlegen, ob man die festgelegte Perspektive für das ganze Bild durchhalten kann. Denn es ist keine Lösung, in einen dreidimensional gezeichneten Hintergrund zweidimensionale Personen oder Gegenstände einzusetzen. Und nicht vergessen: Zu allererst ist der Infografiker Informationsvermittler und danach erst Künstler.

Wichtige Typen der Parallelperspektive

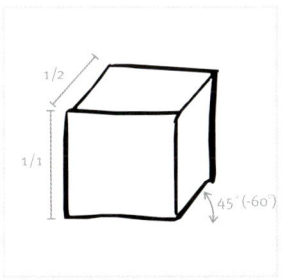

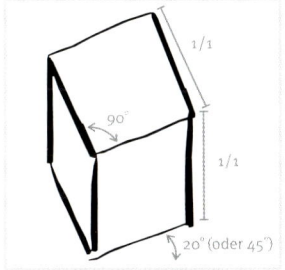

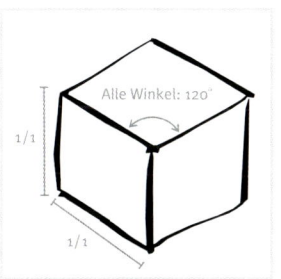

Angela Jansen, 1999

UNVERZERRTE VORDERFLÄCHE
(Kavalier- und Kabinettperspektive)
Sie eignet sich besonders gut, um Mengen zu visualisieren, weil die Verhältnisse korrekt ablesbar sind. Der Begriff ist abgeleitet von einer hohen Plattform in Festungen, die Kavalier genannt wurde und ein guter Beobachtungsposten war.

UNVERZERRTE OBERFLÄCHE
(Planometrie und Militärperspektive)
Eine gute Lösung für Räume, deren Grundriß unverzerrt bleiben soll. Sie dient auch als Konstruktionsprinzip für Stadtpläne, in die Gebäude eingezeichnet sind, sogenannte Bildpläne.

ALLE WINKEL GLEICH VERZERRT
(Isometrische Perspektive)
Die Außenform eines Würfels wird zum regelmäßigen Sechseck. Gut geeignet für die Darstellung von tatsächlichen Räumen. Für Bildstatistiken nur bedingt geeignet, weil die Grundlinie nicht waagerecht verläuft und dadurch eine Hierarchie entsteht, die als bedeutungstragend mißverstanden werden kann.

Drei unterschiedliche Fluchtpunkt-Perspektiven

Die Lage der Fluchtpunkte verschafft verschiedene Blickwinkel: Normalerweise setzt man die Fluchtpunkte so, daß man als Betrachter auf gleicher Höhe mit dem Objekt „steht". Die Froschperspektive guckt von unten – während die Vogelperspektive alles aus der Höhe betrachtet.

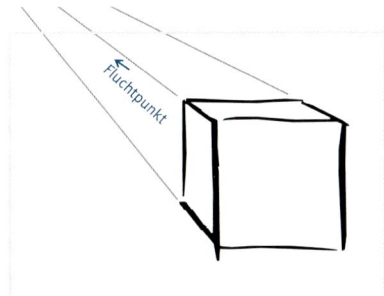

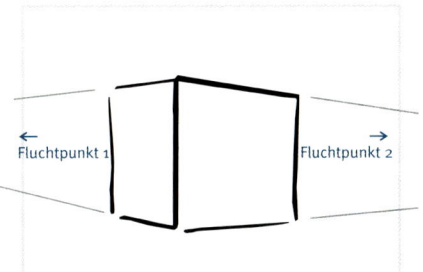

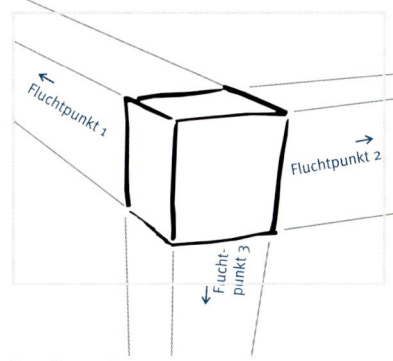

DIE EIN-PUNKT-PERSPEKTIVE
(Zentralperspektive)
Sie zeigt wie die Kavalierperspektive die Vorderseite des Gegenstands unverzerrt. Alle anderen Seiten verjüngen sich zum Fluchtpunkt hin. An sich eine „falsche" Darstellung, weil die rechtwinklige Vorderansicht aus der Parallelprojektion mit der Fluchtpunkt-Perspektive verbunden wird. Manche Körper wirken dadurch unschön verzerrt.

ZWEI-PUNKT-PERSPEKTIVE
Die gängige Perspektive, die wir aus dem Zeichenunterricht kennen. Alle in die Tiefe laufenden Linien orientieren sich an den beiden Fluchtpunkten. Für komplizierte räumliche Darstellungen ist sie unverzichtbar.

DREI-PUNKT-PERSPEKTIVE
Hier laufen auch die senkrechten Linien in einem gemeinsamen (dritten) Fluchtpunkt zusammen. Es entstehen dynamische, leicht schwebende Bilder.

Sprechende Symbole verwenden

Symbole erleichtern die Kommunikation und müssen daher möglichst einfach sein. Unterschiedliche Zielgruppen können nach ganz verschiedenen „richtigen" Lösungen verlangen.

Wie einfach darf ein Symbol sein? Es muß seine Bedeutung eindeutig anzeigen. Die Komplexität hängt deshalb direkt mit den transportierten Bedeutungen zusammen. Das Symbol für „Mensch" kann wesentlich einfacher ausfallen, als für einen „Beamten im mittleren Dienst". Typen oder Gruppen ermöglichen klare Symbole, differenzierte Begriffe jedoch kompliziertere Zeichen. Entscheidend für die Symbolgestaltung ist das Publikum. Je weniger es über den Begriff weiß, desto detaillierter muß das Symbol ausgearbeitet sein.

Symbole müssen zeitlos sein, aber nicht antiquiert. Das passende Symbol für Landwirtschaft kann heute nicht mehr das Pferd sein. Besser wäre ein Mähdrescher. Über einen längeren Zeitraum sollten in einem Medium möglichst die gleichen Symbole verwendet werden, um eine eigene Symbolschrift zu etablieren und den positiven Effekt der Wiedererkennung zu nutzen.

Alle nicht allgemein bekannten ▶Symbole müssen direkt in der Grafik erklärt werden. Deshalb wäre es mit Hinblick auf eine einfache Kommunikation naheliegend, auf etablierte Zeichen zurückzugreifen. Dem steht die Copyright-Situation entgegen. Ästhetisch überzeugende Pictogramme, wie sie z.B. Aicher 1972 für die Olympischen Spiele in München entworfen hat, stehen der Informationsgrafik nicht unentgeldlich zur Verfügung. Auch deswegen sieht man immer wieder neue Bildzeichen, selbst wenn das „beste" Symbol schon lange existiert. Für die Entwicklung individueller Symbole spricht oft, daß es für die spezielle Kommunikationsaufgabe keine passenden gibt und daß man das eigene Corporate Design berücksichtigen möchte. Die Clip-Art-Bibliotheken der gängigen Grafikprogramme stehen hier als Steinbrüche zur Verfügung, aus denen man sich Symbolteile „heraushauen" kann.

Symbole mit einer Symmetrieachse sind schneller zu erfassen, weil das Auge nur halb soviel Fläche abtasten muß. Ihr Nachteil: Sie wirken statisch und können nur einfache Bedeutungen transportieren. Eine Seitenansicht ist bei vielen Gegenständen ohnehin typischer – z.B. um PKW und LKW zu unterscheiden. Sie kann außerdem Bewegung darstellen.

Einfache Formen brauchen in der Regel keine Perspektive. Keinesfalls darf sie dem Zuschauer die Entschlüsselung des Symbols erschweren. Schatten sind ein Stilmittel, um liegende Figuren „aufstehen" zu lassen.

Die Zeichen müssen so weit wie möglich für sich selber, ohne Hilfe von Worten, klar sein, d.h., sie müssen sprechende Zeichen sein. Sie müssen voneinander verschieden sein, so daß kein Zweifel über ihren richtigen Namen besteht, wenn man sie wiedersieht.
OTTO NEURATH, 1934

S. 107
Symbole und Pictogramme werden im folgenden gleichgesetzt als Bildzeichen, die festgelegte Inhalte bzw. Mengen transportieren.

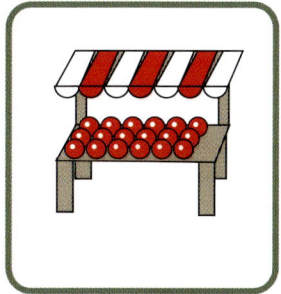

Inline Guide Pecher + Böckmann, 1998 (Jäkel)

TENNIS

SKATE-
HIGHLIGHT

CAMPING-
PLATZ

GOLFPLATZ

SEHENSWERT

GASTRONOMIE

DEICH
RAUF

DEICH
RUNTER

LEUCHT-
TURM

AUTO-
FÄHRE

BADE-
MÖGLICHKEIT/
STRAND

HAFEN

Bilanz der Ära Kohl, VSA-Verlag, 1998 (Töllner)

Arbeitslosen-
versicherung

Renten-
versicherung

Kranken-
versicherung

Sozialhilfe

WITZIGE UND POINTIERTE
Symbole, entworfen für
Stadtpläne mit Inline-Skate-
Routen (auch S. 85).
Auch für das trockene The-
ma „Bilanz der Ära Kohl"
waren ansprechende Symbole
möglich.
In beiden Fällen konnten
Clip-Art-Bibliotheken keine
exakt zum Inhalt und zur
Gestaltung passenden Sym-
bole liefern. Ein eigener
Entwurf blieb also uner-
läßlich.

Journalistenzentrum Haus Busch (Falarz)

Der Lebensweg eines Apfels
wurde mit spielerischen
Symbol-Bildern visualisiert
(hier nur in Auszügen).

Vorsicht Pappkameraden!

Viele Infografiken zeigen Menschen. Themen wie Gesundheit oder Umwelt stoßen auf großes Interesse, weil das Publikum sich selbst wiederfindet. Dem muß eine angemessene Menschendarstellung Rechnung tragen.

Pappkameraden, Puppen oder „Playmobil-Figuren" bevölkern scharenweise die Grafiken. Durch ihren nichtrealistischen Auftritt schaffen sie eine Distanz zwischen Publikum und Inhalt, obwohl sie gerade über die Menschengestalt Nähe herstellen könnten.

Der Grad der erlaubten Vereinfachung ist stark themenabhängig. Medizinische Phänomene, menschliche Schicksale oder auf Einzelpersonen bezogene Neuigkeiten verlangen eine sehr sorgfältige Ausarbeitung der Figursymbole. Je abstrakter das Thema und je weniger der Leser persönlich betroffen ist, desto einfacher können auch die Symbole sein.

Ähnliches gilt für die Visualisierung technischer Zusammenhänge. Während man sich einerseits weit von der Konstruktionszeichnung entfernen muß – diese dient der Herstellung und nicht dem prinzipiellen Verständnis –, ist andererseits eine gewisse Detailtreue wünschenswert, weil sie die Darstellung überzeugender macht.

Infografiken wollen das Foto nicht ersetzen. Dort, wo dieses den besseren Eindruck der Realität vermitteln kann, ist es vorzuziehen. Die Stärke der Infografik dagegen liegt gerade in der Darstellung der Dinge, die man nicht sieht oder die nicht konkret sind. Kombiniert der Gestalter Foto und Grafik, so kann er die emotionale Wirkung des Motivs und zugleich die informative Kraft der Grafik nutzen.

Klischeehafte Symbole können möglicherweise vom Publikum negativ aufgenommen werden. Deshalb auch Vorsicht mit Metaphern. Ein Begriff wie „Alter, Rente" kann z.B. heute nicht mehr durch eine Figur mit einem Krückstock symbolisiert werden, da dies für den Großteil der Personengruppe nicht zutrifft.

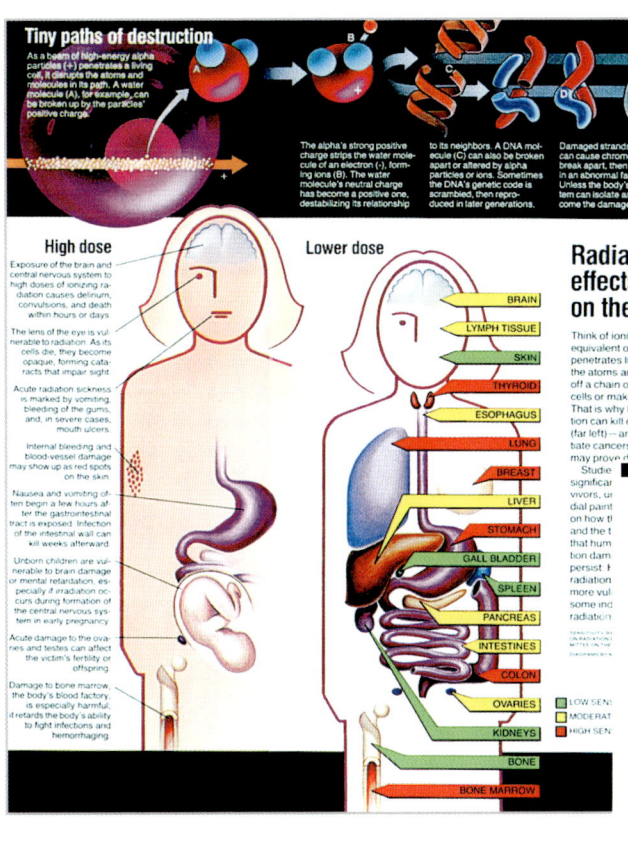

National Geographic, April 1989

ZWEI ÜBERZEUGENDE Lösungsmöglichkeiten für die Menschendarstellung: sachlich abstrakt (links) oder fotografisch plakativ (unten).

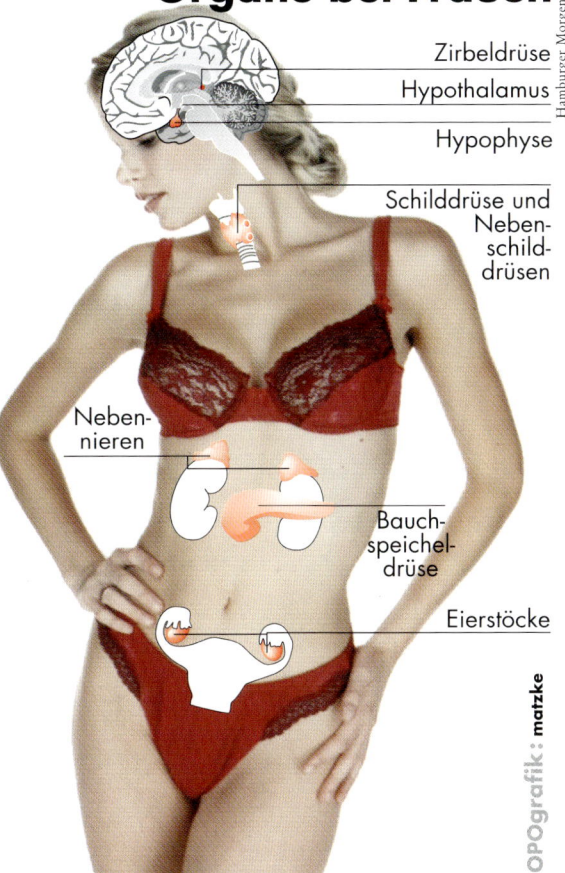

Hamburger Morgenpost, 16.2.1998

NICHT GELUNGEN: die O-beinigen Rentner, die von mageren Erwerbstätigen gestemmt werden (ohnehin ein abgedroschenes Bild).

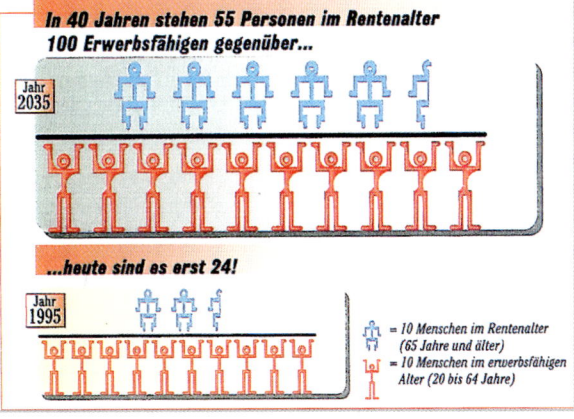

Verband der Privaten Krankenkassen (Anzeige), 1996

Farben systematisch einsetzen

Die Aufgabe von Farben im Informationsdesign ist eine grundsätzlich andere als in der Kunst: Während sie dort selbst zum Inhalt werden können, dienen sie hier der Information.

Theoretisch stehen uns unendlich viele Farben zur Verfügung. Praktisch, d.h. für den Einsatz in Infografiken, reduziert sich ihre Anzahl erheblich. Zu berücksichtigen sind vor allem unsere Wahrnehmungsgrenzen. Wir können geringe Schattierungen zwar unterscheiden, wenn sie nebeneinander plaziert werden – nehmen sie aber nicht differenziert in unsere Erinnerung auf. Auch die technischen Einschränkungen des jeweiligen Mediums spielen eine Rolle.

Sicher unterscheiden lassen sich die drei Grundfarben (Rot, Gelb, Blau) und Schwarz bzw. wenige Grautöne. Auch die sogenannten Sekundärfarben – die gleichgewichtigen Mischungen der Grundfarben – sind eindeutig zu benennen. Generell bietet sich für Infografiken eine eingeschränkte Farbpalette an. Soll die Hausfarbe des jeweiligen Mediums dominieren („Spiegel-Rot"), wird die Beschränkung auf wenige abgestimmte „Ergänzungsfarben" zur Pflicht. Nur so entsteht ein einheitliches Corporate Design.

Wo immer es um natürliche Vorgänge geht, sind naturnahe Farben angebracht. Ein blauer Laubbaum würde den Betrachter irritieren, eine Reaktion, die wir in der Regel gerade nicht erreichen wollen. Bei technischen und politischen Themen ist die spezifische Farbbedeutung in dem jeweiligen Zusammenhang zu beachten. Psychologische Farbbedeutungen wie etwa Gelb = Neid sind dagegen in den meisten Fällen zweitrangig.

Eine wesentliche Rolle spielt in Infografiken die Farbwertigkeit: hell oder dunkel, dominant oder zurückhaltend. Kräftige Farben betonen die wichtigen Stellen in einer Grafik. Rot ist die stärkste Signalfarbe. Aber auch ein deutlicher Kontrast – etwa zwischen Schwarz und Gelb oder Blau und Weiß kann dominant wirken. Zu vermeiden ist das Nebeneinander gleich heller Farben, da dies zu Flimmereffekten führen kann. Klare Farben erreicht man, indem man Mischfarben aus möglichst wenigen Farben zusammensetzt. Dabei ist das Farbsystem des Ausgabemediums miteinzubeziehen.

Die Farben sind immer mit Blick auf die inhaltliche Aussage festzulegen. Eine rein vordergründige Farbharmonie ist nicht das Ziel. Als zusammengehörend werden Elemente erkannt, wenn sie die gleiche Farbe tragen oder in Abstufungen eines Tons eingefärbt werden. Das gilt besonders für Bildserien. Dort sollten dieselben Farben immer denselben Gegenstand bezeichnen.

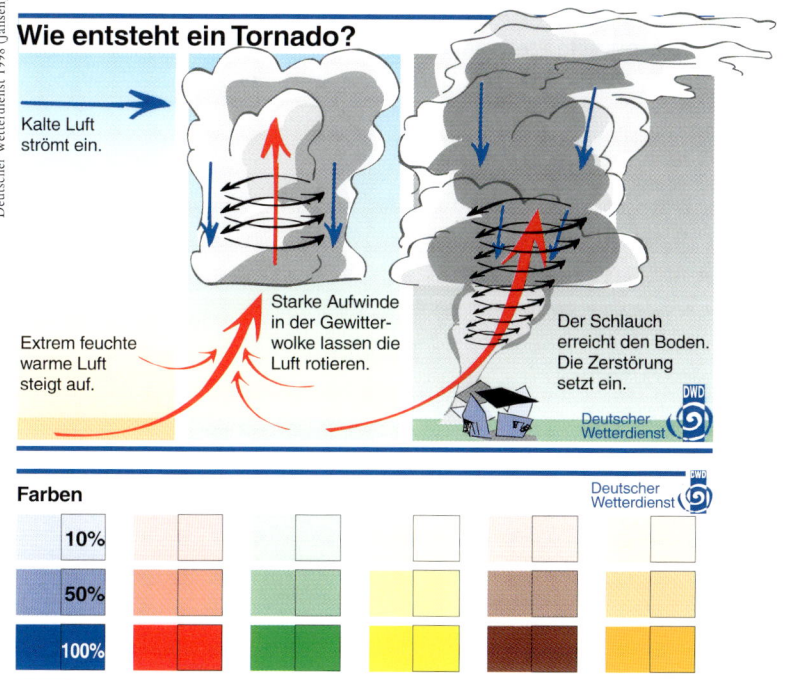

Deutscher Wetterdienst 1998 (Jansen)

Wie entsteht ein Tornado?

Kalte Luft
strömt ein.

Extrem feuchte
warme Luft
steigt auf.

Starke Aufwinde
in der Gewitter-
wolke lassen die
Luft rotieren.

Der Schlauch
erreicht den Boden.
Die Zerstörung
setzt ein.

Deutscher
Wetterdienst

Farben

Deutscher
Wetterdienst

| 10% | 50% | 100% |

EINE EINGESCHRÄNKTE
Farbpalette läßt Grafiken in
einer Serie oder in einer
Publikation aus einem Guß
erscheinen (☞ S. 123).
Sie verhindert zudem eine
allzu üppige Farbgestaltung
(unten).

Berliner Morgenpost, 12.2.1998 (Waltke)

Außenhandel Deutschlands
mit den Reformländern
Mittel- und Osteuropas*

in Milliarden DM

Export   Import

1992	1993	1994	1995	1996	1997
43,37 / 39,86	47,67 / 39,44	53,77 / 48,12	61,48 / 56,36	71,99 / 60,06	91,56 / 72,74

* Bulgarien, Polen, Rumänien, Rußland, Ukraine, übrige GUS-Staaten, Slowakei, Tschechische Republik, Ungarn
Quellen: Statistisches Bundesamt, Deutsche Bundesbank, 1997 Schätzung des DIW

BERLINER MORGENPOST / WALTKE

Knappe Texte, klare Typographie

Infografiken brauchen Erläuterungstexte. Sie stellen kurz und sachlich dar, was nicht visualisierbar ist. Ebenso schnörkellos sind Schriften einzusetzen.

Damit sich die grafisch gestaltete Hauptaussage unmittelbar dem Leser erschließt, muß jede Grafik eine deutlich sichtbare Überschrift haben. Sie hebt sich durch ihre Größe von den anderen Textbestandteilen ab und besteht aus maximal fünf bis sechs Wörtern. Ist mehr Text notwendig, so gehört er in eine Unterüberschrift.

Ist die Infografik gut gezeichnet, so braucht sie keine langen Erläuterungstexte. Kurze stichwortartige Erklärungen reichen deshalb in den meisten Fällen aus. Ist ein Aspekt besonders hervorzuheben oder benötigt man eine Einleitung, so sollte dies – möglichst in nur einem – zusammenhängenden Satz formuliert werden. Im Gegensatz zum Fotokommentar, der meistens außerhalb des Bildes steht, gehören Grafiktexte direkt in die Grafik. Dem Leser wird so der Blickwechsel zwischen Grafik und Text erspart, was die Wahrnehmungszeit wesentlich reduziert.

Auch die Typographie ordnet sich den Grafikinhalten unter, d.h., sie muß in erster Linie gut lesbar sein. Eine serifenlose Grundschrift, die in der Regel schwarz gedruckt wird, liefert hier die besten Ergebnisse. Die Absätze sollten linksbündig oder im Blocksatz formatiert werden, um den Lesefluß zu erleichtern.

Mit drei Schriftgrößen kommt man fast immer aus. In ihnen spiegelt sich die inhaltliche Hierarchie von Hauptaussage, Nebenaussagen sowie Legenden und Quellen wider. Die Schriftunterschiede müssen so deutlich gewählt werden, daß sich die Abstufung sofort erschließt. Verzerrte Schriften sollten äußerst sparsam und überlegt eingesetzt werden. Ebenso wie gestürzte – also schräg oder senkrecht plazierte – Texte sind sie schlecht lesbar und wirken oft unschön.

Viele Zahlen machen eine Grafik unübersichtlich. Die Mengenverhältnisse müssen sich visuell erschließen. Wo immer möglich, sollten deshalb nur ausgewählte Zahlen notiert werden. Oder: Ein dezentes Gitternetz hinter der Grafik erlaubt dem Leser das selbständige Ablesen der Werte.

Der journalistische Kunstgriff, Synonyme zu verwenden, um die Wiederholung von Begriffen zu vermeiden, ist in Infografiken fehl am Platz. Das leichte Verständnis hat eindeutig Vorrang vor textlicher Brillanz.

Arbeitseinkommen netto 5000 Mark

heute
2400 Mark

Invaliden rente

ab dem
Jahr 2000
1200 Mark

DIE TYPOGRAPHIE IST IN BEIDEN
Fällen „gut aufgeräumt".
Und: der zielgruppengerech-
te Stil des Mediums wird
jeweils auch in der Typo
deutlich.

Absturz. Rund 5000 Mark im Monat bleiben einem alleinverdien-
enden Familienvater mit 100 000 Mark Bruttojahressalär. Wird er mit 40
Jahren Invalide, erhält er derzeit kaum mehr als 2400 Mark Monatsren-
te. Trifft ihn der Schicksalsschlag ab dem Jahr 2000, gibt's für ihn nur
noch knapp 1200 Mark, mancher geht ganz leer aus. Wer jenseits von
100 000 Mark verdiente, erhält nicht mehr, sondern stürzt um so tiefer.
Brachte der Job weniger ein, fällt die Rente noch geringer aus.

FRAUEN TRÄUMEN SANFTER
In weiblichen Nacht-Geschichten gibt es weniger Gewalt

**Auch im Schlaf können
Männer das Mann-Sein nicht
lassen: In ihren Träumen
tauchen häufiger Aggressio-
nen und Streit auf als in
jenen ihrer Bettgenossinnen.
Deren Träume sind dafür
öfter depressiv**

5,6
depresssive
Träume

8,5
Streit-
Träume

5.1
Gewalt-
Träume

Prinzipdarstellung

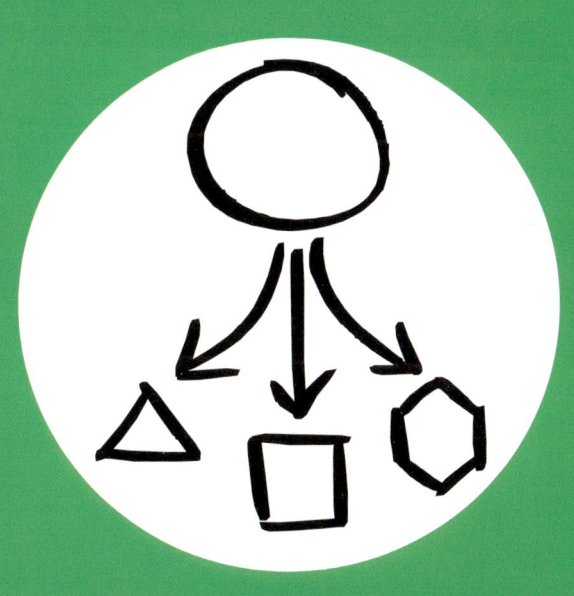

Prinzipdarstellungen

Prinzipdarstellungen wollen Erkenntnisse vermitteln über tatsächliche oder abstrakte Gegenstände. Sie beschreiben Aussehen, Struktur oder Prozesse.

Die Prinzipdarstellung ist eine sehr spannende Infografik-Form. Denn sie erlaubt es, „Dinge, die man nicht sieht", darzustellen und dadurch zu ihrem Verständnis beizutragen. Viele Infografiker wagen sich an solche Darstellungen nicht heran, weil sie die komplizierte Umsetzungsaufgabe scheuen. Es muß aber nicht immer eine beinahe wissenschaftliche Illustration herauskommen, wenn man eine Prinzipdarstellung beginnt. Die Bandbreite ist groß: von der skizzierten Unternehmensstruktur (dem klassischen Organigramm) bis zum Funktionsprinzip einer technischen Anlage. Und fast immer ist die visualisierte Information der rein textlichen überlegen – besonders wenn es um den Einsatz im Internet, in einem Vortrag oder in bewegten Bildmedien geht.

(Solche, AJ) Zeichnungen sind psychologisch gesehen realistischer als die Realität. Sie bereiten Realität visuell auf eine Art und Weise auf, die es uns erleichtert, ein zutreffendes Bild von ihr in der Vorstellung zu konstruieren und abzuspeichern.
BERND WEIDENMANN, 1991

Die erste Frage zur Wahl der richtigen Darstellungsform bei der Prinzipdarstellung ist: Will ich zeigen, wie etwas tatsächlich aussieht – möglicherweise auch von innen –, oder will ich seine Strukturen, Prozesse oder Funktion zeigen. Im ersten Fall entscheidet man sich für ein ▸Sachbild, das eine kommentierte Ansicht des Gegenstands liefert, oder für ein ▸Schnittbild.

 S. 118 ff.
S. 124

Im zweiten Fall muß man sich oft weit vom tatsächlichen Aussehen der Dinge entfernen, um auch abstrakte Vorgänge verständlich machen zu können. Will man einen Überblick über die Funktion geben, so entwickelt man am besten ein ▸Strukturbild. Wie etwas funktioniert, wird dagegen oft am deutlichsten, wenn man einen beispielhaften ▸Prozeß visualisiert.

 S. 126 ff.
S. 132 ff.

Die Gestaltungselemente in kommentierten Abbildern und Schnittzeichnungen weisen direkt auf reale Objekte hin, während die Elemente der Strukturbilder und Prozeßdarstellungen abstrakte Konstruktionen bezeichnen.

Prinzipdarstellungen im Überblick

Angela Jansen, 1999

Sachbild

Ansicht

Blick mit der Lupe

Schnittzeichnung

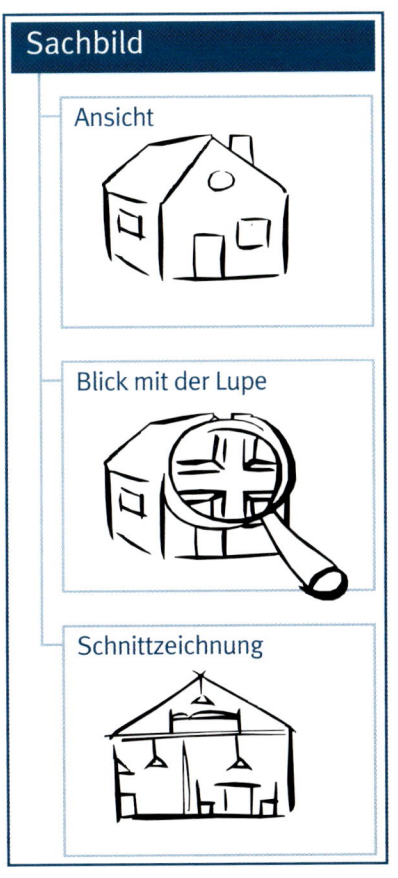

Strukturbild

„Bauplan"

Textbild

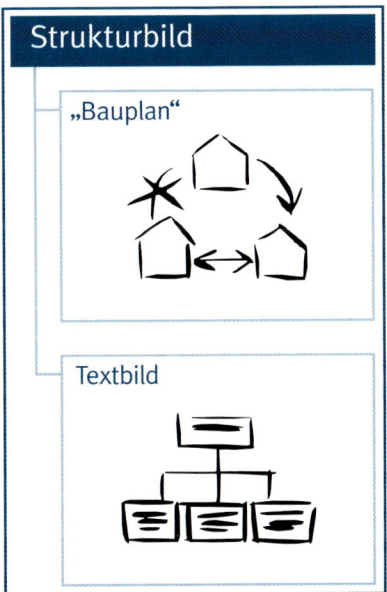

Prozeßgrafik

Gesamtbild

Bildfolge

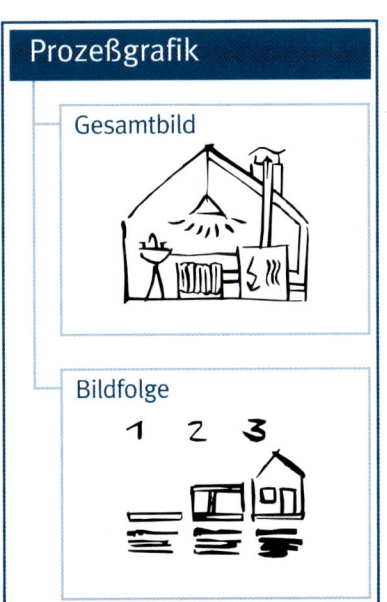

Das Sachbild erklärt den Gegenstand

Einen Gegenstand bildlich zu beschreiben, das leistet ein Sachbild als einfachste Form der Prinzipdarstellung. Vom Foto oder der naturgetreuen Abbildung unterscheidet es sich dadurch, daß es mehr der Didaktik als dem Realismus verpflichtet ist.

Sachbilder wollen dem Betrachter einen Gegenstand nicht nur zeigen, sondern durch gekonnte didaktische Aufbereitung Erkenntnisse über ihn ermöglichen. So kann dem Publikum ein neuer Gegenstand vorgestellt werden. Oder: Es soll eine gemeinsame Sprachregelung für die Bezeichnungen des Gegenstandes und seiner Teile hergestellt werden, um die weitere Kommunikation zu vereinheitlichen. Erst recht verlangt der aktive Umgang mit einem Gerät nach einem erklärenden Sachbild – z.B. in einer Gebrauchsanweisung.

Sachbilder sind so einfach wie möglich und zugleich so komplex wie notwendig zu gestalten. Das heißt erstens, realistisch zu arbeiten. Richtig verstandener Realismus meint hier einerseits, nahe am wirklichen Aussehen der Dinge zu bleiben, weil durch die Wiedererkennung das Verständnis erleichtert wird. Andererseits wird man versuchen, den Gegenstand so weit wie möglich zu verallgemeinern – d.h. die wirkliche Ansicht auf einen allgemeinen „Typ" zuzuspitzen. Diese modellhafte Darstellung der Realität verstärkt die Informationsleistung, weil die allgemeinen Merkmale des Gegenstandes betont werden. Hierin unterscheidet sich das Sachbild deutlich vom Foto oder der rein abbildenden Illustration.

Zweitens ist die Intention der Darstellung wesentlich: Soll nur eine oberflächliche Kenntnis hergestellt werden, so ist es angemessen, den Gegenstand einfach und reduziert darzustellen. Will man dagegen Verständnis oder Handlungkompetenz erzielen, z. B. in einer Gebrauchsanleitung, so muß das Sachbild detaillierter ausgeführt werden.

Drittens spielen die Vorkenntnisse der Publikums eine wesentliche Rolle. Je besser es einen Gegenstand bereits kennt, desto einfacher kann die Darstellung ausfallen. So werden die meisten Menschen allein aus dem gezeichneten Umriß einen Apfel erkennen können. Eine Turbine aber entschlüsseln aus der reinen Kontur nur die Fachleute.

Viele „gute" Zeichnungen sind, obwohl sie uns realitätsgetreu vorkommen, in Wirklichkeit stilisierte Typisierungen von Realität. Sie präsentieren eine vom Grafiker entwickelte Vorstellung über einen Gegenstand. Diese Stilisierung kommt vermutlich dem Bedürfnis unseres Gehirn entgegen, selbst ein typisiertes Schema zu konstruieren.
BERND WEIDENMANN, 1991

El País semanal, 15.2.1998

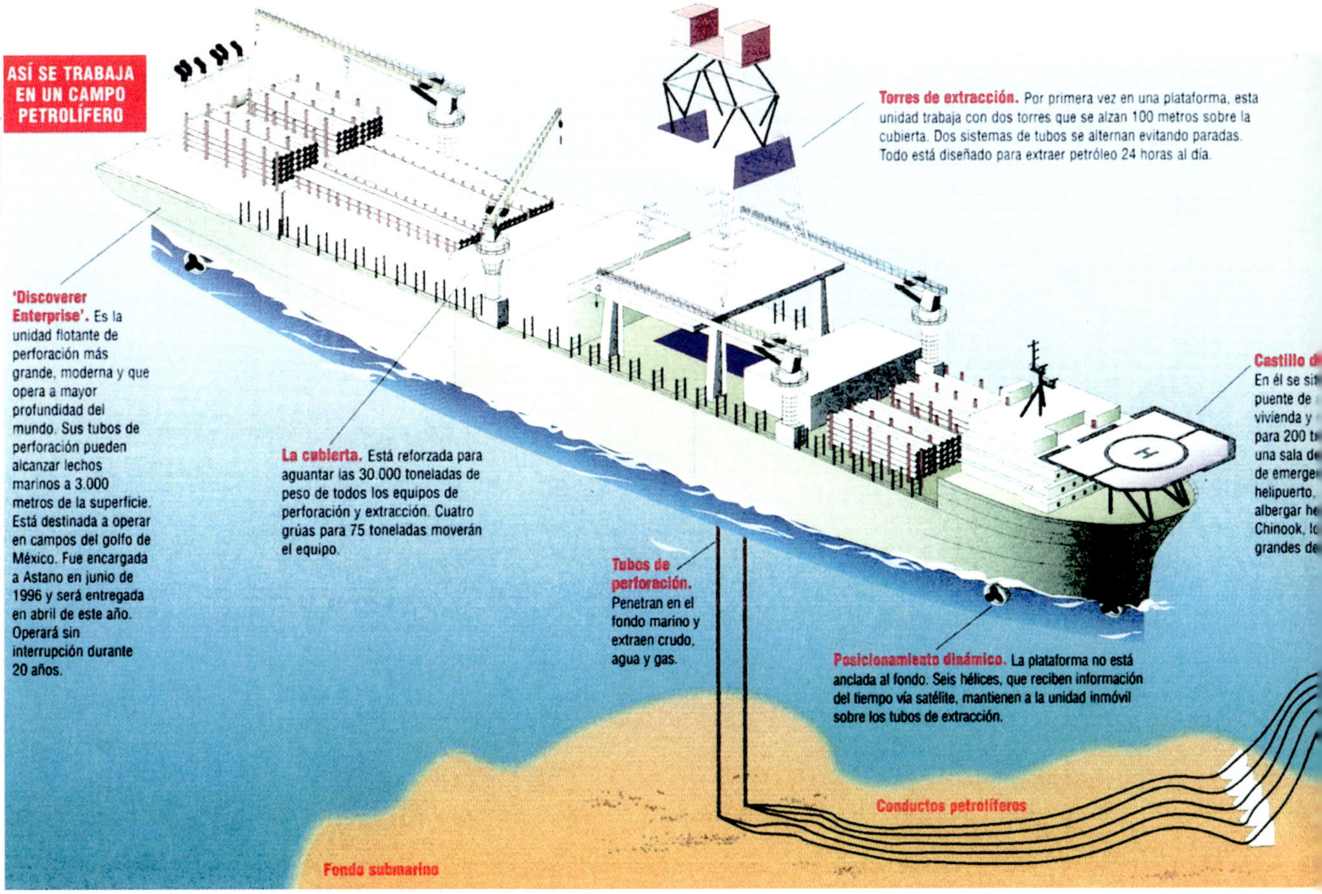

ASÍ SE TRABAJA EN UN CAMPO PETROLÍFERO

Torres de extracción. Por primera vez en una plataforma, esta unidad trabaja con dos torres que se alzan 100 metros sobre la cubierta. Dos sistemas de tubos se alternan evitando paradas. Todo está diseñado para extraer petróleo 24 horas al día.

'Discoverer Enterprise'. Es la unidad flotante de perforación más grande, moderna y que opera a mayor profundidad del mundo. Sus tubos de perforación pueden alcanzar lechos marinos a 3.000 metros de la superficie. Está destinada a operar en campos del golfo de México. Fue encargada a Astano en junio de 1996 y será entregada en abril de este año. Operará sin interrupción durante 20 años.

La cubierta. Está reforzada para aguantar las 30.000 toneladas de peso de todos los equipos de perforación y extracción. Cuatro grúas para 75 toneladas moverán el equipo.

Castillo d
En él se sit
puente de
vivienda y
para 200 t
una sala de
de emerger
helipuerto.
albergar he
Chinook, lo
grandes de

Tubos de perforación. Penetran en el fondo marino y extraen crudo, agua y gas.

Posicionamiento dinámico. La plataforma no está anclada al fondo. Seis hélices, que reciben información del tiempo vía satélite, mantienen a la unidad inmóvil sobre los tubos de extracción.

Conductos petrolíferos

Fondo submarino

PRÄZISE GEZEICHNET UND zugleich soweit reduziert, wie es für diese Veröffentlichung sinnvoll war: Ein Ölförderschiff bei der Arbeit (abgebildet ist nur ein Ausschnitt der Infografik).

Was paßt in ein Sachbild?

Wie komplex soll man ein Sachbild gestalten? Wenn es detailliert ist, wirkt es interessanter. Zugleich ist mit dem Detailreichtum ein didaktisches Problem verbunden: Zu viele Aspekte können den Betrachter vom eigentlichen Bildinhalt ablenken.

Es ist von Fall zu Fall zu prüfen, wie viele Details notwendig sind, um das gesetzte Informationsziel zu erreichen. Zwei Beispiele: Daß die Iris jedes Menschen einmalig ist, veranschaulicht das beschriftete Foto eines Auges in einfacher Weise. Will man aber ein Fachpublikum ansprechen, so müßte man konkret erklären, wie der Identifizierungsprozeß im Computer abläuft. Um in einer Tageszeitung den komplizierten Gegenstand „Augenoperation" verständlich zu machen, reicht eine reine Ansicht (wie das oben erwähnte Foto) nicht mehr aus. Es müssen mehr Einzelheiten gezeigt werden – aber natürlich wesentlich weniger Details, als sie in einem medizinischen Fachmagazin zu finden sind.

Perspektive sollte sparsam eingesetzt werden, um eine möglichst einfache Zeichnung zu schaffen. Ist die perspektivische Ansicht notwendig für das Verständnis, so sollte eine einfache ▸Projektion aus einem realistischen Blickwinkel gewählt werden.

S. 104

In ein Sachbild gehören klare ▸Farben. Bei natürlichen Gegenständen müssen sie wirklichen Farben ähnlich sein. Der Farbeinsatz bei abstrakten Themen richtet sich nach der Wichtigkeit und Zusammengehörigkeit der Elemente.

S. 110

Fotos passen sich gut in die Infografik ein, sofern ihre Sicht des Gegenstands mit dem Informationsziel harmoniert. Die automatische Umsetzung von Fotos in Grafiken, wie sie viele Computerprogramme anbieten, kann hier allenfalls als Grundlage dienen. Das von der Software erzeugte Bild sollte anschließend manuell bearbeitet werden, um die Informationsleistung zu steigern.

Alle in der Grafik verwendeten Begriffe müssen verständlich sein. Und: die Formulierungen in der Infografik und im nebenstehenden Text müssen identisch sein.

Die rettende Augendrehung

Ein bis zwei Millionen Deutsche leiden unter der Netzhaut-Erkrankung Makuladegeneration. Die Veränderung der Netzhautmitte führt häufig zu einem dramatischen Abfall der Sehschärfe. Mit einem neuen Operationsverfahren ist es Prof. Dr. Claus Eckardt, Chefarzt der städtischen Augenklinik Frankfurt am Main-Höchst, und seinem Team gelungen, das Fortschreiten der Erkrankung zu bremsen und eine Erblindung zu verhindern.

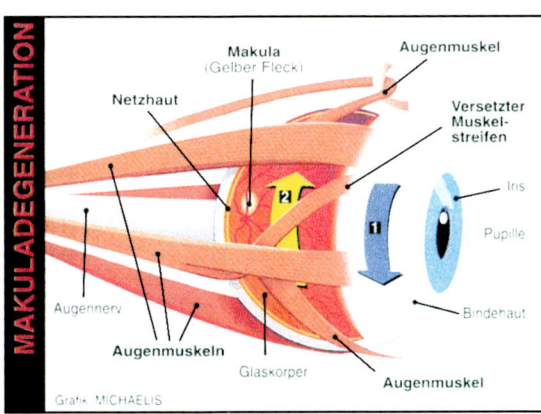

MAKULADEGENERATION

Makula (Gelber Fleck)

Augenmuskel

Netzhaut

Versetzter Muskel-streifen

Iris

Pupille

Augennerv

Bindehaut

Augenmuskeln

Glaskörper

Augenmuskel

Grafik: MICHAELIS

1 Bei der mehrstündigen OP drehen Prof. Eckardt und seine Mitarbeiter das Auge um etwa 30 Grad. Möglich wird diese Rotation durch eine Augenmuskel-Operation. Dabei werden die Muskeln teilweise abgetrennt und an anderer Stelle fixiert oder Streifen eines Muskels verpflanzt, um so Zügelwirkungen zu erreichen, die das Auge in der gewünschten Position halten.

2 Der Augen-Chirurg löst danach die Netzhaut im Inneren des Auges ab und dreht sie um 30 Grad zurück – damit der Patient nicht schief sieht. In den Glaskörper-Innenraum wird Silikonöl gefüllt, um die Netzhaut an ihren herkömmlichen Platz zu drücken.

Hamburger Abendblatt, 25.2.1998 (Michaelis)

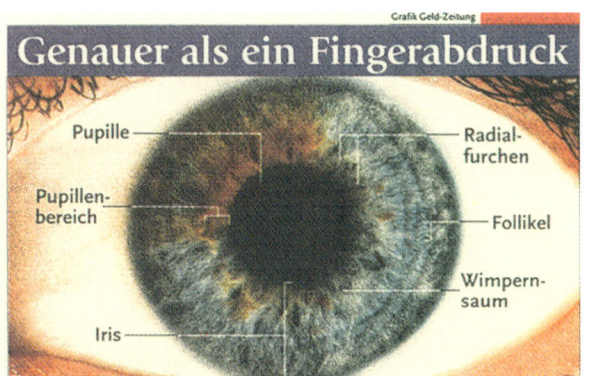

Grafik Geld-Zeitung

Genauer als ein Fingerabdruck

Pupille

Radialfurchen

Pupillenbereich

Follikel

Wimpernsaum

Iris

Einmalige Iris: Mit Hilfe von Kameras kann der Computer jeden Menschen zweifelsfrei an der farbigen Regenbogenhaut identifizieren.

Quelle: Siemens Nixdorf

Geldzeitung, 10.6.1998

WIE VIELE DETAILS EIN SACHBILD enthalten muß, ist abhängig von seiner Funktion und dem Informationszusammenhang. Die „einmalige Iris" braucht nicht so kompliziert dargestellt zu werden wie die „rettende Augendrehung".

Der Blick mit der Lupe

Das Informationsziel kann oft nur erreicht werden, wenn zwar der gesamte Gegenstand zu sehen ist, aber der Blick auf ein bestimmtes Detail gelenkt und mit der „Lupe" betrachtet wird.

Die einfachste Art der Focussierung wird erreicht, indem man die wichtige Information durch einen Pfeil hervorhebt, sie umrandet, mit einer Signalfarbe hinterlegt oder die restliche Darstellung abschwächt.

Soll über die Blickführung hinaus auch detailliertere Information transportiert werden, so ist eine Ausschnittsvergrößerung sinnvoll: Was in den bewegten Medien der Zoom des Kameraobjektivs leistet, schafft im gedruckten Bild die Lupe. Selbstverständlich reicht es nicht aus, den Ausschnitt nur größer darzustellen, er muß auch zusätzliche Informationen enthalten. Daß er sich deutlich vom Hintergrundbild abhebt, kann durch intensivere Farben und stärkere Linien unterstützt werden.

 Soll der Ausschnitt durch eine realistisch gezeichnete Lupe visualisiert werden? Obwohl sich dieses „direkte" Bild schnell abnutzt, wenn es zu oft wiederholt wird, ist es gelegentlich durchaus akzeptabel, weil es auf den ersten Blick den Bezug zwischen Gesamtbild und Detail klarstellt. Als abstrakte Ausschnittsbegrenzungen bieten sich neben dem Kreis auch andere geometrische Grundformen an.

 Als Hintergrundbild läßt sich gut ein Foto verwenden, sofern seine Perspektive der für die Detailgrafik ausgewählten entspricht. Denn sonst wird die Zuordnung zu kompliziert. Sind Hintergrundbild und Ausschnitt beide gezeichnet, so sollte dieselbe Perspektive beibehalten werden. Ist das Detail nur in einer anderen Ansicht verständlich, dann sollte der Perspektivenwechsel durch Bewegungspfeile o.ä. verdeutlicht werden.

Die Wirkung der Focussierung unterstützt man, indem nur dieser Teil durch Text erläutert wird.

Uneindeutige Vordergrund-/Hintergrundsituation führt zu Verwirrung. Deshalb muß der vergrößerte Teil klar gekennzeichnet sein.

Warum ändert der Himmel seine Farbe?

Deutscher Wetterdienst

Deutscher Wetterdienst 1998 (Busche/Jansen, Töllner)

MIT HILFE DER EINGEKLINKTEN, vergrößerten Darstellung ist es möglich, Situation und Detail in einem Bild zu präsentierten. Und nicht immer muß die „Lupe" rund sein (oberes Beispiel). Häufiges Einsatzfeld für Ausschnittsvergrößerungen: die kartographischen Infografiken (S. 138 ff.).

Der kurzwellige, blaue Anteil des Sonnenlichts wird von den Luftteilchen in der Atmosphäre stärker gestreut als der langwellige Anteil. Deshalb ist bei klarer Luft der Himmel blau. Staub oder Wasserdampf in der Luft vermindern diesen Effekt. Der Himmel wird weißlich. Morgenrot und Abendrot sind dadurch zu erklären, daß das Sonnenlicht zu diesen Tageszeiten einen langen Weg durch die Atmosphäre zurücklegen muß. Nur wenige der kurzwelligen, blauen Lichtstrahlen kommen bei uns an: Himmel und Sonne sind orange bis rot.

Wie entsteht Hagel?

1
Ein Wassertropfen prallt an ein Eiskristall.

2
Er friert fest. Ein Hagelkorn entsteht.

3
Dieser Prozeß wiederholt sich, bis das Hagelkorn so schwer ist, das es zur Erde fällt.

Deutscher Wetterdienst

In besonders kräftigen Gewitterwolken werden Eiskristalle und unterkühlte Wassertropfen von starken Auf- und Abwinden durcheinandergewirbelt. Beim Zusammenstoß entsteht ein „Hagelembryo". Weitere anfrierende Wassertropfen und Eiskristalle bilden ein Hagelkorn. Mit Durchmessern von 5 mm bis 5 cm, in Extremfällen von über 10 cm fällt es zur Erde. Hagelschläge sind im allgemeinen eng begrenzt und dauern kaum länger als 15 Minuten. In seltenen Fällen ziehen sich Hagelschauer über mehrere hundert Kilometer hin. Sie verursachen hohe volkswirtschaftliche Schäden.

Die Schnittzeichnung

Wie das Sachbild bleibt auch die Schnittzeichnung dicht am wirklichen Aussehen. Der Blick ins Innere ermöglicht jedoch schon Erkenntnisse über Strukturen und Prozesse.

Was ist besser – die zwei- oder dreidimensionale Ansicht? Klarer Vorteil einer zweidimensionalen Lösung: Die flache Darstellung verdeutlicht dem Betrachter auf den ersten Blick, daß er eine Scheibe vor sich hat, eben einen Schnitt. Der Nachteil ist jedoch, daß solche Zeichnungen oft zu abstrakt sind. Unbekannte oder wenig vertraute Gegenstände werden deshalb nicht sofort erkannt.

Das Publikum ist dreidimensionale Bilder, besonders aus den bewegten Medien, gewohnt. Das Entschlüsseln abstrakter Bilder muß ihm durch eine Nähe zu solchen Darstellungen möglichst leicht gemacht werden. Die Kombination von Foto und zweidimensionaler Schnittzeichnung erleichtert das Verständnis, allerdings nur, wenn beide Bilder aufgrund ähnlicher Ansicht als zusammengehörend erkennbar sind. Rein zweidimensionale Schnittzeichnungen sollten nur bei einfachen bzw. der Zielgruppe vertrauten Gegenständen benutzt werden.

Die Schnittfläche muß sich deutlich vom Rest der Infografik abheben. Hier sind intensive Farben und Schattierungen richtig plaziert. Ganz wichtig ist es, an der richtigen Stelle zu schneiden. Die sich ergebende Umrißform sollte möglichst eindeutig zu interpretieren sein.

Die Beschriftung konzentriert sich auf die Schnittfläche. Sinnvoll ist eine hierarchische Reihenfolge des Textes, um die Information zu verstärken, bei verschiedenen Schichten z. B. von außen nach innen beschriften.

Vorsicht mit überhöhten Darstellungen, d.h. Verzerrung des waagerechten Maßstabs gegenüber dem senkrechten. Was man an Platz gewinnt, geht an Anschaulichkeit verloren.

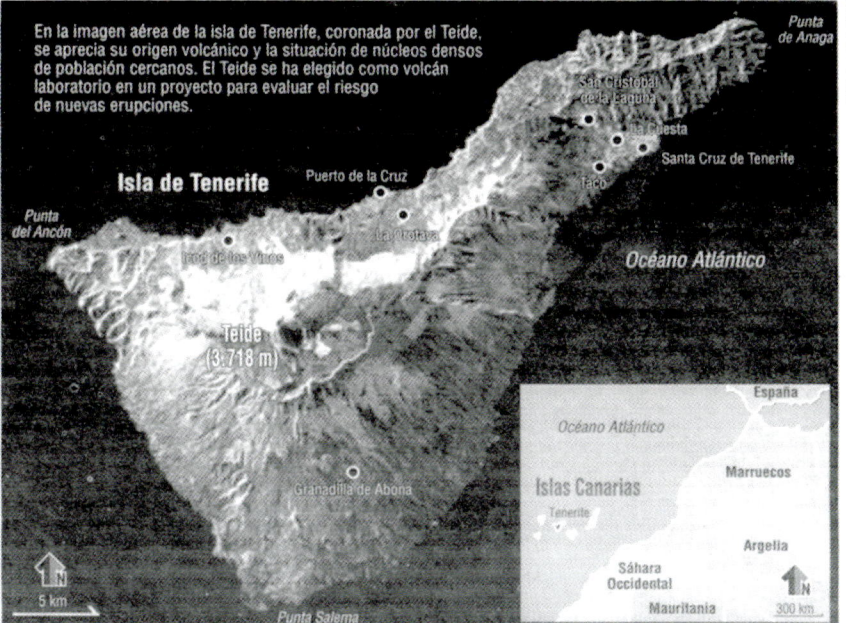

En la imagen aérea de la isla de Tenerife, coronada por el Teide, se aprecia su origen volcánico y la situación de núcleos densos de población cercanos. El Teide se ha elegido como volcán laboratorio en un proyecto para evaluar el riesgo de nuevas erupciones.

El País, 25.6.1997

Punta de Anaga

San Cristóbal de la Laguna

La Cuesta

Santa Cruz de Tenerife

Taco

Isla de Tenerife

Puerto de la Cruz

Punta del Ancón

Icod de los Vinos

La Orotava

Teide
(3.718 m)

Océano Atlántico

Océano Atlántico

España

Islas Canarias

Tenerife

Marruecos

Argelia

Granadilla de Abona

Sáhara Occidental

Mauritania

5 km

N

300 km

N

Punta Salema

EL PAÍS

EINE SCHNITTZEICHNUNG
Die Schnittzeichnung zeigt das Vulkaninnere. Durch die Kombination von Karte, Prinzipdarstellung und Personenfoto werden die verschiedenen Aspekte des Themas (Orientierung, Erklärung, „Experte") gelungen präsentiert.

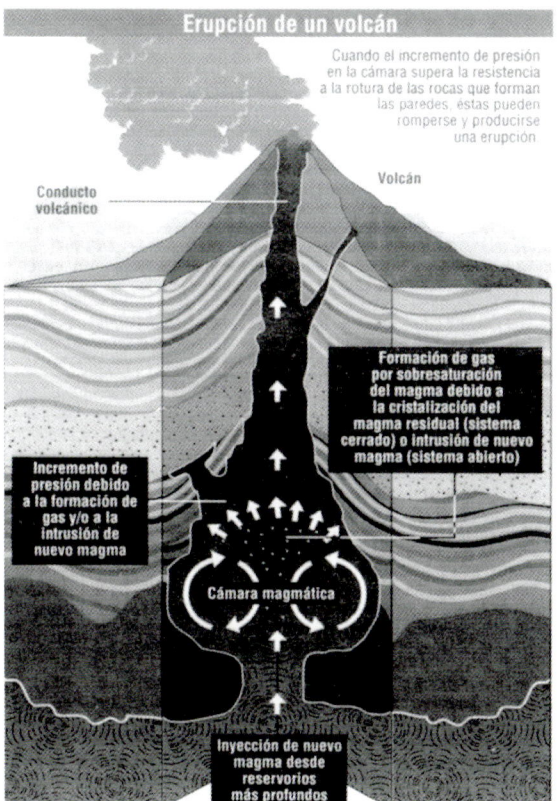

Erupción de un volcán

Cuando el incremento de presión en la cámara supera la resistencia a la rotura de las rocas que forman las paredes, éstas pueden romperse y producirse una erupción.

Volcán

Conducto volcánico

Formación de gas por sobresaturación del magma debido a la cristalización del magma residual (sistema cerrado) o intrusión de nuevo magma (sistema abierto)

Incremento de presión debido a la formación de gas y/o a la intrusión de nuevo magma

Cámara magmática

Inyección de nuevo magma desde reservorios más profundos

Joan Martí.

mara y de qué modo es expulsado el magma, y el análisis físico-químico del contenido magmático. La suma de las tres áreas dará las "variables necesarias" para modelizar el comportamiento de un volcán.

Según datos aportados en la reunión de Barcelona, la determinación del tiempo de residencia del magma en el interior del edificio volcánico puede ser clave para predecir el "cómo y cuándo" de la erupción. "La predicción se valora en función de dos escalas: la geológica y la humana". En la primera, explica Martí, se trata de esclarecer los ciclos de formación y destrucción de la cámara magmática. La segunda, en la que el tiempo se

Das Strukturbild zeigt den Bauplan

Untersucht wird hier die Bauart, die qualitative Zusammensetzung eines Gegenstandes. Im Strukturbild werden Beziehungen momenthaft und statisch betrachtet.

Der Infografiker sollte zunächst überlegen, ob sich die darzustellende Struktur realitätsnah visualisieren läßt? Solche Bilder sind vorzuziehen, da sie den Übersetzungsvorgang vom Abstrakten ins Konkrete erleichtern. Andererseits wird der Betrachter eine sehr einfache Struktur am besten im Gedächtnis behalten, die aber in der Regel sehr weit von der Realität entfernt ist. Welche Darstellung die verständlichere ist, muß im Einzelfall entschieden werden.

Das Strukturbild kann Aufschluß geben über die Art und Menge der Bestandteile, über ihre Lage und über ihre Bedeutung innerhalb des Zusammenhangs. Auch mengenmäßige Informationen können dargestellt werden.

Geht es um Art und Menge der Bestandteile, so ordnet man sie möglichst gleichmäßig, bzw. nach Gruppen sortiert in der Grafik an. Nichthierarchische Strukturen sollten immer in „hierarchiearmen" Formen wie z.B. dem Kreis dargestellt werden, da sich die Raumlage der Elemente auf ihre Wertigkeit auswirkt (oben = wichtig, links = vor rechts usw.). Soll dagegen die Ordnung oder Reihenfolge betont werden, so bietet sich ein klassisches Organigramm an. Dabei bewirkt die Anordnung von oben nach unten, daß der Betrachter verschiedene Wertigkeiten interpretiert. Strukturiert man das Organigramm von links nach rechts, so wird dies eher als logische Reihenfolge verstanden. Diese Reihung ist deshalb vorzuziehen, wenn keine Rangfolge ausgedrückt werden soll.

Die Beziehungen der Einzelelemente untereinander können durch die Art ihrer Verknüpfung verdeutlicht werden. Die Linie ist dafür das einfachste Element. Sie kann sowohl eine Richtung anzeigen, indem sie zum Pfeil wird, als auch Wertigkeit durch verschiedene Stärken und Farben. Gekonnte Linienführung innerhalb eines Strukturbildes herzustellen, ist oft gar nicht einfach: Überschneidungen, lange Wege können verwirrend wirken oder eine ihnen nicht zustehende Bedeutung einnehmen.

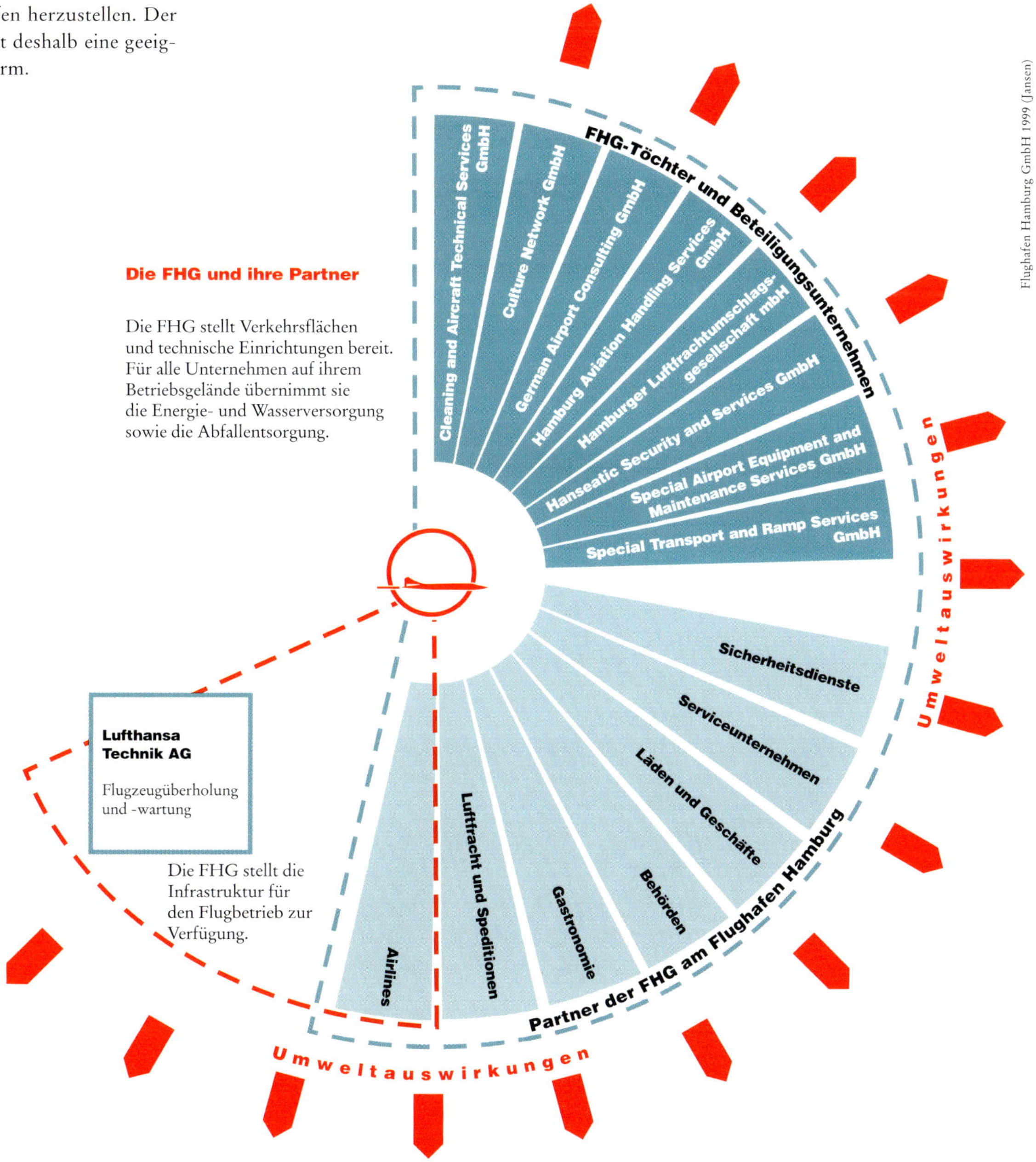

Flughafen Hamburg GmbH 1999 (Jansen)

IN DIESEM STRUKTURBILD ging es nicht darum, eine Hierarchie zwischen den einzelnen Unternehmen am Flughafen herzustellen. Der Kreis ist deshalb eine geeignete Form.

Die FHG und ihre Partner

Die FHG stellt Verkehrsflächen und technische Einrichtungen bereit. Für alle Unternehmen auf ihrem Betriebsgelände übernimmt sie die Energie- und Wasserversorgung sowie die Abfallentsorgung.

Lufthansa Technik AG

Flugzeugüberholung und -wartung

Die FHG stellt die Infrastruktur für den Flugbetrieb zur Verfügung.

FHG-Töchter und Beteiligungsunternehmen

Cleaning and Aircraft Technical Services GmbH

Culture Network GmbH

German Airport Consulting GmbH

Hamburg Aviation Handling Services GmbH

Hamburger Luftfrachtumschlags-gesellschaft mbH

Hanseatic Security and Services GmbH

Special Airport Equipment and Maintenance Services GmbH

Special Transport and Ramp Services GmbH

Sicherheitsdienste

Serviceunternehmen

Läden und Geschäfte

Behörden

Gastronomie

Luftfracht und Speditionen

Airlines

Partner der FHG am Flughafen Hamburg

Umweltauswirkungen

Umweltauswirkungen

Das Strukturbild ist ein Sinnbild

Wie macht man abstrakte Vorgänge transparent? Man sucht nach einem Vergleich aus dem Alltag. Doch Vorsicht! Er muß passen, sonst stört er die Kommunikation, die er doch eigentlich unterstützen soll.

Anschaulich, oft aber auch überreizt: Der Einsatz von Sinnbildern oder Metaphern. Auf einer Waage werden die Vor- und Nachteile einer Planung angeordnet, im großen Kochtopf „brodelt" der Haushalt einer Kommune. Auf solche Umschreibungen läßt sich kaum verzichten, wenn man abstrakte Vorgänge visualisieren möchte.

Nicht immer ist es leicht, die richtige Metapher zu finden. Voraussetzung ist, daß man mit dem Zielpublikum soweit vertraut ist, daß man die Wirkung des Bildes im voraus einschätzen kann. Wenn man die Staatsschulden als drohende Flutwelle darstellt, mögen einem die meisten zustimmen. Aber dasselbe Bild für „Aussiedler", „Autofahrer", „Arbeitslose"? Schnell ist man ins ungute Klischee gerutscht.

Die Faustregel lautet hier wie bei der ▶Symbolgestaltung: Je dichter das Publikum emotional am Thema ist, desto zurückhaltender sollten die Sinnbilder gewählt werden. Bei nicht ganz ernsten Themen dürfen die Metaphern dagegen auch frech oder karikierend ausfallen. S. 106 ff.

Sich für eine weniger emotional wirkende, abstrakte Darstellung zu entscheiden, ist auch dann richtig, wenn die vorliegenden Informationen unzureichend sind. Denn wer den Gegenstand selber nicht wirklich verstanden hat, kann ihn auch kaum realistisch darstellen.

Perspektive ist auch hier behutsam einzusetzen, weil sie bedeutungstragend wirken kann (größer = wichtiger). Dies darf der Infografikaussage nicht widersprechen.

Texte sind in Strukturbildern oft konstituierende Elemente. Nicht immer ist es sinnvoll, stattdessen Symbole zu verwenden, die dem Betrachter in einer Legende erklärt werden. Denn die Wirkung wird geschmälert, wenn der Betrachter zwischen Legende und Bild hin- und herspringen muß. Deshalb sollten direkt in der Grafik alle Erläuterungen gegeben werden, die für das Verständnis der dargestellten Struktur notwendig sind.

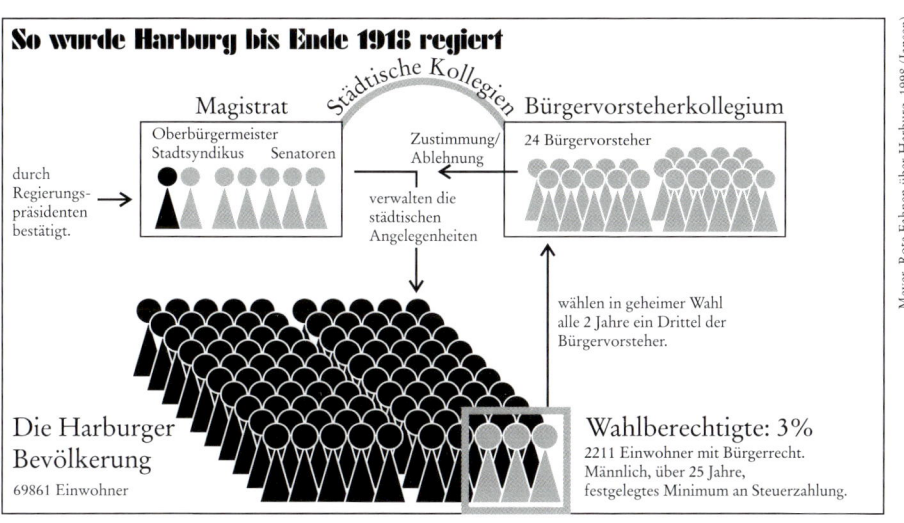

So wurde Harburg bis Ende 1918 regiert

Städtische Kollegien

Magistrat

Bürgervorsteherkollegium

durch Regierungspräsidenten bestätigt.

Oberbürgermeister
Stadtsyndikus   Senatoren

Zustimmung/
Ablehnung

24 Bürgervorsteher

verwalten die
städtischen
Angelegenheiten

wählen in geheimer Wahl
alle 2 Jahre ein Drittel der
Bürgervorsteher.

Die Harburger Bevölkerung

69861 Einwohner

Wahlberechtigte: 3%

2211 Einwohner mit Bürgerrecht.
Männlich, über 25 Jahre,
festgelegtes Minimum an Steuerzahlung.

Meyer, Rote Fahnen über Harburg, 1998 (Jansen)

ZWEI STRUKTURBILDER

mit politischem Inhalt: Man findet solche Darstellungen nur selten in Tageszeitungen, obwohl sie bestens geeignet sind für trockene Themen wie z.B. Haushaltsberatungen.

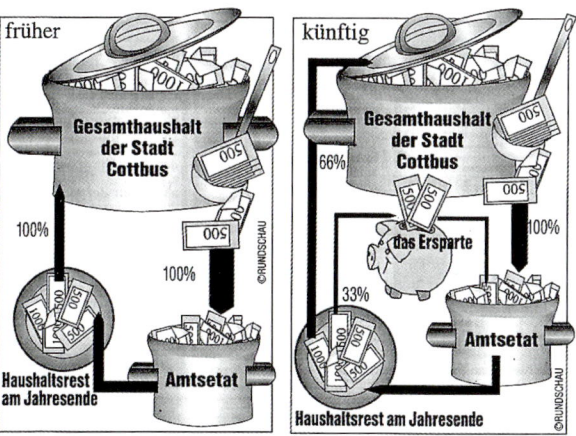

Wie das mit der Budgetierung des städtischen Haushaltes funktioniert, zeigen diese Grafiken.

Lausitzer Rundschau, 29.7.1996

Der Text als Bild

Die strukturierte Anordnung von Begriffen und Textelementen mit nur wenig grafischen Elementen ist sicherlich ein Randbereich der Infografik.
Doch ohne Zweifel ist ein Textbild oder Organigramm informativer als ein reiner Textblock.

Es gibt abstrakte Themen, die sich nicht direkt ins Bild übersetzen lassen, z.B. eine Entscheidungsstruktur in einem Unternehmen oder der Ablaufplan für eine Pressekonferenz. Auch hier kann jedoch eine grafische Anordnung die Struktur verdeutlichen.

Organigramme oder Textbilder müssen erstens übersichtlich sein. Das heißt: pro Grafik nur ein Thema, das inhaltlich klar gegliedert ist. Alle dargestellten Elemente müssen einen festen Platz im Gesamtgefüge haben und zueinander in eindeutigen Beziehungen stehen.

Sie müssen zweitens gut lesbar sein. Man verwendet deshalb kurze Texte in kompakten Textblöcken. Eine Zeile sollte nicht mehr als 6 – 8 Wörter enthalten und die gesamte Grafik nicht mehr als 5 – 6 Textblöcke.

Die Schriftenauswahl unterstützt die inhaltliche Klarheit und fördert die Lesbarkeit. Nicht mehr als drei Schriftgrößen, deutlich hervorgehobene Hauptüberschrift sowie Zwischenüberschriften. Sie transportieren den Kern der Aussage, während die erläuternden, kleiner gesetzten Texte nur zur Vertiefung dienen. Hervorhebungen niemals in Großbuchstaben! Diese Art der Auszeichnung stammt aus der Zeit, in der man mit der Schreibmaschine schrieb und deshalb nur eine Schriftgröße zur Verfügung hatte. Heute stehen Stilmittel wie größere Schrift oder fetterer Schriftschnitt zur Verfügung, die lesbare Ergebnisse bringen.

Die Gestaltung verstärkt die inhaltliche Gewichtung. Lesbarkeit vor Symmetrie – linksbündiger Textfluß oder Blocksatz sind immer der allseits beliebten Mittelachse vorzuziehen. Und: Die Bedeutung der Texte entscheidet über die Größe von Textkästen – nicht anders herum! Deshalb sind alle Textkästen auf einer Hierarchie-Ebene gleich groß. Der Textumfang muß notfalls entsprechend angepaßt werden.

Auch für Formen und Farben gilt, daß sie die Struktur des Textbildes stützen und ihr nicht entgegenarbeiten. Besonders wichtig: das Design von Verbindungslinien und Pfeilen. Sie sollten möglichst den kürzesten Weg nehmen, allerdings im rechten Winkel verlaufen. Denn schräge Linien erhalten wegen ihrer instabilen ▸Raumlage eine eigenständige Bedeutung, die ihnen nicht zukommt.

S. 102

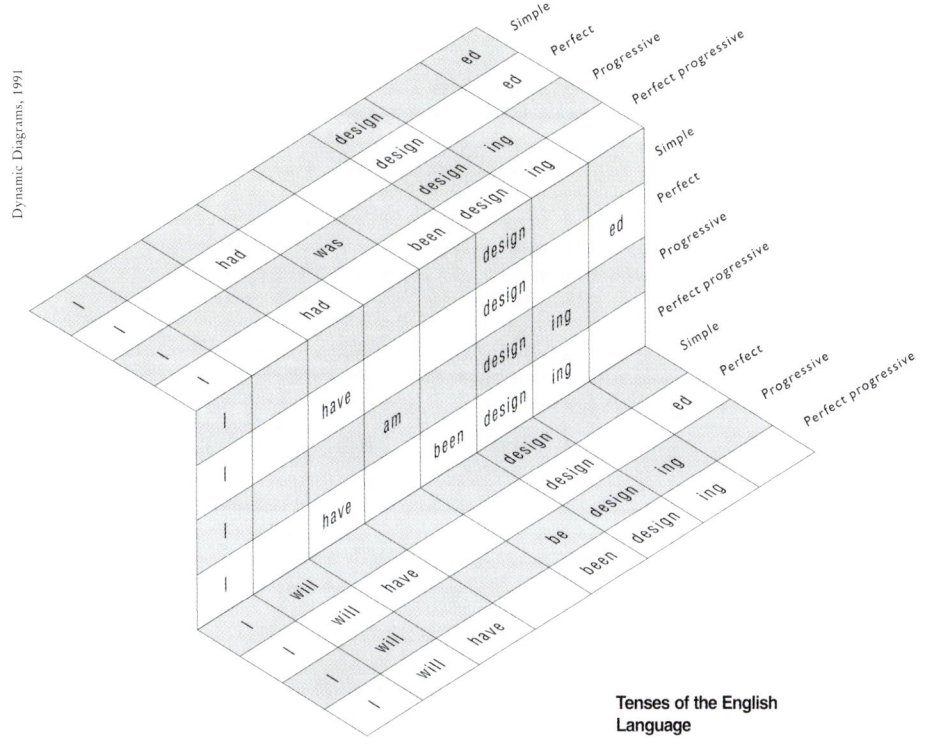

Dynamic Diagrams, 1991

**Tenses of the English
Language**

DER BIZZ QUICK-CHECK

Fragen Sie sich vor jeder Aktivität:

1. Ist diese Tätigkeit **nötig**? **NEIN** **Einstellen!** Prüffrage: Was könnte mir schlimmstenfalls passieren?

2. Muß ich sie **selbst** tun? **NEIN** **In Auftrag geben!**

3. Muß ich sie **sofort** tun? **NEIN** **Aufschieben,** wenn andere Dinge wichtiger sind!

4. Erledige ich sie **optimal**? **NEIN** **Arbeit vereinfachen, automatisieren, optimieren.** Bessere Methoden oder Hilfsmittel einsetzen.

Quelle: MZSG

BIZZ

BIZZ, 3/1998 (Matthias Schäfer)

Die Prozeßgrafik erklärt den Ablauf

Der Zusammenhang von Dingen wird als dynamischer Ablauf gezeigt. Zugunsten der Klarheit ist es sinnvoll, nur einen Handlungsstrang auszuwählen und in den Vordergrund zu stellen.

Ein Prozeß ist eine Struktur in Bewegung – häufig im Austausch mit äußeren Faktoren. Die Struktur „Kraftwerk" verdeutlicht sich im Umwandlungsprozeß von Luft und Kohle oder Gas in Strom, Wärme, Kohlendioxid, Stickoxid usw. Um einen solchen Prozeß visualisieren zu können, wird sinnvollerweise ein wesentlicher Handlungsstrang herausgearbeitet. Der Gestalter muß dafür zunächst seine Informationsabsicht bzw. das vermutete Erkenntnisinteresse des Publikums bestimmen. Anschließend sind alle Struktur- und Prozeßbestandteile herauszufiltern, die für das ausgewählte Thema keine Rolle spielen. Sie haben keinen Platz in der Grafik.

Wichtig bei der Darstellung von Technik: Die Prozeßgrafik muß den Ablauf verständlich wiedergeben, aber nicht den Anspruch erfüllen, daß man nach dieser Zeichnung eine funktionierende Maschine bauen könnte. Von der Ingenieurzeichnung ist die Infografik deshalb weit entfernt: Was den Funktionsprozeß in der Realität erst zum Laufen bringt, kann für die Information über den Prozeß durchaus verzichtbar sein.

Prozeßdarstellungen sind immer Folgen, sie stellen ein Nacheinander dar. Dies kann entweder in einem entsprechend strukturierten Gesamtbild oder in einer Bilderfolge visualisiert werden. Um den Zusammenhang zu betonen, sollte man sich für das Gesamtbild entscheiden. Dabei gehen auf jeden Fall Details verloren. Eine Bilderfolge ist sinnvoll, wenn vor allem Einzelaspekte interessieren oder wenn der Prozeß aus verschiedenen Zuständen desselben Gegenstandes besteht. Gebrauchsanweisungen kommen selten ohne Bilderfolgen aus, weil hier eine detaillierte Prozeßdarstellung für die erfolgreiche Handhabung erforderlich ist.

KOMPLIZIERT ODER EINFACH?

Der Veröffentlichungszu-
sammenhang entscheidet. Das
sehr anschauliche, aber nicht
ganz ernstgemeinte Bild des
Teekessels wäre im unteren Fall
nicht angebracht. Denn hier
geht es darum, möglichen Investoren und der Bevölkerung
am Standort seriös die einge-
setzte Technik zu erläutern.

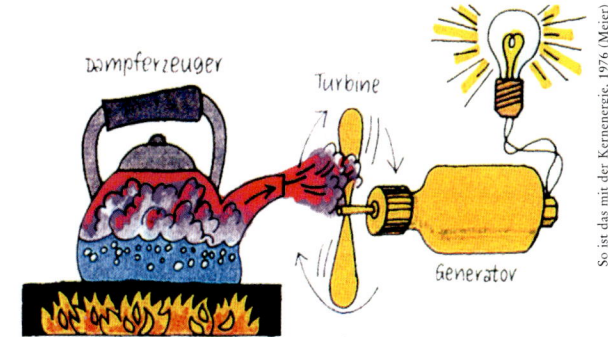

Dampferzeuger

Turbine

Generator

Prinzip der Stromerzeugung mit Dampf

So ist das mit der Kernenergie, 1976 (Meier)

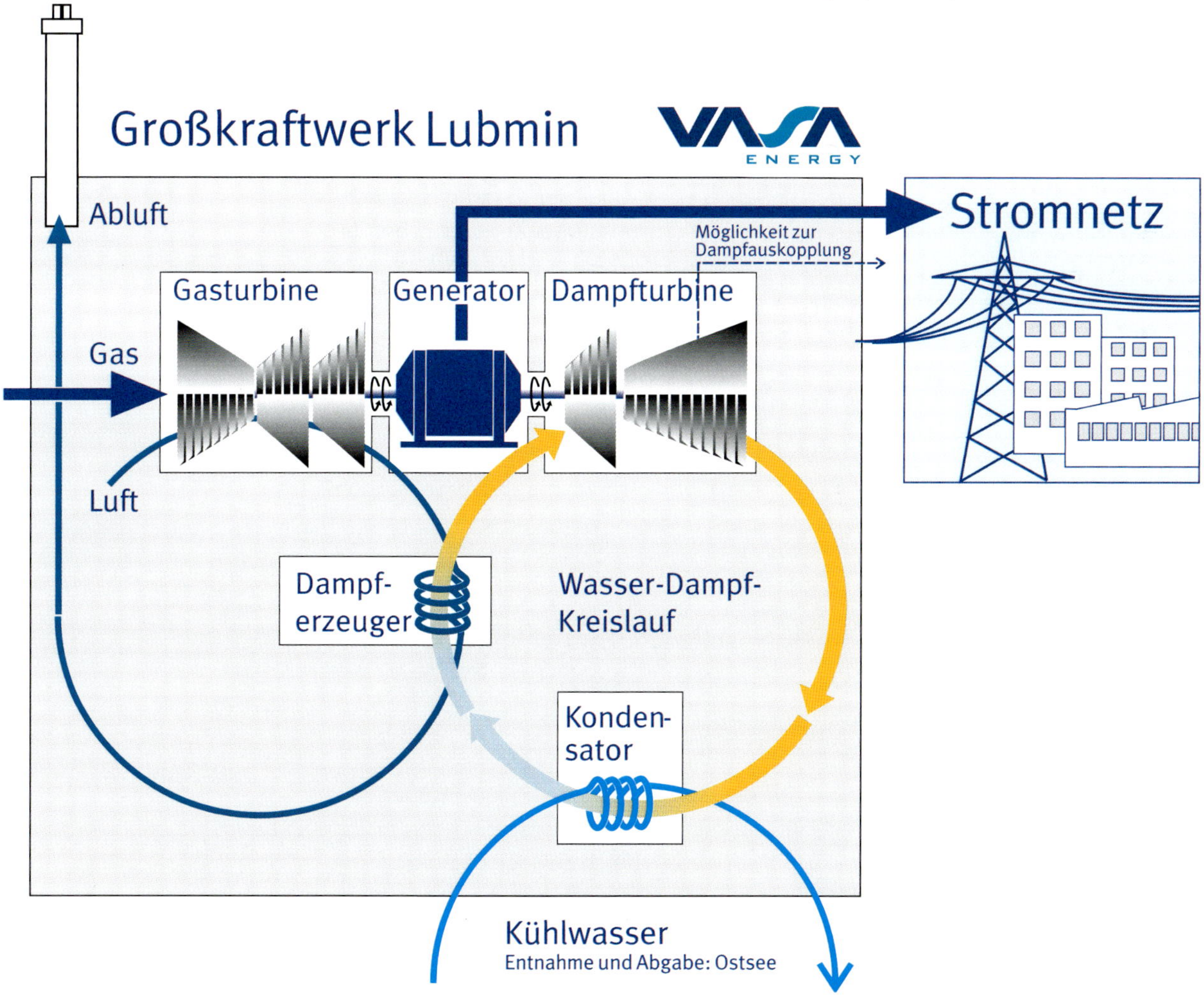

Großkraftwerk Lubmin   VASA ENERGY

Stromnetz

Abluft

Möglichkeit zur
Dampfauskopplung

Gasturbine   Generator   Dampfturbine

Gas

Luft

Dampf-
erzeuger

Wasser-Dampf-
Kreislauf

Konden-
sator

Kühlwasser
Entnahme und Abgabe: Ostsee

VASA Energy, 1999 (Jansen)

Das Gesamtbild liefert den Überblick

Das Nacheinander eines Prozesses in einem Bild: Diese Darstellung kann politische Entscheidungen oder technische Vorgänge anschaulich machen – wenn sie den Blick des Betrachters eindeutig durch den Ablauf führt.

Oft scheint es unmöglich, einen Handlungsstrang zu isolieren. Wenn man aber Teile des Prozesses in einer Einleitung oder einen zweiten Handlungsstrang in einem kleinen Detailbild erläutert, läßt sich die Grafik vereinfachen: mit großem Gewinn an Übersichtlichkeit und Verständlichkeit. Nun muß der Inhalt sinnvoll angeordnet werden. Haupt- und Nebenprodukte des Prozesses müssen sich deutlich unterscheiden, logisch zusammengehörende Elemente als solche zu erkennen sein und Zuordnungslinien oder Kreisläufe sich möglichst wenig überschneiden. Mehrere Skizzen, in denen man sich die Struktur klarmacht, gehen der eigentlichen Zeichnung voraus.

Um eine klare Blicksteuerung zu garantieren, muß der Leserichtung gefolgt werden: Ein Prozeß sollte immer auf der linken Seite der Grafik beginnen, falls möglich sogar oben links. Bedingt der Inhalt einen anderen Aufbau, so kann z.B. ein Farbsignal den Prozeßstart deutlich hervorheben. Sinnvoll ist es, den Ablauf als Reihe darzustellen. Ob senkrecht oder waagerecht entscheidet sich aufgrund des Formats und der eingesetzten Elemente oder um eine Nähe zum wirklichen Prozeß herzustellen. Bei kreisförmiger Anordnung empfiehlt es sich, im Uhrzeigersinn vorzugehen.

 Verbindende Pfeile oder eine Numerierung der einzelnen Prozeßabschnitte erleichtern dem Betrachter, die Leserichtung herauszufinden. Solche Elemente sind Hilfskonstruktionen und sollten sparsam eingesetzt werden.

Prozeßgrafiken stellen ohnehin hohe Anforderungen an die Aufmerksamkeit des Publikums. Die perspektivische Darstellung muß deshalb das Verständnis erleichtern – erschwert sie es, ist sie fehl am Platze.

Begriffe, die die einzelnen Elemente erklären, gehören direkt in die Grafik. Eine Kennzeichnung mit Zahlen, denen dann Erläuterungstexte außerhalb der Grafik zugeordnet sind, ist in der Regel die schlechtere Lösung. Begriffe und ihre Visualisierungen müssen miteinander harmonieren: Einen so bezeichneten „Runden Tisch" kann man nicht als lange rechteckige Tafel visualisieren.

Prozeßgrafiken dürfen keine logischen Brüche enthalten – z.B. indem man den Handlungsstrang wechselt.

Wie funktionieren ...

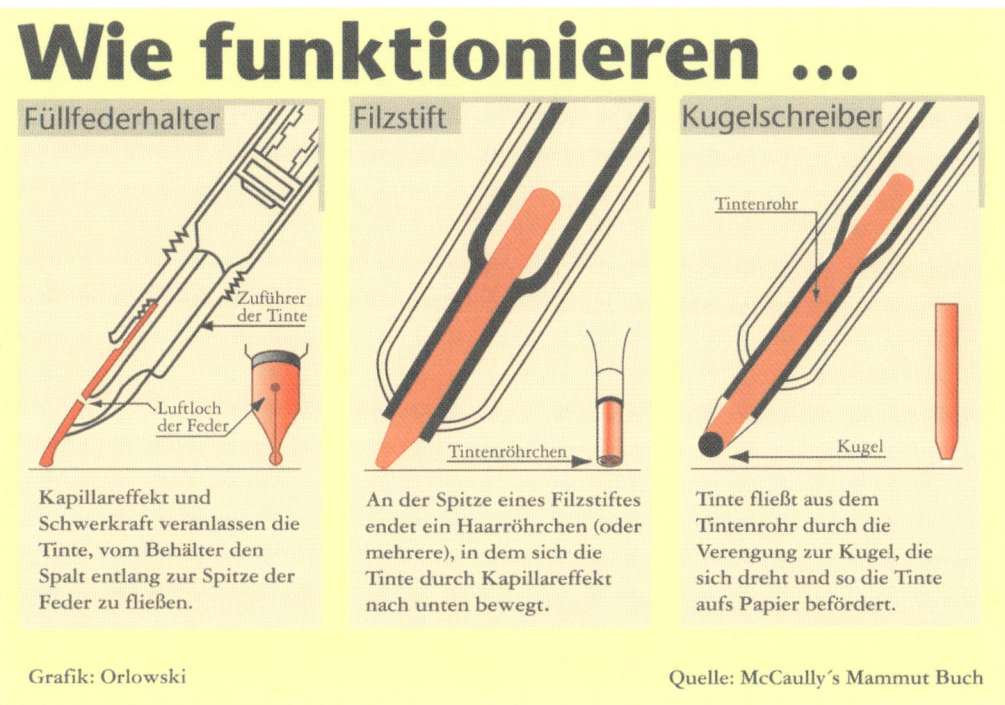

Füllfederhalter

Zuführer der Tinte

Luftloch der Feder

Kapillareffekt und Schwerkraft veranlassen die Tinte, vom Behälter den Spalt entlang zur Spitze der Feder zu fließen.

Filzstift

Tintenröhrchen

An der Spitze eines Filzstiftes endet ein Haarröhrchen (oder mehrere), in dem sich die Tinte durch Kapillareffekt nach unten bewegt.

Kugelschreiber

Tintenrohr

Kugel

Tinte fließt aus dem Tintenrohr durch die Verengung zur Kugel, die sich dreht und so die Tinte aufs Papier befördert.

Grafik: Orlowski

Quelle: McCaully´s Mammut Buch

DREI IN EINEM BILD –
weil die Gegenüberstellung der verschiedenen Prinzipien im Vordergrund stand, war es sinnvoll, die Einzelprozesse nur durch den Bildtext anzudeuten.

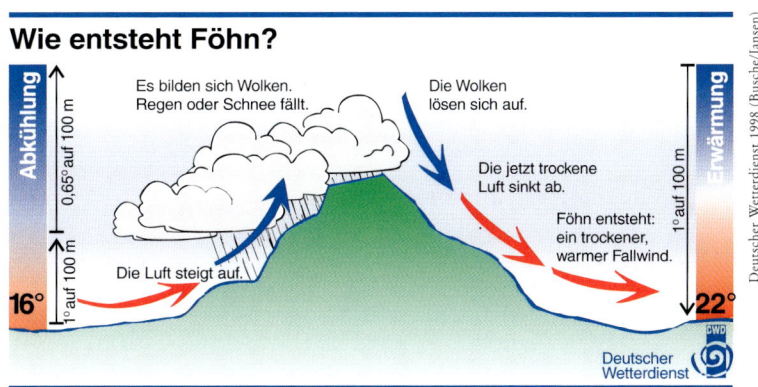

Wie entsteht Föhn?

Abkühlung

0,65° auf 100 m

1° auf 100 m

Es bilden sich Wolken. Regen oder Schnee fällt.

Die Wolken lösen sich auf.

Die jetzt trockene Luft sinkt ab.

Föhn entsteht: ein trockener, warmer Fallwind.

Die Luft steigt auf.

16°

Erwärmung

1° auf 100 m

22°

Deutscher Wetterdienst

Deutscher Wetterdienst 1998 (Busche/Jansen)

DIESES GESAMTBILD ZEIGT DIE
verschiedenen Phasen der Föhnentstehung.

Wind strömt gegen eine Bergkette und zwingt die Luft aufzusteigen. Sie verbraucht dabei Energie, kühlt sich ab und kann nicht mehr soviel Feuchtigkeit aufnehmen. Wolken entstehen, aus denen Niederschlag fällt. Hierbei wird Energie freigesetzt, so daß die Abkühlungsrate bis zum Gipfel geringer ist als bei trockener Luft. Beim Absinken auf der anderen Seite des Berges lösen sich die Wolken hinter dem Gipfel rasch auf. Da die Luft nun über den gesamten Abstieg trocken ist, erwärmt sie sich mehr als sie sich beim Aufstieg abkühlte. Sie erreicht als warmer, trockener Fallwind das Tal und kann bei Wetterfühligen Beschwerden hervorrufen.

Die Bildfolge zeigt Kernfunktionen

Bildfolgen lenken den Blick auf ausgewählte Schritte und weniger auf den Gesamtzusammenhang. Die Folge muß die Perspektive beibehalten und Wiedererkennungseffekte organisieren: In den Einzelbildern dürfen nicht der Abwechslung wegen verwirrende Formalternativen angeboten werden.

Erster Grundsatz auch hier: weniger ist mehr. Die Anzahl der Einzelbilder ist soweit wie möglich zu reduzieren. Aber: Die wichtigen Kernfunktionen des Prozesses müssen visualisiert werden. Interessante Frage für bewegte Medien: Ist eine Filmsequenz instruktiver als eine Folge stehender (Trickfilm-)Bilder? Je komplexer der Prozeß, desto wichtiger sind stehende Bilder, die dem Betrachter erlauben, sich ausführlich mit dem Ablauf zu beschäftigen. Ideal sind interaktive Medien, in denen der Betrachter das Tempo der Bildfolge selbst steuern kann.

 Die statischen Bildbestandteile werden stark zurückgenommen, um auf die geänderten Elemente hinzuweisen. Es sollte möglichst immer die gleiche Blickrichtung auf den Gegenstand gewählt werden. Zooms oder Drehungen müssen logisch nachvollziehbar sein. Besonders in bewegten Medien oder bei Vorträgen bietet es sich an, zur Verstärkung der Informationswirkung im ersten Bild die „handelnden Personen" vorzustellen, damit Elemente und Symbole bereits entschlüsselt sind und im Prozeß gleich verstanden werden.

 Bei Bildfolgen ist eine Text-/Bildtrennung durchaus sinnvoll, wobei am besten jedem Einzelbild ein Textblock zugeordnet wird.

 Wichtige Schritte dürfen nicht ausgelassen werden. Sonst verliert der Betrachter den Faden.

Die „realistische" Filmwiedergabe z.B. eines Tennisaufschlags ist weniger geeignet, um diese Bewegung zu erlernen, als etwa eine Super-Slow-Motion, bei der zusätzlich grafisch Schlüsselstellen des Bewegungsablaufs hervorgehoben werden. Das didaktisch „gute" Bild ist also eine gezielt aufbereitete Konstruktion von Realität, nicht ihre direkte Wiedergabe.
BERND WEIDENMANN, 1991

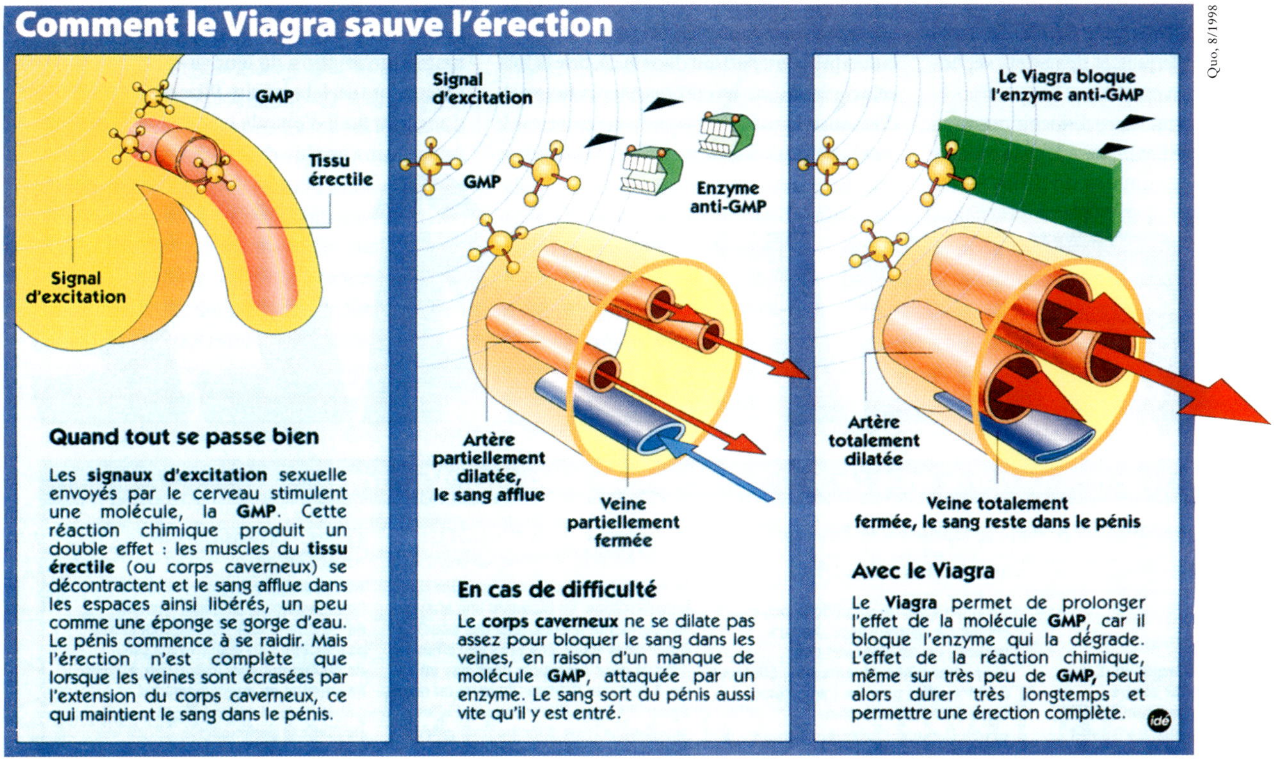

Comment le Viagra sauve l'érection

Quo, 8/1998

GMP

Tissu érectile

Signal d'excitation

Quand tout se passe bien

Les **signaux d'excitation** sexuelle envoyés par le cerveau stimulent une molécule, la **GMP**. Cette réaction chimique produit un double effet : les muscles du **tissu érectile** (ou corps caverneux) se décontractent et le sang afflue dans les espaces ainsi libérés, un peu comme une éponge se gorge d'eau. Le pénis commence à se raidir. Mais l'érection n'est complète que lorsque les veines sont écrasées par l'extension du corps caverneux, ce qui maintient le sang dans le pénis.

Signal d'excitation

GMP

Enzyme anti-GMP

Artère partiellement dilatée, le sang afflue

Veine partiellement fermée

En cas de difficulté

Le **corps caverneux** ne se dilate pas assez pour bloquer le sang dans les veines, en raison d'un manque de molécule **GMP**, attaquée par un enzyme. Le sang sort du pénis aussi vite qu'il y est entré.

Le Viagra bloque l'enzyme anti-GMP

Artère totalement dilatée

Veine totalement fermée, le sang reste dans le pénis

Avec le Viagra

Le **Viagra** permet de prolonger l'effet de la molécule **GMP**, car il bloque l'enzyme qui la dégrade. L'effet de la réaction chimique, même sur très peu de **GMP**, peut alors durer très longtemps et permettre une érection complète.

idé

DAS THEMA MUSSTE NATÜRLICH auch als Infografik durch die Presse gehen. Diese Darstellung ist allerdings so technizistisch, daß sie der Wirklichkeit kaum gerecht wird.

Karte

Landkarten

Allgemeine Merkmale und Funktionen
von Landkarten und kartographischer Infografik

Landkarten sind zweidimensionale Abbildungen von dreidimensionalen Räumen, und zwar von Lebensräumen des Menschen.

Die Räume auf der Erdoberfläche werden in Landkarten

1. gleichmäßig verkleinert. Die Verkleinerung wird durch den Maßstab angegeben.

2. vereinfacht. Durch die Verkleinerung lassen sich nicht mehr alle Einzelheiten des dargestellten Raumes wiedergeben, sondern nur die wichtigsten.

3. verebnet. Die Kugelgestalt der Erde – wie sie der Globus zeigt – geht verloren, und das Relief mit seinen Bergen und Tälern kann nur mit erheblichem Aufwand anschaulich dargestellt werden.

4. durch Beschriftung erläutert. Die Namen von Erdteilen, Meeren, Ländern usw., aber auch von Stadtteilen, Straßen, Plätzen usw. bilden die Verbindung zwischen der Sprache als wichtiger Form menschlicher Kommunikation und den Elementen des Raumes.

5. mit Hilfe besonderer Zeichen dargestellt. Gleiche Elemente im Raum erhalten gleiche Zeichen, verschiedene Erscheinungen unterschiedliche Zeichen.

6. in ihrem Grundriß abgebildet.

Landkarten werden hergestellt, um einerseits Orientierung und Bewegung im Raum optimal zu ermöglichen (Topographische Karten) und um andererseits die räumliche Verbreitung einer Erscheinung oder von Erscheinungen, die miteinander in Beziehung stehen, wirklichkeitsnah und detailliert zu vermitteln (Thematische Karten).

Die Grundlagen für derartige Landkarten sind aufwendige und meist langwierige Datenerhebungen über die genaue Lage und die exakt festgelegten Merkmale von Objekten mit anschließender grafisch sehr genauer und detaillierter Umsetzung in das Kartenbild. Zum Gebrauch bzw. zum Auswerten derartiger Landkarten benötigt man Schulung und Erfahrung. Landkarten in traditionellem Sinne kann man daher auch als „Langzeit"-Karten bezeichnen.

Merkmale von Landkarten und kartographischen Infografiken.

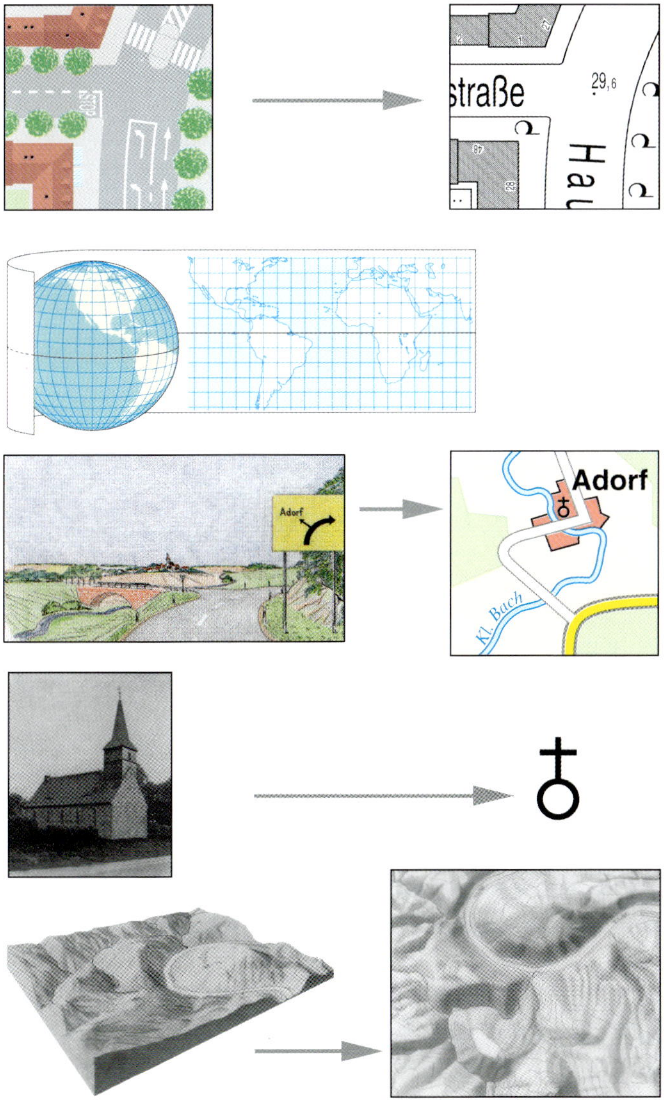

vereinfachen
(und erläutern)

verebnen

erläutern

mit Zeichen
darstellen

im Grundriß
abbilden

Idee: Wolfgang Scharfe / Grafik: Michael Albrecht

Kartographische Infografiken

Sie werden hergestellt, um einfach, übersichtlich, prägnant, kontrastreich und sofort verständlich die Nutzer über Raum, Werte und/oder Zeit zu informieren. Infografiken werden eingesetzt, weil Text allein derartige Informationen nicht oder nicht optimal vermitteln kann.

Massenmedien verbreiten die jeweils neuesten Informationen, wodurch die Herstellung von Infografiken nur kurze Zeit dauern darf. Auch für die Aufnahme der Informationen aus den Massenmedien steht in der Regel nur eine kurze Zeit zur Verfügung. Daher können die kartographischen Infografiken nach Herstellung und Nutzung als „Kurzzeit"-Karten gelten.

Aus dieser Gegenüberstellung von Landkarten und kartographischen Infografiken lassen sich Gemeinsamkeiten und Unterschiede ableiten:

Beide weisen im Prinzip die gleichen Merkmale auf, wie sie für ▸Landkarten beschrieben worden sind.  S. 140

Vor allem von der Abbildung im Grundriß und der gleichmäßigen Verkleinerung wird bei kartographischen Infografiken häufig abgewichen. Der Informationswert derartiger Abbildungen, z.B. die Schrägansicht einer Landschaft oder ein U-Bahn-Plan, kann – bewußt eingesetzt – sehr hoch sein.

Anders als eine Landkarte wird eine kartographische Infografik in Inhalt und Form für die räumliche Aussage einer speziellen aktuellen Information geschaffen und nicht für einen allgemeinen Zweck oder ein übergreifendes Thema hergestellt.

Der *Inhalt* der kartographischen Infografik ist in jedem Fall das Gebiet, in dem das Ereignis der aktuellen Information stattfindet.

Die *Form* der kartographischen Infografik wird dadurch bestimmt, daß einerseits die Zeit auch zur Aufnahme der kartographisch-räumlichen Aussage nur kurz ist und andererseits möglichst viele Leser diese Aussage verstehen sollen. Damit muß der Inhalt auf eine geringe Anzahl von kontrastreichen und prägnanten Elementen beschränkt werden, damit diese sofort lesbar, erfaßbar und nach ihrer Bedeutung unterscheidbar sind.

AFP infografik in Die Welt 19.1.1999

KARTOGRAPHISCHE INFOGRAFIK
der AFP Infografik mit allen
Elementen, die zur umfassenden Information der
Nutzer erforderlich sind.

DIE RÄUMLICHE INFORMATION
über eine 7-tägige Radtour
in Ostfrankreich mit den
Etappenorten liefert diese
Infografik.

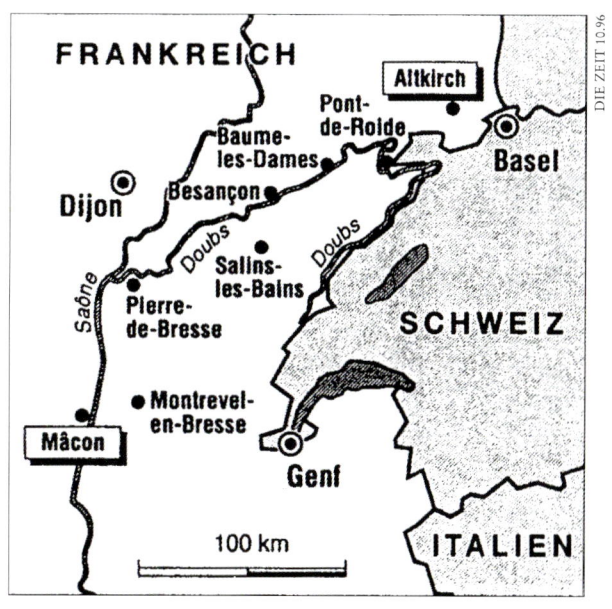

DIE ZEIT 10.96

Hilfen zum Raumverständnis

Die kartographische Infografik sollte dem Leser zur Erfüllung ihrer Funktion Hilfen anbieten, vor allem dann, wenn Zweifel darüber bestehen, ob Name, Lage und Größe des dargestellten Gebietes beim Leser ohne weiteres als bekannt vorausgesetzt werden können.

Die unten aufgeführten Hilfen dienen dazu, dem Leser

– den Namen und die Lage des dargestellten Gebietes innerhalb eines bekannten Großraumes, z.B. in einer Stadt, einem Bundesland, Deutschland, Europa oder auf der Erdoberfläche, zu verdeutlichen (1, 2) sowie

– eine Vorstellung über die Größe des dargestellten Gebietes zu vermitteln (3).

1. Die in Deutschland übliche Bezeichnung für das dargestellte Gebiet ist im Titel der Infografik oder im dargestellten Gebiet = Ereignisraum selbst in deutlich erkennbarer Schriftgröße einzusetzen. Diese Beschriftung bildet die wichtigste Verbindung zwischen Sprache und Raum und hilft dem Leser, das dargestellte Gebiet ungefähr in seine Raumvorstellungen einzuordnen. Prinzipiell ist darauf zu achten, daß alle Bezeichnungen von Raumelementen, z.B. von Städten, Flüssen, Bergen, Regionen und Ländern, in der kartographischen Infografik und in dem dazugehörigen Text identisch geschrieben werden und die Infografik in ihrem endgültigen Format keine Schrift von weniger als 1,4 mm Versalhöhe aufweist (Printmedien).

2. Der Infografik ist eine Übersichtskarte des Großraums beizufügen, in dem das dargestellte Gebiet liegt, sofern die Lage dieses Gebiets nicht als allgemein bekannt vorausgesetzt werden kann. In dieser Übersichtskarte sind Lage und Ausdehnung des dargestellten Gebietes sowie die Bezeichnung des Großraums deutlich zu markieren. Diese Markierungen ermöglichen dem Leser eine genauere Einordnung des dargestellten Gebietes in seine Raumvorstellungen.

3. In der Infografik ist eine Entfernung oder eine Fläche aufzunehmen, die das Verkleinerungsverhältnis zwischen der Wirklichkeit und der Infografik (Maßstab) angibt. In der Regel wird ein Balken mit der Angabe seiner wirklichen Länge in Kilometern als grafischer Maßstab eingesetzt. Auch die Aufnahme eines dem Leser bekannten Raumes, z.B. des heimatlichen Bundeslandes mit dem Zusatz „Brandenburg im gleichen Maßstab", ermöglicht spontan eine Vorstellung von Entfernungen und Flächengrößen in dem Gebiet, das die Infografik zeigt.

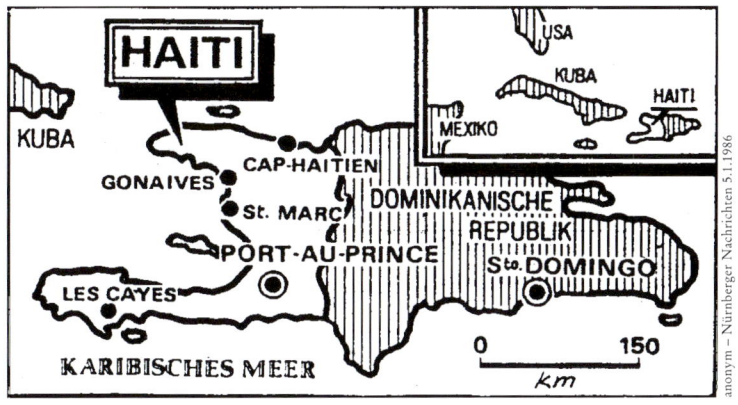

Original-Graphik APA 24. 11. 1996

Nach Entführung: Flugzeugabsturz vor Komoren

SUDAN

ÄTHIOPIEN

Addis Abeba

Blauer Nil

Weißer Nil

Golf von Aden

SOMALIA

Eine Boeing 767 der Ethiopian Airlines wird entführt ①

Turkana-see

UGANDA

KENIA

Albert-see

Viktoria-see

Nairobi

INDISCHER OZEAN

Tanganjikasee

Geplante Route über Brazzaville und Lagos nach Abidjan

② **Die Maschine stürzt wegen Treibstoffmangels wenige hundert Meter vor der Küste ab.**

Seychellen

TANSANIA

Malawisee

MOSAMBIK

KOMOREN

Moroni

MAYOTTE (Fr.)

MADAGASKAR

500 km

APA-Grafik, Quelle: APA

APA

ALLE 3 INFOGRAFIKEN ENTHALTEN
3 Hilfen zum Raum-
verständnis:
– Bezeichnung des darge-
 stellten Gebietes,
– Großraumübersicht und
– Maßstabsbalken.
Die Reliefdarstellung auf der
Karte von Ost-Afrika wirkt
wenig elegant.

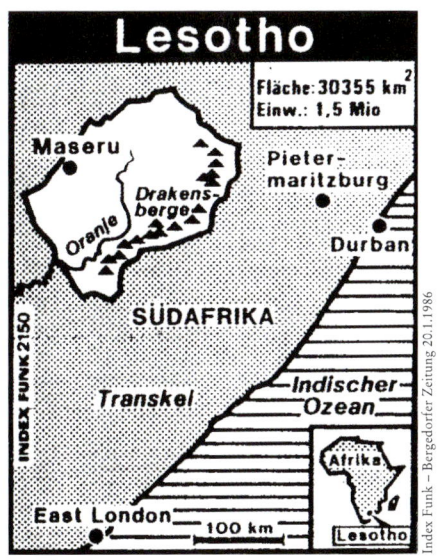

Lesotho

Fläche: 30355 km²
Einw.: 1,5 Mio

Maseru

Pieter-maritzburg

Drakens-berge

Oranje

Durban

SÜDAFRIKA

Transkel

Indischer-Ozean

INDEX FUNK 2150

Afrika

Lesotho

East London

100 km

Index Funk – Bergedorfer Zeitung 20.1.1986

HAITI

KUBA

USA

KUBA

HAITI

MEXIKO

CAP-HAITIEN

GONAIVES

St. MARC

PORT-AU-PRINCE

DOMINIKANISCHE REPUBLIK

Sto. DOMINGO

LES CAYES

0   150

km

KARIBISCHES MEER

anonym – Nürnberger Nachrichten 5.1.1986

Allgemeine Regeln

Bei den Landkarten wie den kartographischen Infografiken lassen sich nach Funktion und Inhalt verschiedene Typen unterscheiden. Ungeachtet dessen ist bei der Gestaltung aller Typen von kartographischer Infografik auf folgende Regeln zu achten:

1. Jede kartographische Infografik sollte mit einem Titel versehen sein, der das dargestellte Thema und – sofern erforderlich bzw. nicht an anderer Stelle bereits angegeben – das dargestellte Gebiet und das Bezugsdatum enthält. Wünschenswert sind auch die Nennung des Verfassers und der Quellen der Infografik.

2. Erfolgt die Verwendung von speziellen Zeichen wie besonderen bildhaften Symbolen oder geometrischen Signaturen, die z.B. über Kreise für Siedlungen oder gestrichelte Linien für Grenzen hinausgehen und daher unverständlich oder mißverständlich sein könnten, so sind diese speziellen Zeichen am Rand der Infografik als Zeichenerklärung aufzulisten und zu erläutern. Alle dort enthaltenen Zeichen sollten auch in der Infografik selbst auftreten.

3. Jedes kartographische Element, z.B. Stadt, Dorf, Landesgrenze, Bundesstraße, Kanal oder Berggipfel, gehört jeweils einer Gruppe an. Alle Elemente einer Gruppe sind grafisch und in ihrer Beschriftung einheitlich darzustellen. So erhalten z.B. alle Dörfer ein und dasselbe Zeichen und alle Dorfnamen ein und dieselbe Schriftart und -größe. Unterschiedliche Gruppen sind demnach durch unterschiedliche Zeichen und Beschriftungsweisen zu kennzeichnen. Das gilt auch für Wertegruppen in Thematischen Karten.

4. Die Beschriftungen von punkthaften kartographischen Elementen, z.B. Orten, und flächenhaften kartographischen Elementen, z.B. Ländern, werden in der Regel parallel zum oberen bzw. unteren Rand der Infografik angeordnet. Im Unterschied dazu werden Beschriftungen von linienhaften Elementen, z.B. Flüssen, Kanälen oder Autobahnen, parallel zu diesen Elementen angebracht; ebenso wird bei Elementen verfahren, die sich linienhaft erstrecken wie z.B. langgestreckte schmale Gebirge, Seen und Länder.

However, there is a significant difference between making maps and making charts and diagrams. The work of a mapmaker starts with a set of coastlines, boundaries and city locations that cannot be moved around for reasons of design clarity. A map does come with a set of rules, which – if broken – render it useless.
NIGEL HOLMES, 1993

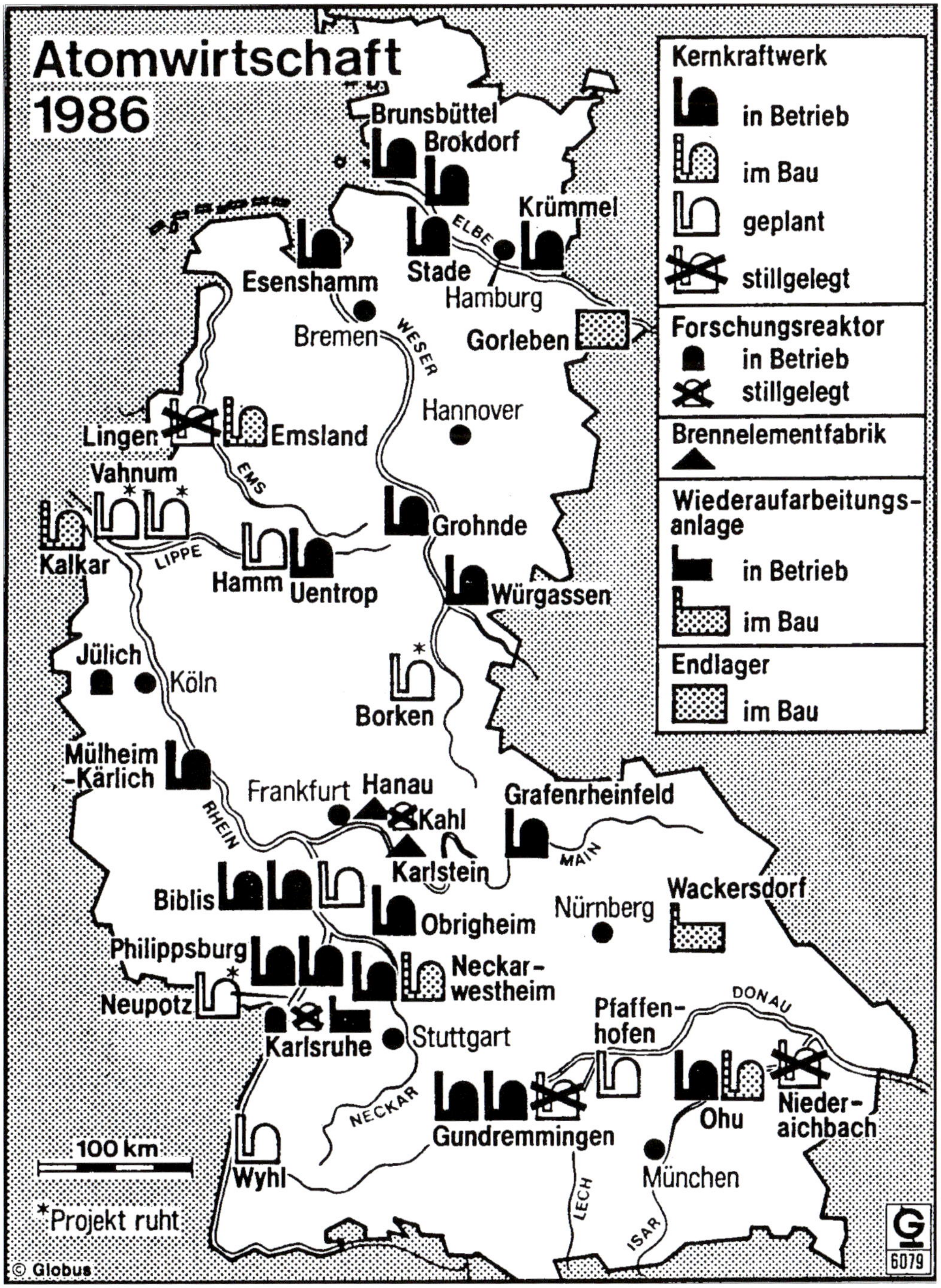

Atomwirtschaft 1986

Kernkraftwerk
- in Betrieb
- im Bau
- geplant
- stillgelegt

Forschungsreaktor
- in Betrieb
- stillgelegt

Brennelementfabrik

Wiederaufarbeitungs-anlage
- in Betrieb
- im Bau

Endlager
- im Bau

Brunsbüttel
Brokdorf
Krümmel
Esenshamm
Stade
Hamburg
Bremen
Gorleben
WESER
Hannover
Lingen
Emsland
EMS
Vahnum
Grohnde
Kalkar
LIPPE
Hamm
Uentrop
Würgassen
Jülich
Köln
Borken
Mülheim -Kärlich
Frankfurt
Hanau
Grafenrheinfeld
RHEIN
Kahl
Karlstein
MAIN
Biblis
Obrigheim
Nürnberg
Wackersdorf
Philippsburg
Neckar-westheim
Neupotz
Karlsruhe
Stuttgart
Pfaffen-hofen
DONAU
Niederaichbach
Ohu
Gundremmingen
NECKAR
München
LECH
ISAR
Wyhl

100 km

*Projekt ruht

© Globus

G 6079

Atomwirtschaft 1986, Globus, Rhein–Neckar–Zeitung 27.5.1986

FAST VORBILDLICH ist diese Info-grafik (Quelle ist nicht angegeben).

Ereignisraum-Karten

Die Topographischen Karten, die je nach ihrem Maßstab auch als Topographische Übersichtskarten oder nur als Übersichtskarten bezeichnet werden, dienen der allgemeinen Orientierung sowie der Bewegung im Raum.

Die Landkarten dieses Typs enthalten zu diesem Zweck eine Fülle von Elementen zu den Gruppen Grenzen, Siedlung, Verkehr, Wirtschaft, Bodenbedeckung, Relief und Gewässer. Zu jeder Kartenserie dieses Typs gehört ein umfangreiches Musterblatt mit allen vorkommenden Zeichen und ihren Bedeutungen als Arbeitsanweisung für den Kartographen und als Gebrauchsanweisung für den Kartennutzer, z.B. den Infografiker.

Dieser Landkarten-Typ ist die ideale Grundlage für die kartographische Infografik mit der Funktion zu zeigen, *wo* sich ein Ereignis zugetragen hat: die Ereignisraum-Karte. Die Topographische Karte dient hierbei zum Auffinden der genauen Lage des darzustellenden Ortes bzw. Raumes und seiner wesentlichen räumlichen Beziehungen, jedoch nicht als Vorlage, um den detaillierten Inhalt der Topographischen Karte in die Infografik zu übernehmen.

Das *Wo*, d.h. der eigentliche Ort bzw. Raum des Ereignisses, kann in der Infografik geometrisch punktförmig, z.B. als ein Kreis für eine Siedlung, als Linie, z.B. für einen Autobahn-Abschnitt, oder als Fläche, z.B. für ein Bundesland, in Erscheinung treten.

In jedem Fall ist es erforderlich, in der Ereignisraum-Karte den Ort bzw. Raum des Ereignisses grafisch prägnant hervorzuheben. Dies erfolgt in der Regel durch einen Pfeil, eine Pfeilspitze oder ein anderes grafisch auffälliges Zeichen in Kombination mit dem Namen des Ortes oder mit der Bezeichnung des Ereignisses. Ereignisse, die zu derartigen kartographischen Infografiken Anlaß geben, sind häufig Unfälle, Verbrechen, Unwetter und sonstige Naturkatastrophen oder Kriegshandlungen.

Neben dem eigentlichen Ort des Ereignisses und seinem Namen sollte die räumliche Umgebung des Ereignisses z.B. durch größere Siedlungen, Gewässer, Verkehrslinien, Gebirge und Länder und ihre Namen dargestellt werden. Dadurch erhält der Leser eine zusätzliche Möglichkeit, um den Ort des Ereignisses in seine Raumvorstellungen einzuordnen. Die Angabe eines grafischen Maßstabs sollte auf keinen Fall fehlen.

Für diesen Typ kartographischer Infografik werden auch die Bezeichnungen Wo?-Karte, Orientierungskarte und Lagekarte verwendet.

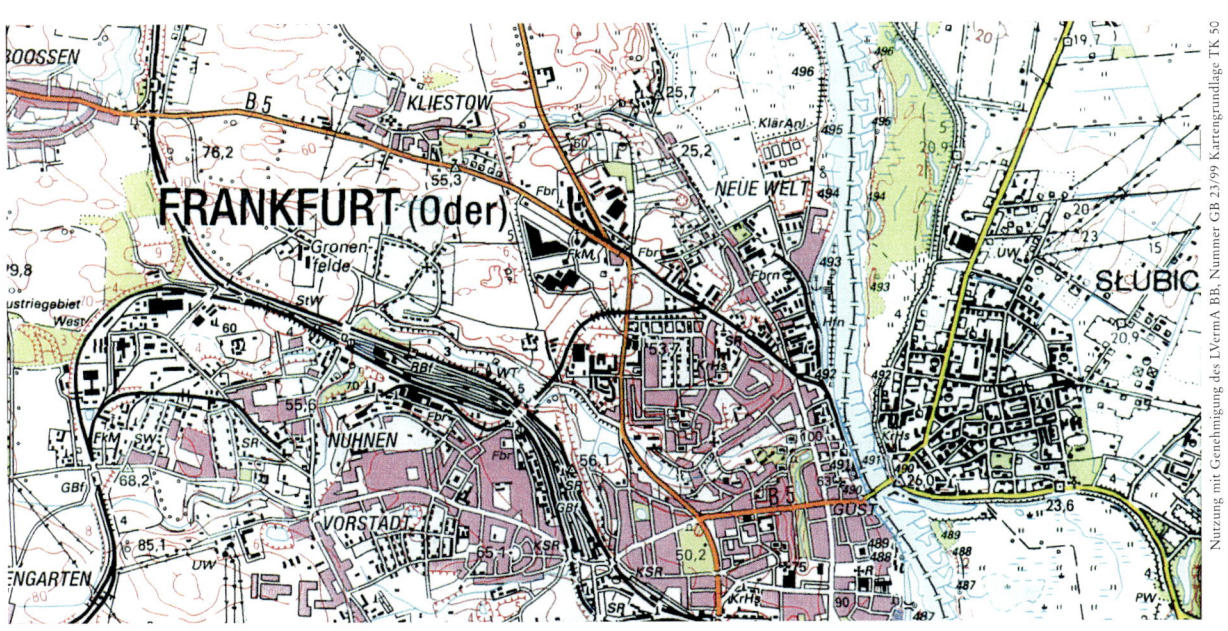

Nutzung mit Genehmigung des LVermA BB, Nummer GB 23/99 Kartengrundlage TK 50

Topographische Karte
im Maßstab 1 : 50 000 –
Ausschnitt aus dem Blatt
L 3752 Frankfurt (Oder)
hrsg. vom Landesver-
messungsamt Brandenburg.

Flugzeugzusammenstoß bei Neu-Delhi

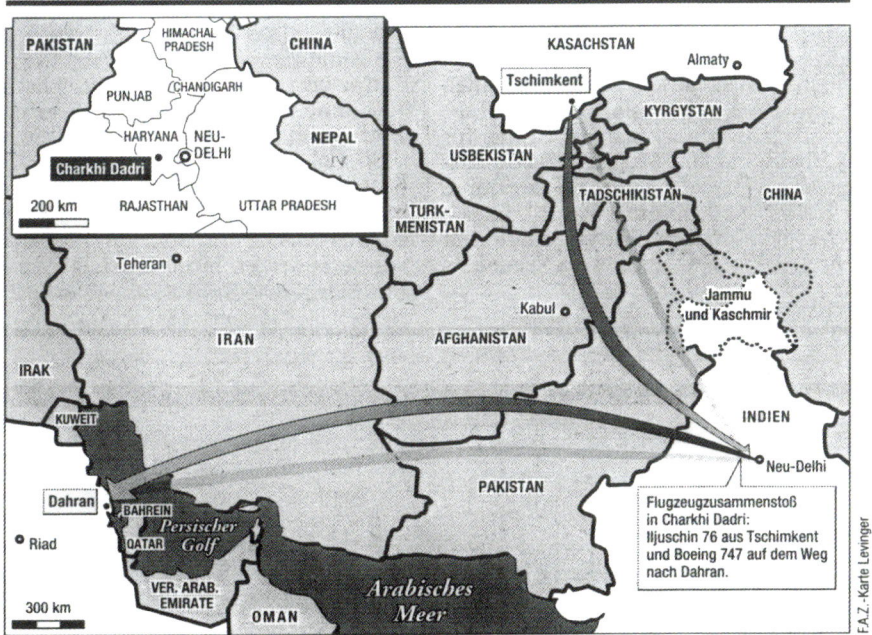

Sabine Levinger · Frankfurter Allgemeine Zeitung 14.11.1996

F.A.Z.-Karte Levinger

Flugzeugzusammenstoß
in Charkhi Dadri:
Iljuschin 76 aus Tschimkent
und Boeing 747 auf dem Weg
nach Dahran.

Gut gestaltet und erläutert:
Ereignisraum-Infografik.

Thematische Karten

Bei dem zweiten Typ von Landkarten handelt es sich um die Thematischen Karten, bei denen die Verbreitung einer Erscheinung oder mehrerer Erscheinungen zu einem bestimmten Thema im Vordergrund stehen.

Dieser Landkarten-Typ kann die Grundlage für den entsprechenden Typ der kartographischen Infografik bilden. Allerdings muß die Aussagenvielfalt einer Thematischen Karte bei der Herstellung einer entsprechenden kartographischen Infografik gleichfalls durch grafische bzw. begriffliche Umgestaltung erheblich verringert werden, wenn die Infografik übersichtlich und rasch verständlich bleiben soll.

Die so entstandene kartographische Infografik ist mit einem Titel, der das Thema und das dargestellte Gebiet enthält, sowie mit einer Zeichenerklärung und einem grafischen Maßstab zu versehen. Es spricht für die Sorgfalt des Infografikers, wenn er einer derartigen Darstellung auch das Datum der Datenerhebung und die Herkunft der verwendeten Daten hinzufügt.

Dieser Bereich der kartographischen Infografik ist eine Hauptquelle grafisch mißverständlicher und für den Leser/Betrachter irreführender Informationen über den Raum und räumliche Verbreitungsmuster.

Jacques Bertin hat in seiner „Graphischen Semiologie" erstmals systematisch dargelegt, welche kartographischen Informations-Strukturen und Grafischen Variablen es gibt und auf welche Weise die Informations-Strukturen und die Grafischen Variablen einander entsprechen.

Denn anders als bei Statistiken, die ohne Raumbezug auskommen, spielen bei der Wiedergabe des Raumes und raumbezogener Werte durch Landkarte und kartographische Infografik diese Informations-Strukturen und ihre Analogien in Form der Grafischen Variablen für die optimale Kommunikation eine entscheidende Rolle.

Kartographische Informations-Strukturen sind unabhängig vom jeweiligen Thema. Dazu ein Beispiel: Die kartographischen Darstellungen der archäologischen Funde aus der Steinzeit und der aktuellen Wochenmärkte in Berlin sind strukturell identisch. Die darzustellenden Objekte sind jeweils kleine Areale, die in Landkarte/Infografik zu punkthaften Elementen ohne Art-, Ordnungs- oder Wertunterschieden und grafisch als einheitliche Zeichen dargestellt werden. Die beiden Landkarten/Infografiken unterscheiden sich nur durch die Überschriften, die Erklärungen für die jeweils einheitlichen punkthaften Zeichen sowie durch deren Verteilung im Raum.

Kernreaktoren in Osteuropa

Reaktortyp	in Betrieb	in Bau	Baustopp	stillgelegt
WWER-440/213	▲	△	◬	⟁
WWER-440/230	▼	▽	⧨	⧩
WWER-1000	■	□	▣	⊠
RBMK (Tschernobyl-Typ)	●	○	◉	⊗
CANDU	◆	◇	◈	⬖
DWR (Westinghouse)	◓	◠	◔	⬙
erhöht gefährlich	★			

Sosnowi Bor

Kalinin

MOSKAU

RUSSLAND

Smolensk

Ignalina

LITAUEN

WEISS-RUSSLAND

Zarnowiec

BERLIN

POLEN

WARSCHAU

DEUTSCH-LAND

Kursk

Rowno

Tschernobyl

KIEW

TSCHECHISCHE REP.

Mochovce

Temelin

Dukovany

UKRAINE

Saporosche

Bohunice

SLOWAKEI

Khmelnizki

ÖSTER-REICH

Südukraine

BUDAPEST

UNGARN

MOLDAWIEN

Paks

Krsko

SLOWENIEN

ITALIEN

RUMÄNIEN

Cernavoda

BUKAREST

JUGO-SLAWIEN

Kosloduj

Belene

BULGARIEN

EINE GRAFISCH GUT GESTALTETE THEMENBEZOGENE INFOGRAFIK
zu einem Artikel über die Problematik in Mochovce, aber
auch mit einem Schönheits-Fehler: Mehrere Zeichen aus der
Zeichenerklärung sind in der Infografik selbst nicht zu finden.

Grafische Variable

Die Grafischen Variablen sind die elementaren Werkzeuge grafischer Gestaltung in kartographischen Infografiken.

Die Grafischen Variablen sind

- die Größe,
- der Dunkelwert,
- das Muster,
- die Farbe,
- die Richtung und
- die Form

eines Zeichens, das geometrisch punkthaft, linienhaft bzw. flächenhaft in Erscheinung treten kann.

Die Grafische Variable

- *Größe* ist in ihrer Anwendung auf punkthafte Zeichen (alle Richtungen) und auf linienhafte Zeichen (Breite) beschränkt,
- *Form* in ihrer Anwendung auf punkthafte Zeichen,
- *Richtung* auf punkthafte Zeichen von länglicher, schmaler Form.
- Die Grafische Variable *Dunkelwert* ist der prozentuale Schwarzanteil zwischen 0% (Weiß) und 100% (Schwarz) sowohl bei Grautönen als auch bei Farben (punkt-, linien- und flächenhaft).

Jacques Bertin: Graphische Semiologie. Berlin–New York 1974, S. 51

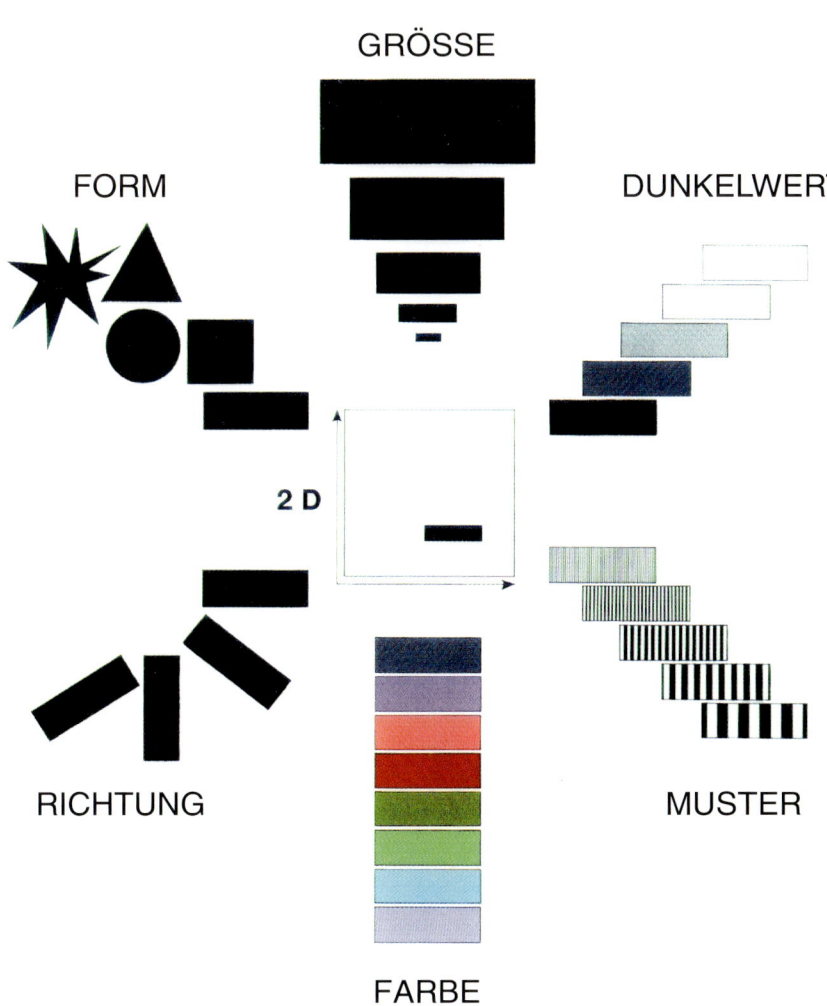

GRÖSSE

FORM

DUNKELWERT

2 D

RICHTUNG

MUSTER

FARBE

DIE GRAFISCHEN VARIABLEN
von Jacques Bertin: Größe,
Dunkelwert, Muster, Farbe,
Richtung und Form eines
Zeichens – dazu die beiden
Dimensionen der Ebene, wo
sich die Zeichen befinden.

Kartographische Informationsstrukturen I

Bei diesen ersten drei Strukturen sind alle Raumelemente wertgleich – und artgleich, artverschieden oder ordnungsverschieden.

1. Die Raumelemente sind gleich oder werden als gleichartig betrachtet; sie besitzen keinerlei Art-, Ordnungs- oder Wert-Unterschiede.

> Beispiele: Siedlungen ohne Beachtung z.B. von Größe, Einwohnerzahl und Alter (punkthaft), Hochspannungsleitungen ohne Beachtung z.B. von Stromspannung, Anzahl der jeweiligen Leitungen und Besitzer (linienhaft), Waldgebiete ohne Beachtung z.B. der Baumarten (flächenhaft).

 Alle Raumelemente erhalten ein und dieselbe Zeichengebung.

2. Die Raumelemente sind artverschieden und können in einer beliebigen Reihenfolge aufgelistet werden.

> Beispiele: Siedlungen nach vorherrschendem Wirtschaftszweig (punkthaft), Hochspannungsleitungen nach dem Besitzer (linienhaft), Waldgebiete nach Laub-, Misch- und Nadelwald (flächenhaft).

 Darstellung durch Form, Richtung, Farbe oder/und Muster, aber auf keinen Fall durch Dunkelwert oder Größe. Denn die Grafischen Variablen Form, Richtung, Farbe und Muster lassen sich in ihren jeweiligen Unterschieden so gestalten, daß sich bei der Betrachtung der unterschiedlichen Zeichen keinerlei Abfolgen von bestimmten Zeichen aufdrängen oder anbieten.

Die Grafischen Variablen Dunkelwert und Größe führen dagegen bei jeder Anwendung zu unterschiedlich dunklen bzw. großen Zeichen, bei denen sich durch ihre unterschiedliche Sichtbarkeit jeweils eine eindeutige und allgemeingültige Reihenfolge der Zeichen ergibt.

3. Die Raumelemente sind verschieden im Sinne von Elementen einer eindeutigen und allgemeingültigen Ordnung (Reihenfolge), ihre Abstände aber nicht meßbar. Zu dieser Struktur gehören auch Werte-Gruppen.

> Beispiele für Ordnungen: Hierarchien, z.B. Autobahn – Bundesstraße – Landstraße – Fahrweg – Fußweg – Klettersteig, Staatsgrenze – Landesgrenze – Regierungsbezirksgrenze – Kreisgrenze – Gemeindegrenze.

 Darstellung durch Dunkelwert oder Größe (vgl. 2: artverschieden).

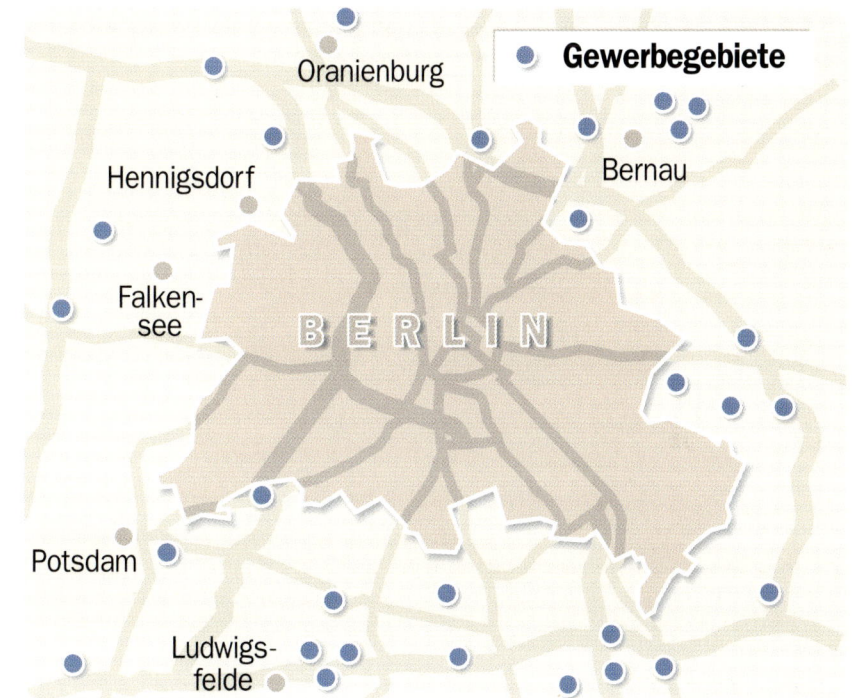

Braun/Quelle Aengevelt – Berliner Zeitung 17./18.10.1998

DIE RAUMELEMENTE
„Gewerbegebiete" werden
als gleichartig betrachtet.

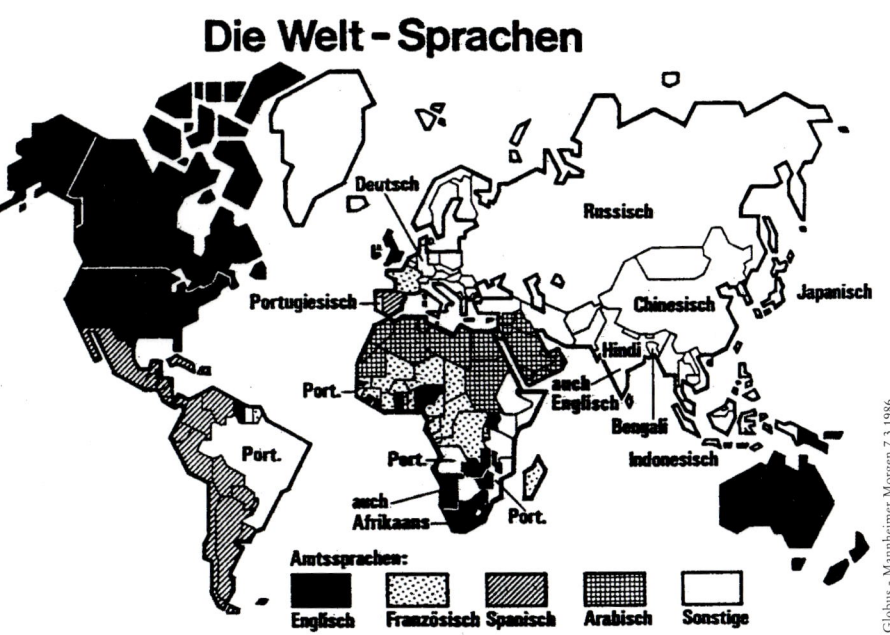

DIE RAUMELEMENTE
„Welt-Sprachen" sind art-
verschieden, doch die Farbe
Schwarz = höchster Dunkel-
wert verleiht dem Englisch
gegenüber den anderen
Sprachen ein grafisches
Übergewicht.

Globus – Mannheimer Morgen 7.3.1986

Kartographische Informationsstrukturen II

Bei den folgenden Strukturen sind die Raumelemente wertverschieden und werden durch Größe oder Dunkelwert dargestellt.

Unterschiedliche Beziehungen zwischen numerischem Wert und dem Areal, zu dem er gehört, führen zu unterschiedlichen direkten Lösungen bei der Darstellung in Landkarte und Infografik.

a) *Absolute Werte* werden in Arealen gemessen oder gezählt.

> Beispiele: Einwohner (Anzahl), Tage mit Niederschlag (Anzahl), Gesamtlänge der Bundesstraßen (km).

Zeichen mit wertproportionalen Größen werden jeweils auf den Mittelpunkt des zum Wert gehörenden Areals gesetzt (punkt-, flächenhaft). Bei geometrisch linienhaften Arealen variieren die Breiten der Linien entsprechend den dazugehörigen Werten.

Die Darstellung absoluter Werte durch die Ausfüllung der dazugehörigen Areale mit Dunkelwerten (je größer der Wert, desto dunkler das Areal) bedeutet eine Multiplizierung des jeweiligen visuellen Gewichts des absoluten Wertes mit der Fläche des dazugehörigen Areals. Das kann zu erheblichen Verfälschungen des Verteilungsmusters der absoluten Werte führen.

b) *Dichtewerte* stellen eine Menge bezogen auf eine bestimmte Fläche dar. Dichtewerte ergeben sich als Bruch mit einem absoluten Wert im Nenner und der Fläche des dazugehörigen Areals im Zähler.

> Beispiel: Der bekannteste Dichtewert dürfte die Bevölkerungsdichte sein, die allgemein als Einwohner pro km², in Ballungsgebieten auch als Einwohner pro ha angegeben wird.

Daneben gibt es „Dichte" auch in anderen Bedeutungen und numerischen Formen, u.a. ohne den hier angegebenen Raumbezug.

Die Areale (flächenhaft) bzw. Bänder (linienhaft) werden mit Dunkelwerten gefüllt, und zwar nach dem Prinzip „je höher der Dichtewert, desto höher = dunkler der Dunkelwert". Diese Darstellungsform ergibt sich gleichsam von selbst, wenn die wertproportionalen Zeichen für absolute Werte (vgl. a) jeweils in kleinste Punkte zerteilt und diese gleichmäßig auf das Areal verteilt werden.

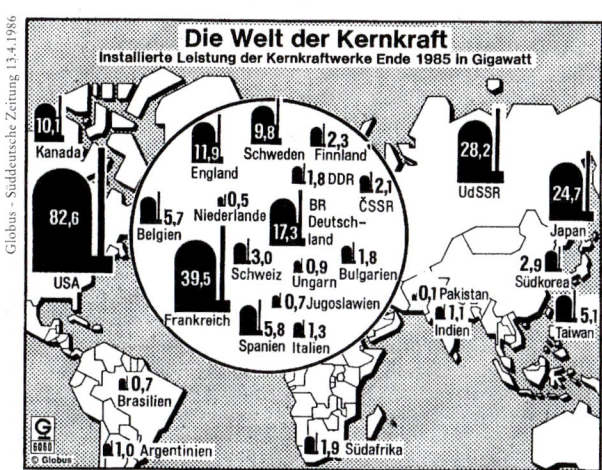

Globus – Süddeutsche Zeitung 13.4.1986

Die Welt der Kernkraft
Installierte Leistung der Kernkraftwerke Ende 1985 in Gigawatt

10,1 Kanada
11,9 England
9,8 Schweden
2,3 Finnland
1,8 DDR
28,2 UdSSR
24,7 Japan
82,6 USA
5,7 Belgien
0,5 Niederlande
17,3 BR Deutschland
2,1 ČSSR
39,5 Frankreich
3,0 Schweiz
0,9 Ungarn
1,8 Bulgarien
2,9 Südkorea
0,1 Pakistan
0,7 Jugoslawien
5,8 Spanien
1,3 Italien
1,1 Indien
5,1 Taiwan
0,7 Brasilien
1,0 Argentinien
1,9 Südafrika

© Globus

STROM AUS ATOM erzeugen heute 355 Kraftwerke in 26 Ländern. Supermacht in dieser Welt der Kernkraft sind die USA. Auf US-Boden stehen 93 Kernkraftwerke mit einer Leistung von 82,6 Gigawatt; das entspricht fast einem Drittel der weltweit installierten Leistung von 263 Gigawatt (ein Gigawatt entspricht einer Million Kilowatt). Den zweiten Platz hält Frankreich mit 39,5 Gigawatt. Erst auf Rang drei folgt die Sowjetunion; sie betreibt 49 Kraftwerke mit 28,2 Gigawatt Leistung. Dicht dahinter liegt Japan mit 24,7 Gigawatt. Den fünften Platz schließlich belegt die Bundesrepublik Deutschland mit 17,3 Gigawatt. (SZ)

ABSOLUTE WERTE
stellt diese Infografik dar.

STANDARDDARSTELLUNG
von Dichtewerten durch
eine Abfolge von Dunkel-
werten.

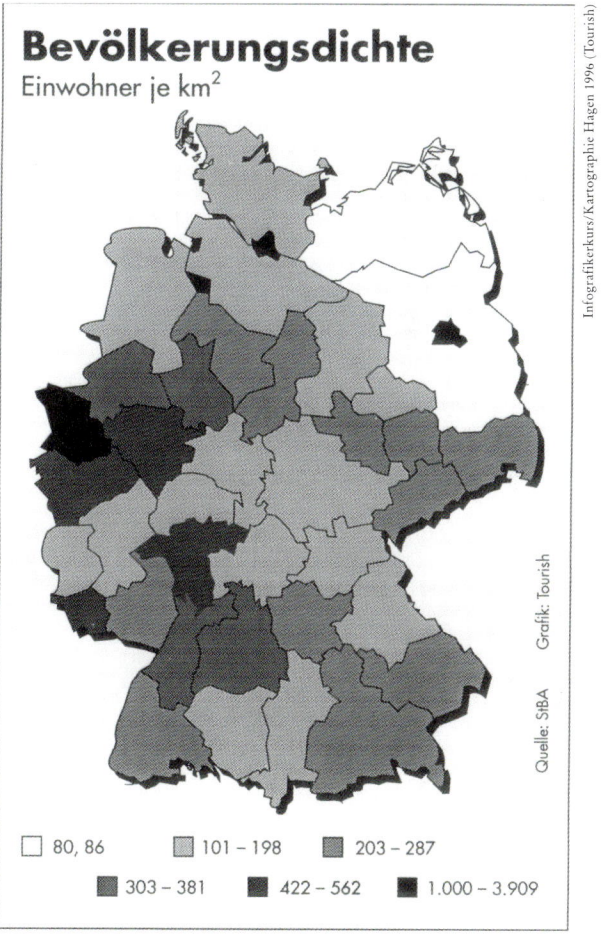

Infografikerkurs/Kartographie Hagen 1996 (Tourish)

Bevölkerungsdichte
Einwohner je km²

Quelle: StBA   Grafik: Tourish

☐ 80, 86   ☐ 101 – 198   ☐ 203 – 287
☐ 303 – 381   ☐ 422 – 562   ☐ 1.000 – 3.909

c) *Prozentwerte* stellen den Anteil einer Teilmenge an einer Gesamtmenge dar, oder sie zeigen z.B., wie sich eine Menge zu zwei verschiedenen Zeitpunkten verhält. Prozentwerte beruhen auf Brüchen mit jeweils einem absoluten Wert im Zähler und einem absoluten Wert im Nenner, wobei beide Werte die gleiche Werteinheit besitzen. Durch Multiplikation des jeweiligen Bruchwertes mit 100 ergibt sich der jeweilige Prozentwert.

> Beispiele: Von 300 Personen einer Gemeinde (= 100%) sind 45 Kinder; der Anteil der Kinder an den Einwohnern der Gemeinde beträgt 15%. Im Dezember 1910 hatte Berlin in den damaligen Grenzen 2,017 Mio. Einwohner (= 100%), Anfang 1914 aber 2,079 Mio. Dies entspricht im Verhältnis zu 1910 einem Wert von 103%.

Die beiden im Bruch vorkommenden Werte müssen auch grafisch erkennbar sein. Dazu wird im häufigsten Fall (Zählerwert = Teil des Nenner-Wertes) der Nennerwert z.B. als Hohlkreis mit dem Zählerwert als ausgefülltem „Tortenstück" (Kreissektor) im Mittelpunkt des dazugehörigen Areals plaziert. Eine direkte Darstellung ist auch die Auflösung des Tortenstücks in kleinste Punkte und deren Verteilung auf die Fläche des Hohlkreises als Dunkelwert. Diese Darstellungsform scheidet aus, wenn Prozentwerte über 100 auftreten. Dann bietet sich an, den größeren Zählerwert als konzentrischen Vollkreis darzustellen, innerhalb dessen der Kreis des kleineren Nennerwertes als Hohlkreis erscheint.

Die Darstellung von Prozentwerten durch die Ausfüllung der dazugehörigen Areale mit Dunkelwerten (je größer der Wert, desto dunkler das Areal) bedeutet eine Multiplizierung des jeweiligen visuellen Gewichts des Prozentwertes mit der Fläche des dazugehörigen Areals (vgl. a).

d) Sonstige Werte

> Beispiel 1: Anzahl der Ärzte auf 1000 Einwohner, Bruttosozialprodukt pro Kopf der Bevölkerung. Hierbei werden jeweils zwei absolute Zahlen mit verschiedenen Werteinheiten, die zu einem Areal gehören, in Bruchform zueinander in Beziehung gesetzt. Beispiel 2: Wahlergebnis Partei A in % 1994 – Wahlergebnis Partei A in % 1998 = x Prozentpunkte.

Direkte Darstellung ist nicht möglich, da die geometrischen Varianten mit den unter a, b und c aufgeführten direkten Darstellungen erschöpft sind. Als Ersatz muß eine dieser drei Möglichkeiten gewählt werden, wobei die Varianten a und c in jedem Fall der Variante b vorzuziehen sind.

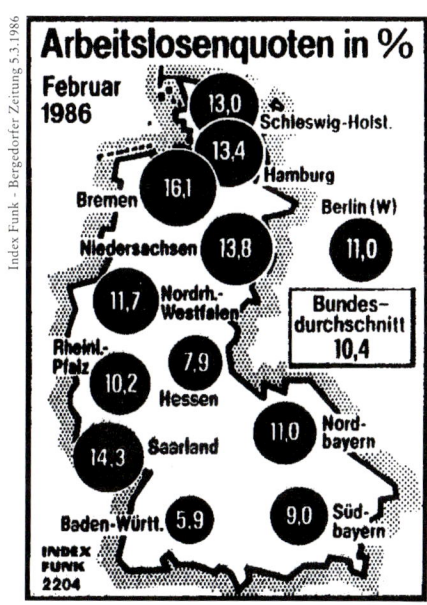

Index Funk - Bergedorfer Zeitung 5.3.1986

Arbeitslosenquoten in %

Februar 1986

13,0 Schleswig-Holst.

13,4 Hamburg

16,1 Bremen

Berlin (W) 11,0

Niedersachsen 13,8

11,7 Nordrh.-Westfalen

Rheinl.-Pfalz 10,2

7,9 Hessen

Bundes-durchschnitt 10,4

14,3 Saarland

11,0 Nord-bayern

Baden-Württ. 5,9

9,0 Süd-bayern

INDEX FUNK 2204

PROZENTWERTE

in 2 verschiedenen Darstellungsformen aus einer Infografik-Werkstatt: 1986 als absolute Werte, 1997 als Dichtewerte. Fehlinterpretationen lassen sich nicht ausschließen.

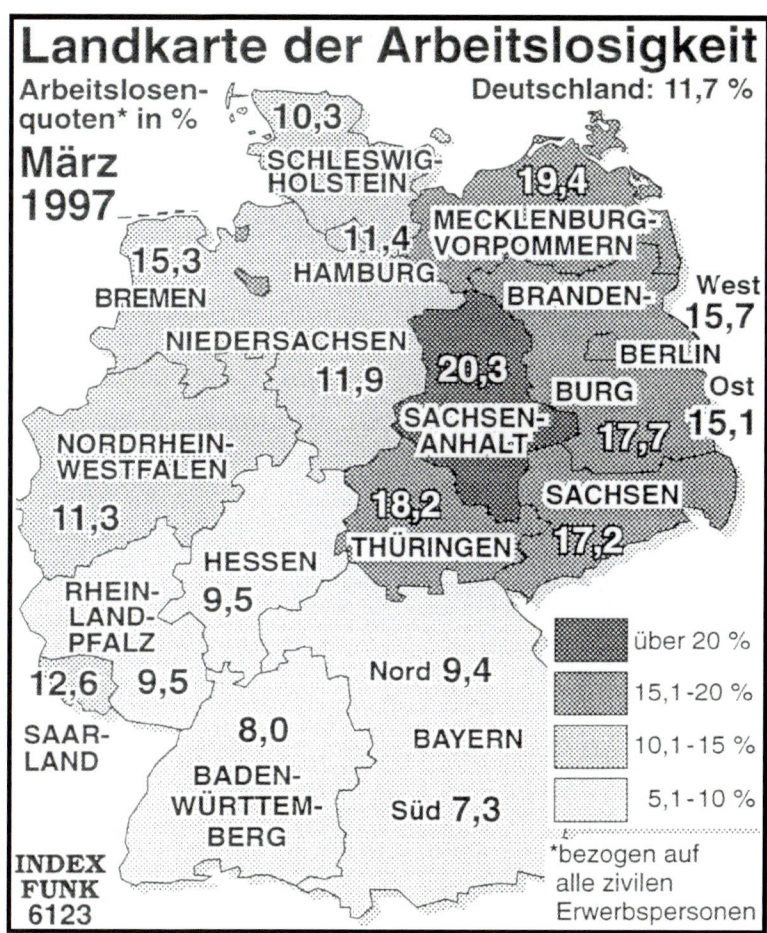

Index Funk - Hannoversche Zeitung 2.4.1997

Landkarte der Arbeitslosigkeit

Arbeitslosen-quoten* in %

Deutschland: 11,7 %

März 1997

10,3 SCHLESWIG-HOLSTEIN

19,4 MECKLENBURG-VORPOMMERN

11,4 HAMBURG

15,3 BREMEN

BRANDEN-BURG

West 15,7

NIEDERSACHSEN 11,9

20,3 SACHSEN-ANHALT

BERLIN

Ost 15,1

17,7

NORDRHEIN-WESTFALEN 11,3

18,2 THÜRINGEN

SACHSEN 17,2

HESSEN 9,5

RHEIN-LAND-PFALZ

Nord 9,4

12,6 9,5

SAAR-LAND

8,0 BADEN-WÜRTTEM-BERG

BAYERN

Süd 7,3

INDEX FUNK 6123

über 20 %

15,1 - 20 %

10,1 - 15 %

5,1 - 10 %

*bezogen auf alle zivilen Erwerbspersonen

Wetterkarten

Unter den Thematischen Karten und kartographischen Infografiken nehmen die Wetterkarten nach Informationsgewicht und Herstellung sowie durch ihre Häufigkeit eine deutliche Sonderstellung ein.

Wetterinformationen gehören zu den „high involvement information" ebenso wie Informationen über Kriege und Seuchen, die uns direkt heimsuchen, oder über Staus auf Autobahnen zur Urlaubszeit und Arbeitslosenquoten zum Monatsanfang. Die „hohe Betroffenheit" der Menschen vom Wetter und Wetterinformationen läßt sich durch folgende Tatsachen kennzeichnen:

- *Alle* Menschen sind – unabhängig von ihrer sozialen Stellung und von ihrem Aufenthaltsort – vom Wetter betroffen.

- Die Menschen sind *täglich* betroffen.

- Die Menschen sind in *zentralen Lebensbereichen* betroffen: bezüglich des allgemeinen Wohlbefindens und in bezug auf ihre Bewegungs- und Funktionsfähigkeit.

Im Vergleich zu anderen Infografiken ist die kartographische Wetter-Infografik im nationalen wie im internationalen Rahmen am häufigsten und am weitesten verbreitet.

Wetterkarten wurden von Anfang an und werden weiterhin von Meteorologen und nicht von Infografikern hergestellt. Denn nur die wissenschaftlichen Wetterfachleute erhalten ständig die für die Wetterkarten notwendigen aktuellen Daten und verfügen zugleich über das fundierte Wissen, um diese Daten rasch in Karten des aktuellen Wetters wie der Wetterprognose umzusetzen. Ungeachtet dessen bleibt die grafische Gestaltung von Wetterkarten weiterhin eine Aufgabe der Infografiker.

Die Wetterkarte hat sich in den letzten beiden Jahrzehnten deutlich verändert. Von der Mitte der 80er Jahre bis Anfang der 90er Jahre erfolgte ein Wandel von der „meteorologischen" zur „bildhaften" Wetterkarte: Die Größe der Wetterkarten nahm zu, Satellitenbilder wurden hinzugefügt, und anstelle der Fronten und Isobaren traten anschauliche Sonnen- und Wolkensymbole. Danach hat die eigentliche Revolution der Wetter-Infografik begonnen. Farbe und Service-Konzept hielten Einzug: Umfang und Differenzierung des Inhalts stiegen an. Verkehrshinweise finden sich beim Wetter nun ebenso wie Informationen zum Biowetter, zum Pollenflug und zur Luftverschmutzung sowie Telefonnummern, unter denen hochaktuelle Wetterinformationen jederzeit abrufbar sind.

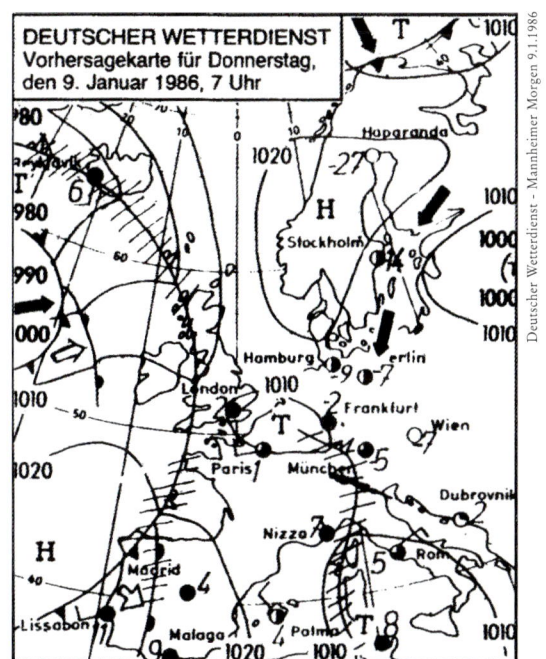

STARK VERÄNDERT
haben sich in den letzten 15
Jahren die Wetterkarten der
Tageszeitungen.

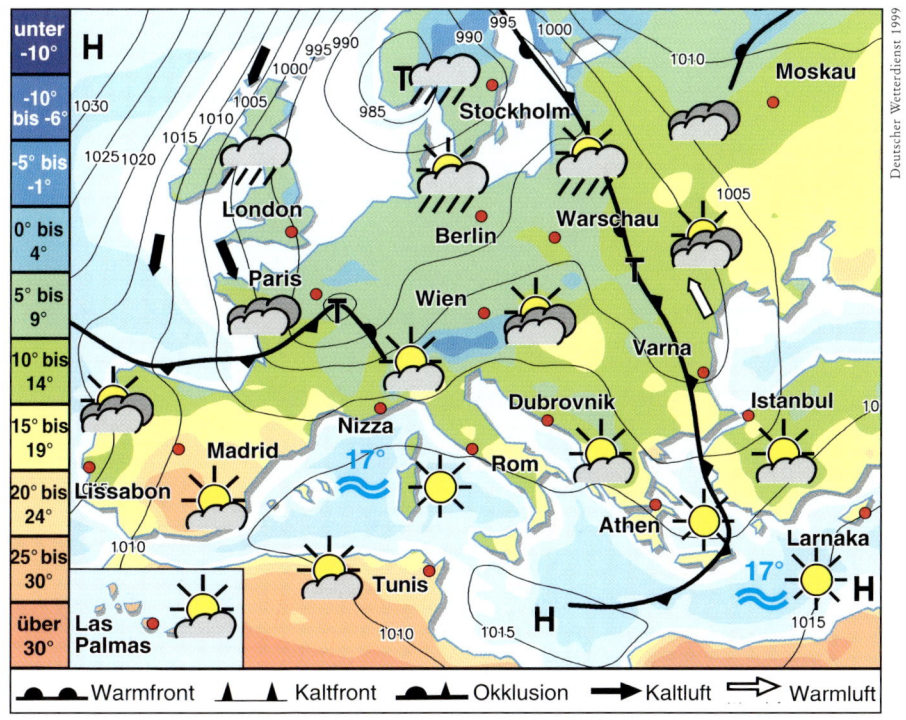

Von der Erdkugel zur Kartenebene

Das Problem, die Kugeloberfläche der Erde zu verebnen, wird rasch verständlich, wenn man versucht, einen Ball vollständig in eine Zeitung einzuwickeln, ohne daß die Zeitung Falten oder Risse erhält: Es geht nicht!

Für die Erde gibt es nur ein wirklichkeitsgetreues Modell: den Globus. Alle Landkarten und Infografiken enthalten durch den Übergang von der *zweifach* gekrümmten Kugeloberfläche in die Ebene Verzerrungen. Dagegen lassen sich z.B. Zylinder- und Kegelmantel als *einfach* gekrümmte Flächen ohne Verzerrungen in die Ebene abrollen.

Kartennetz-Entwürfe, salopp auch als Kartenprojektionen bezeichnet, sind mathematische Verfahren, um die Kugeloberfläche der Erde unter Erhaltung bestimmter geometrischer Eigenschaften in die Ebene abzubilden. Wichtige geometrische Eigenschaften sind dabei

- Flächentreue,
- Winkeltreue oder Formtreue und
- Längentreue.

Flächentreu bzw. winkeltreu heißt ein Kartennetz-Entwurf, wenn die auf der Kugeloberfläche vorhandenen Verhältnisse bezüglich beliebiger Flächen bzw. Winkel in der Ebene des Netzentwurfs erhalten bleiben. Mathematisch ist nachweisbar, daß Flächentreue und Winkeltreue einander ausschließen. Längentreu lassen sich nur ausgewählte Linien der Kugeloberfläche, z.B. Längen- oder Breitenkreise, in die Ebene abbilden.

Flächentreue ist dann wichtig, wenn die Verbreitung von Raumelementen in ihrem Verhältnis zu Landflächen in verschiedenen Weltgegenden von Bedeutung ist. Beispiele dafür sind Anbauflächen von Getreide oder Flächen bestimmter Umweltschäden.

Winkeltreue hat früher in der See- und Luftschiffahrt eine Rolle gespielt, als elektronische Navigationssysteme noch nicht verfügbar waren. Winkeltreue Karten haben aktuell an Bedeutung verloren, z.B. der Mercator-Entwurf, der zu den Polen hin erhebliche Flächenverzerrungen aufweist.

Neben den erwähnten geometrischen Eigenschaften spielen häufig rein grafische Aspekte, wie z.B. die Ähnlichkeit des Netzentwurfs mit dem Globus oder die außergewöhnliche Form des erzeugten Erdbildes, die für die praktische Nutzung des Netzentwurfs entscheidende Rolle.

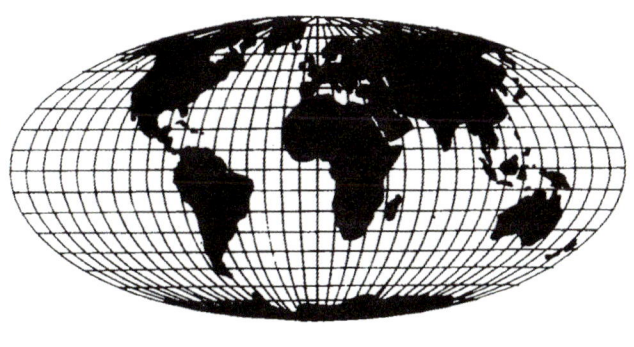

FLÄCHENTREUE ENTWÜRFE

Flächentreuer Entwurf von Mollweide

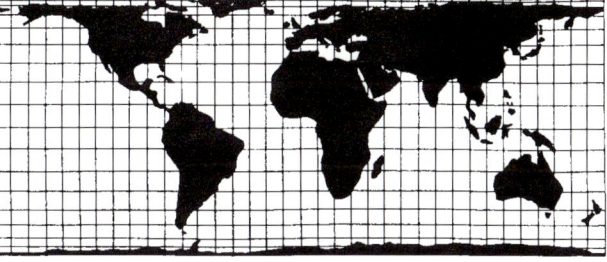

Flächentreuer Zylinderentwurf

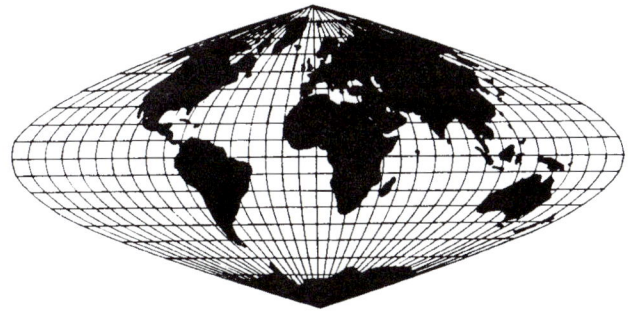

Flächentreuer Entwurf von Sanson-Flamsteed

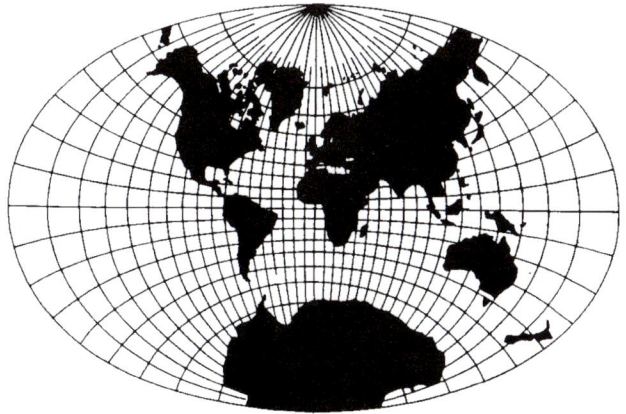

WINKELTREUER ENTWURF

Winkeltreuer Entwurf von Gougenheim

Jacques Bertin: Graphische Semiologie. Berlin-New York 1974

Die hier angesprochenen Probleme treten in erster Linie bei Darstellungen der gesamten Erde oder großer Teile der Erde auf. Geht man auf die Ebene der kleineren Kontinente, Ländergruppen oder einzelnen Länder, so reduzieren sich diese Probleme meist auf die Auswahl der entsprechenden Landkarte in einem handelsüblichen Schulatlas. Bei der Nutzung von Ausschnitten derartiger Schulatlas-Karten ist darauf zu achten, daß in der Regel die Verzerrungen im Zentrum der Karte am geringsten sind und zu den Rändern hin zunehmen. Bei Weltkarten, die den Punkt des Pols als Linie zeigen, liegen z.B. dort Winkelverzerrungen von 180° vor!

Bei Stadtplänen, Blättern der amtlichen Kartenserien Deutschlands, Wanderkarten oder Autoatlanten sind diese Probleme völlig gegenstandslos, weil die in diesen Landkarten oder entsprechenden Infografiken dargestellten Gebiete nur minimal von der gekrümmten Erdoberfläche abweichen. Flächentreue, Winkeltreue und Längentreue sind in diesen kleinen Räumen – im Verhältnis zur Erdkugel – ausreichend gewährleistet.

Für die Auswahl von Kartennetz-Entwürfen unter inhaltlichen wie grafischen Aspekten sei auf folgende Veröffentlichungen mit zahlreichen Beispielen verwiesen:

Christoph Brandenberger: *Verschiedene Aspekte und Projektionen für Weltkarten.* Zürich 1966.

48mal die Erde – und immer anders. Kartennetzentwürfe hergestellt am Institut für Geografie der Universität Wien, Studienzweig Kartographie. Wien 1992.

Es gibt allerdings landkartenähnliche Darstellungen, sogenannte „Anamorphosen", in denen Autoren ganz bewußt die gewohnten Umrisse von Verwaltungseinheiten, Ländern oder Kontinenten verzerren. Um z.B. die regionale Verteilung der Rüstungsausgaben besonders prägnant zu verdeutlichen – so glauben jedenfalls diese Autoren – , benutzen sie die Werte für die Rüstungsausgaben nach einem bestimmten Schlüssel als Faktor zur Vergrößerung oder Verkleinerung der entsprechenden Länderflächen. Bei diesem Prozeß werden die Länder mit den größten Rüstungsausgaben gleichsam „aufgeblasen", während diejenigen mit den kleinsten Ausgaben schrumpfen. Im Ergebnis entsteht fast immer ein völlig verzerrtes Weltbild, in dem die eigentlichen Informationen, um die es den Autoren angeblich geht, nicht wahrgenommen werden können – eine grafische Spielerei, mehr nicht!

Wird allerdings anstelle einer gedruckten Anamorphose der Übergang von der Landkarte zur Anamorphose über eine Videofolge oder einen Film plastisch veranschaulicht, kann diese Form der Raumdarstellung durchaus von Wert sein.

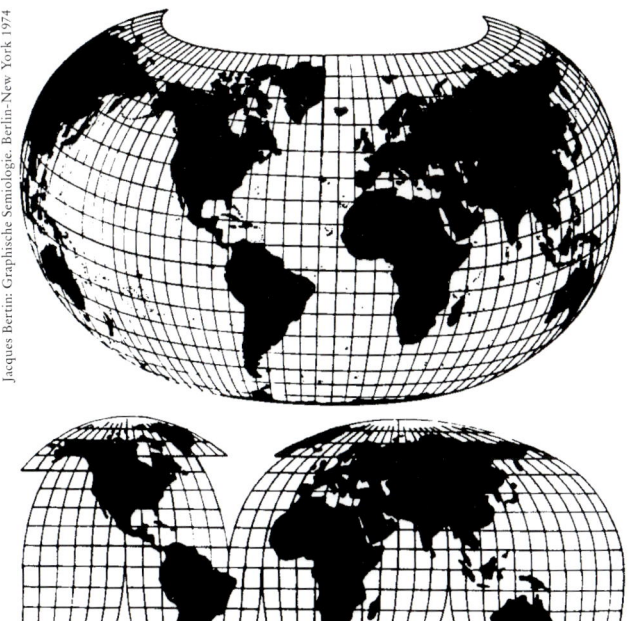

Jacques Bertin: Graphische Semiologie. Berlin-New York 1974

GESTRECKTE „ORANGENSCHALE"
mit ungeteiltem Pazifik (J. Bertin 1951).

FLÄCHENTREUER ENTWURF VON GOOD
(Aneinanderfügen von Streifen des
Mollweide-Entwurfs)

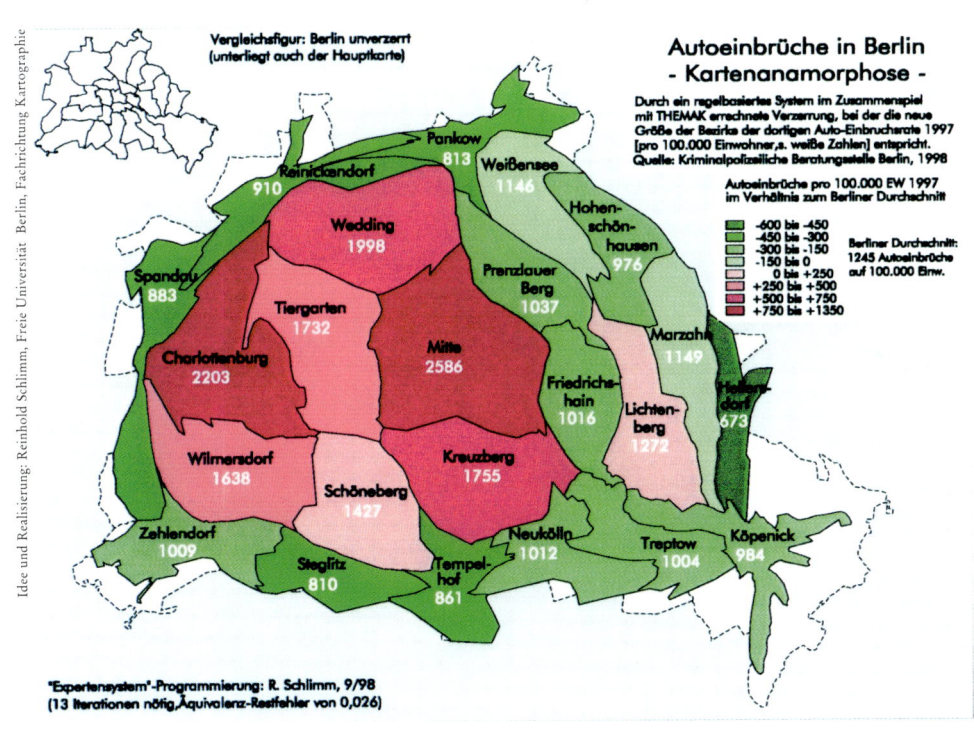

Idee und Realisierung: Reinhold Schlimm, Freie Universität Berlin, Fachrichtung Kartographie

Vergleichsfigur: Berlin unverzerrt
(unterliegt auch der Hauptkarte)

Autoeinbrüche in Berlin
- Kartenanamorphose -

Durch ein regelbasiertes System im Zusammenspiel
mit THEMAK errechnete Verzerrung, bei der die neue
Größe der Bezirke der dortigen Auto-Einbruchsrate 1997
[pro 100.000 Einwohner,s. weiße Zahlen] entspricht.
Quelle: Kriminalpolizeiliche Beratungsstelle Berlin, 1998

Autoeinbrüche pro 100.000 EW 1997
im Verhältnis zum Berliner Durchschnitt

-600 bis -450
-450 bis -300
-300 bis -150
-150 bis 0
0 bis +250
+250 bis +500
+500 bis +750
+750 bis +1350

Berliner Durchschnitt:
1245 Autoeinbrüche
auf 100.000 Einw.

Pankow 813
Reinickendorf 910
Weißensee 1146
Hohen-schön-hausen 976
Wedding 1998
Prenzlauer Berg 1037
Spandau 883
Tiergarten 1732
Mitte 2586
Marzahn 1149
Charlottenburg 2203
Friedrichs-hain 1016
Lichten-berg 1272
Hellersdorf 673
Wilmersdorf 1638
Kreuzberg 1755
Schöneberg 1427
Zehlendorf 1009
Neukölln 1012
Treptow 1004
Köpenick 984
Steglitz 810
Tempel-hof 861

"Expertensystem"-Programmierung: R. Schlimm, 9/98
(13 Iterationen nötig,Äquivalenz-Restfehler von 0,026)

ANAMORPHOSE VON BERLIN
auf der Grundlage der
Autoeinbrüche pro
100.000 Einwohner pro
Bezirk.

Wie legt man Berge flach?

Die Reduzierung der drei Dimensionen des Reliefs auf die zwei Dimensionen der ebenen Landkarte oder der Infografik gehört zu den ältesten kartographischen Problemen überhaupt.

Bereits die Wandmalerei von ▸Çatal Hüyük aus Anatolien etwa 6200 Jahre v. Chr. zeigt den Grundriß der Siedlung in Kombination mit dem Aufriß zweier nahe gelegener Vulkane. Damit waren die prinzipiellen Möglichkeiten der kartographischen Darstellung im wesentlichen ausgeschöpft.  S. 23

Die Landkarten verwenden seit der Mitte des 19. Jh. vor allem die Grundrißdarstellung, um das Relief in seiner 3. Dimension zu vermitteln. Gegenwärtig werden drei prinzipiell unterschiedliche Methoden eingesetzt:

- Höhenlinien,
- Höhenschichtenfarben,
- Schummerung.

Grundlage aller Methoden zur Darstellung des Reliefs ist die genaue Vermessung der Höhen zur Wiedergabe in *Höhenlinien*, d.h. den Linien gleicher Höhe. Diese Methode erlaubt die Berechnung der Höhen aller Punkte in Landkarten. Der Nachteil der Methode besteht in der geringen Anschaulichkeit: Das Lesen und Interpretieren von Höhenlinien erfordert Schulung und Erfahrung. Für Infografiken kommen daher Höhenlinien prinzipiell nicht in Betracht.

Höhenschichtenfarben werden bei Übersichtskarten eingesetzt, deren Höhenlinien nur noch Flächen gleicher Höhe begrenzen, aber keine Einzelheiten des Reliefs mehr vermitteln. Höhenschichtenfarben sind häufig durch die Farbfolge Dunkelgrün-Hellgrün für Flachland, Gelb-Hellbraun für Mittelgebirge und Rotbraun-Dunkelbraun für Hochgebirge gekennzeichnet und in nahezu allen Schulatlanten und Schulwandkarten vertreten. Die Kombination von Höhenschichtenfarben mit Schummerung ist für die genannten Landkarten kartographischer Standard, für Infografiken aber in der Regel zu aufwendig.

Der Einsatz von wenigen Höhenschichtenfarben kann aber durchaus zu einem flächenhaften Reliefeindruck führen.

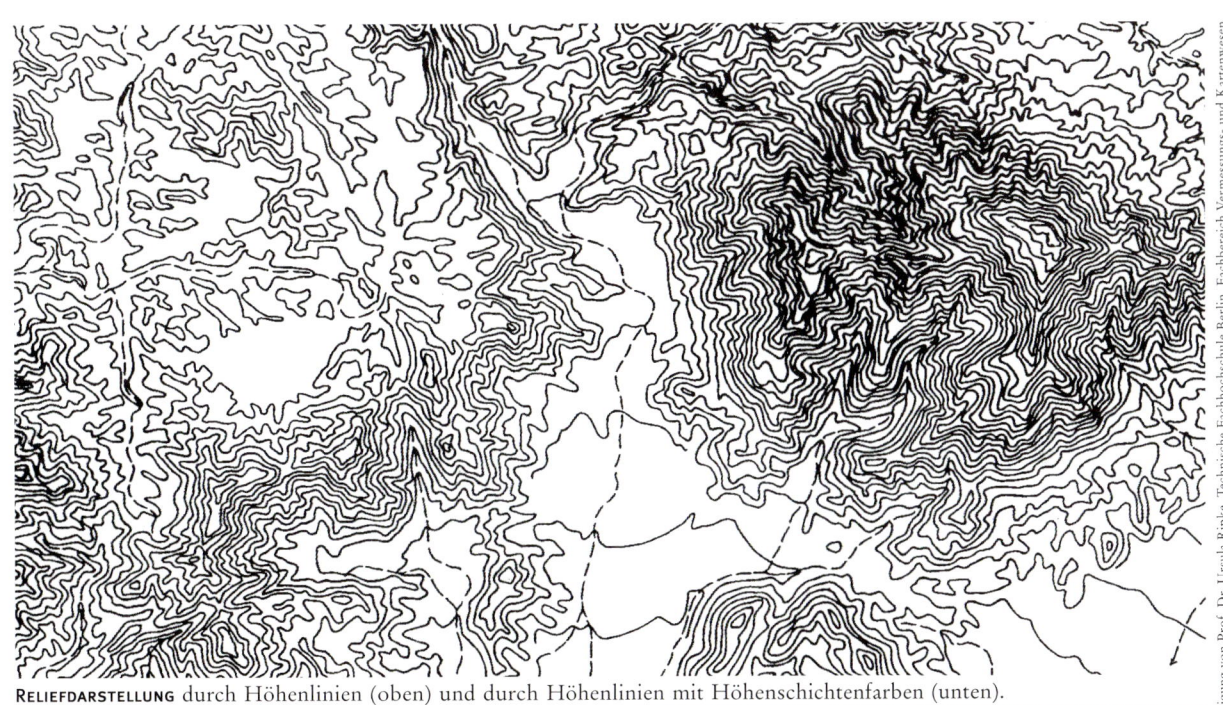

RELIEFDARSTELLUNG durch Höhenlinien (oben) und durch Höhenlinien mit Höhenschichtenfarben (unten).

Mit freundlicher Genehmigung von Prof. Dr. Ursula Ripke, Technische Fachhochschule Berlin, Fachbereich Vermessungs- und Kartenwesen

Berge – anschaulich oder simpel?

Die Darstellung des Reliefs durch die sogenannte Schummerung beruht auf den Licht- und Lesegewohnheiten von Rechtshändern: Das Licht kommt beim Arbeiten von links oben.

Die entsprechende diffuse Beleuchtung eines Gipsreliefs führt zu einem sehr plastischen Reliefeindruck, der einerseits durch helle, lichtzugewandte und andererseits durch dunkle, lichtabgewandte Reliefpartien erzielt wird. Schlagschatten sind dabei unbedingt zu vermeiden, weil sie Teile des übrigen Karteninhalts wie Siedlungen oder Schrift verdecken. Die preiswerten EDV-Programme zur Reliefdarstellung enthalten in der Regel solche Schlagschatten.

Schummerungsreliefs sind bezüglich der Formen sehr anschaulich, aber höhenmäßig nicht meßbar. Dieser zunächst mit der fotografischen Aufnahme von Gipsreliefs erreichte Effekt wird heute von Spezialisten über Airbrush-Verfahren und EDV-Programme realisiert. Die Kombination von Schummerung und Höhenlinien zur Nutzung der Vorteile beider Systeme bestimmt das Bild vieler Topographischer Karten.

Auch für Infografiken aller Maßstäbe ist die Schummerung die ideale Reliefdarstellung, die aber von Spezialisten angefertigt werden muß. Es sollte daher immer überprüft werden, welche Elemente der Infografik einer Unterstützung durch Schummerung bedürfen. Schummerung als reine Illustration ohne informativen Wert ist teuer und überflüssig.

Ungeachtet dessen, daß Höhenlinien und Höhenschichtenfarben zur Darstellung des Reliefs schon seit 200 Jahren existieren und auch die Schummerung keine außergewöhnliche Methode mehr ist, werden in einigen aktuellen Infografiken ausschließlich schematische Seitenansichten von Bergen eingesetzt, um kartographisch einen Reliefeindruck zu erzeugen. Damit kehrt man zu Verfahren zurück, die aus dem Altertum stammen und heute problemlos durch anschaulichere Methoden ersetzt werden können.

RELIEFDARSTELLUNG
durch Schummerung: Island.

Mit freundlicher Genehmigung von Gunter Kaiser

SCHEMATISCHE SEITENANSICHTEN
von „Bergen" sind kein
Ersatz für eine kartographische Reliefdarstellung.

Idee: Wolfgang Scharfe/Grafik: Michael Albrecht

Königsberg oder Kaliningrad?

Ereignisse auf der Erde müssen räumlich eingeordnet werden. Ein Mittel dazu sind geographische Namen, um geographische Objekte und Räume eindeutig anzusprechen und zu verorten. Sie dienen dem Leser als Orientierungshilfe.

Die Verwendung geographischer Namen führt oft zu Problemen und Diskussionen, wenn neben der offiziellen landesüblichen Form für ein Objekt (= Endonym) auch Benennungen in anderen Sprachen vorliegen (= Exonym). So lautet der offizielle Name für das deutsche Exonym *Mailand* auf italienisch *Milano*, für das Exonym *Kairo* (dt.) heißt das Endonym arabisch *Al Qahira*. Aber nicht alle Exonyme gehören zum aktuellen Wortschatz einer Sprache. Viele sind im Sprachgebrauch veraltend oder als historisch anzusehen (z. B. *Felsengebirge* dt. für *Rocky Mountains* engl.). Für die richtige Namensform in Infografiken gelten folgende Grundsätze:

Sprachen können sich in vielerlei Merkmalen voneinander unterscheiden und unter anderem auch darin, dass sie für gleiche Gegenstände der Außenwelt, für gleiche Vorstellungen und Inhalte je ein verschiedenes Wort verwenden ...
OTTO BACK, 1991

1. Selbständige Staaten und deren Hauptstädte sind mit dem Exonym der Publikationssprache zu beschriften. Historische und veraltende Formen sind nicht zu verwenden (richtig *Simbabwe* dt. statt *Zimbabwe* engl. oder *Rhodesien* hist.; *Vilnius* litau. statt veraltend *Wilna* dt.).

2. Alle sonstigen geographischen Objekte sind dann mit dem deutschen Exonym zu benennen, wenn dieses im täglichen Sprachgebrauch noch Verwendung findet (z. B. *Lombardei* dt. für *Lombardia* ital., *Themse* dt. für *Thames* engl.). Veraltende oder historische Namensformen sind zu vermeiden (Neubraunschweig dt. für New Brunswick engl.)

3. Zur Feststellung der Gebräuchlichkeit eines deutschen Namens kann ein anerkannter aktueller Schulatlas herangezogen werden. Er spiegelt in seinen Karten den Exonymenwortschatz einer Sprache wider. Die Gebräuchlichkeit von Exonymen kann aber auch innerhalb eines Sprachgebietes variieren (z. B. *Jelgava* lett. in Österreich, aber *Mitau* dt. in Deutschland). Für Österreich und die Schweiz sind daher die nationalen Schulatlanten heranzuziehen.

4. Ist die Gebräuchlichkeit eines Exonyms zweifelhaft, so ist bei Siedlungen dem Endonym als offiziellem landesüblichen Namen der Vorzug zu geben, bei allen anderen Objekten (Bergen, Flüssen usw.) sollte auf eine Erwähnung verzichtet werden. Ist dies nicht möglich, verwendet man bevorzugt das Exonym.

Um die Mehrsprachigkeit deutlich zu machen, kann bei Siedlungsnamen dem dt. Exonym die landesübliche Bezeichnung in Klammer nachgestellt werden. Nur bedingt eignen sich für die Beschriftung von geographischen Objekten große Hand- oder Weltatlanten sowie Straßenkarten. Die Namen in diesen Produkten sind durchweg Endonyme und daher für eine deutschsprachige Publikation nicht vorrangig zu Rate zu ziehen. *Roman Stani-Fertl*

DIE KARTE IST MIT DEN offiziellen ortsüblichen Namen (Endonymen) beschriftet. Der Leser kann sich nur schwer orientieren, weil sie das Bildungsgut eines Nutzer mit deutscher Muttersprache nicht wiedergibt.

Roman Stani-Fertl, 1999

DIE BESCHRIFTUNG ENTSPRICHT jener, wie sie für Infografiken zu empfehlen ist. Objekte sind mit Exonymen beschriftet, die ortsüblichen Bezeichnungen für Siedlungen werden in Klammer nachgestellt. Dort wo es keine gebräuchlichen Exonyme gibt, verwendet man die landesüblichen Formen. Diese Methode der Doppelbeschriftung hat den Vorteil, daß sie die Realität am ausgewogensten wiedergibt. Eine zu hohe Dichte von Namen in der Karte vermeidet man durch Weglassen von Objekten.

Bildstatistik

Bildstatistiken

Alle Infografiken, bei denen die Darstellung von Mengen im Vordergrund steht, sind Bildstatistiken. Ihr Darstellungsprinzip ist der Mengenvergleich.

Die Hauptaufgabe einer Bildstatistik besteht darin, Mengenverhältnisse zu visualisieren. Ob dies durch Torte, Balken oder Kurve geschieht, entscheidet die Fragestellung, auf die die Grafik antworten will. In der Praxis bedeutet dies eine komplexe Anforderung an den Infografiker, da Datensätze zumeist problemlos in mehrere Diagrammformen umgesetzt werden können.

Im folgenden wird unterschieden in einfache und kombinierte Vergleiche. Die einfachen Vergleichsformen betrachten die Zusammensetzung einer Menge (Wahlergebnisse in Parlamentssitzen), einen Gegenstand über einen Zeitraum (Arbeitslosigkeit 1950-1999) oder das Verhältnis unterschiedlicher Gegenstände hinsichtlich des gleichen Parameters (Anteil der Millionäre in Hamburg und München 1999).

Oft liefert die Betrachtung von zwei Parametern in den einfachen Vergleichsformen noch kein aussagekräftiges Bild. Dann bieten sich kombinierte Vergleiche an. Die richtige Diagrammform läßt sich bestimmen, indem man entscheidet, welcher Vergleich im Vordergrund stehen soll.

Je mehr Parameter miteinander verglichen werden, desto komplexer wird die Bildstatistik. Das macht sie zum einen interessant,weil sich viele Erkenntnisse aus ihr ableiten lassen. Zugleich läuft sie Gefahr, daß sie nicht schnell genug erfaßt werden kann und deshalb übersehen wird. Um zu vermeiden, daß das Publikum die Kommunikation frustriert abbricht, sind im Zweifelsfall komplexe Informationen auf mehrere Bilder zu verteilen.

Nur dort, wo vorab (...) für das Alltagsleben relevante Kontexte selektiert werden, kann eine bildstatistische Transformation ihre Wirkungen entfalten. (...) Sie dramatisiert mit großem Gewinn interessante Inhalte, schafft sie aber nicht: Eine Zahlensprache gibt die Nüsse, eine Bildersprache knackt sie auf.
KARL MÜLLER, 1991

Angela Jansen, 1999

Die wichtigsten Bildstatistik-Typen im Überblick

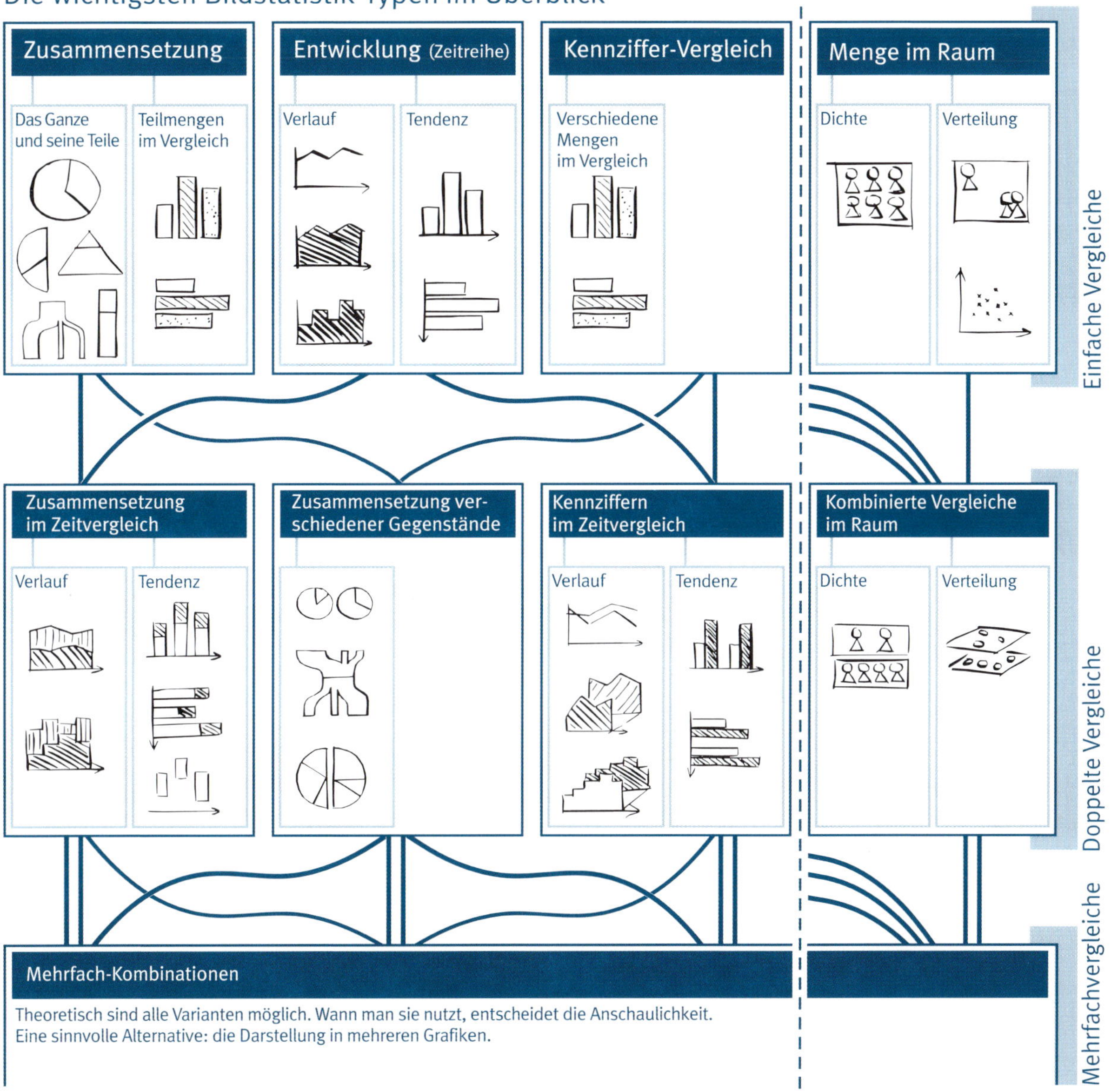

Einfache Vergleiche

Zusammensetzung
Das Ganze und seine Teile | **Teilmengen im Vergleich**

Entwicklung (Zeitreihe)
Verlauf | **Tendenz**

Kennziffer-Vergleich
Verschiedene Mengen im Vergleich

Menge im Raum
Dichte | **Verteilung**

Doppelte Vergleiche

Zusammensetzung im Zeitvergleich
Verlauf | **Tendenz**

Zusammensetzung verschiedener Gegenstände

Kennziffern im Zeitvergleich
Verlauf | **Tendenz**

Kombinierte Vergleiche im Raum
Dichte | **Verteilung**

Mehrfachvergleiche

Mehrfach-Kombinationen

Theoretisch sind alle Varianten möglich. Wann man sie nutzt, entscheidet die Anschaulichkeit.
Eine sinnvolle Alternative: die Darstellung in mehreren Grafiken.

Die Bezeichnungen der wichtigsten Diagrammtypen

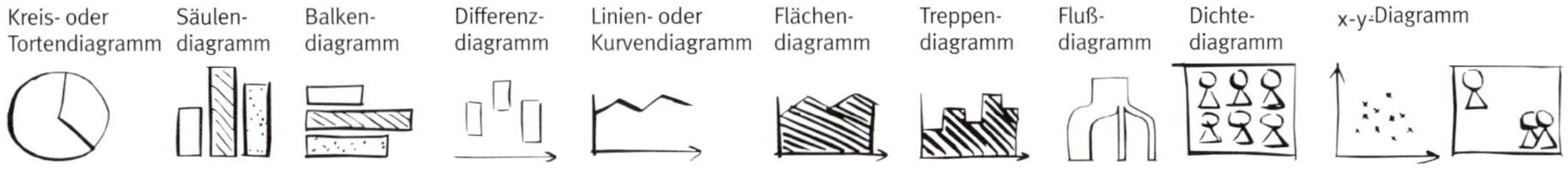

Kreis- oder Tortendiagramm | Säulendiagramm | Balkendiagramm | Differenzdiagramm | Linien- oder Kurvendiagramm | Flächendiagramm | Treppendiagramm | Flußdiagramm | Dichtediagramm | x-y-Diagramm

Das Ganze und seine Teile

Uns interessiert die Zusammensetzung einer Menge, das Verhältnis der Teile zum Ganzen. Hier liefert die „Torte" – auch Kreisdiagramm genannt – das beste Bild.

Der Kreis ist als Grundform allgemein vertraut. Der Anteil der Teilmengen am Ganzen erschließt sich auf den ersten Blick – so anschaulich wie die Uhrzeit. Es dürfen allerdings nicht zu viele Kreissektoren eingetragen werden. Faustregel: Nicht mehr als sechs. Und: Die einzelnen Mengen müssen sich deutlich unterscheiden. Denn ähnlich große „Tortenstücke" sind schwer zu vergleichen, besonders wenn sie weit auseinander liegen. Das Balkendiagramm mit der einheitlichen Grundlinie ist für viele oder nur gering unterschiedliche Teilstücke einfacher zu interpretieren.

Aus vielfachen, von mir angestellten Experimenten mit Versuchspersonen von verschiedener Bildungsstufe geht hervor, daß solche Kreissektoren viel richtiger als geteilte Stäbe, Quadrate, Rechtecke, Dreiecke abgeschätzt werden.
ARNOLD SCHWARZ, 1943

Der Kreis findet sich in Natur und Technik, so daß sich viele visuelle Assoziationsmöglichkeiten anbieten (Globus, Ball, Riesenrad ...). Gut möglich ist die Integration von *Fotos*. Eine starke Layoutwirkung kann durch ein freigestelltes Kreisdiagramm erzielt werden. Um solch eine dominante Grafik entsprechend ihrer Bedeutung in die Seite einzubinden, ist allerdings gestalterisches Fingerspitzengefühl erforderlich.

Die Beschriftung ist immer ein wenig kompliziert beim Kreisdiagramm. Lassen sich nicht alle Zahlen und Kategorien direkt in den Kreisausschnitten unterbringen, so sollte man sie komplett außerhalb des Diagramms plazieren: in ihrer Bedeutungsreihenfolge, in klarer ▸Typographie und mit möglichst wenig Hilfslinien.

S. 112

Perspektivisch veränderte Kreise bieten gute Gestaltungsmöglichkeiten und schaffen dynamische Bilder. Ein Schatten erhöht die dreidimensionale Wirkung und verhilft der schwebenden Kreisform zu „Bodenhaftung". Die Mengenrelationen können trotz Verzerrung in den meisten Fällen korrekt abgelesen werden, da das Auge eine Elipse ohne große Mühe auf die Grundform Kreis zurückführen kann.

Bilden die betrachteten Mengen kein sinnvolles Ganzes, so darf kein Kreisdiagramm eingesetzt werden. Und: Die Gesamtmenge muß immer 100 Prozent entsprechen.

Die Woche, 30.1.1998

GELDidee, 5/1998

Produktion. 1997 erzeugten 13 000 Gärtnereien 3,35 Milliarden Pflanzen.

Topfpflanzen 350 Millionen

Beet- und Balkon-pflanzen 1 Milliarde

Schnittblumen 2 Milliarden

KLEIN, ABER FEIN: EIN PASSENDES Motiv, farbig und typographisch gut abgestimmt.

reduziert!

Gewerbesteuer **0,30 DM**

Kraftfahrzeuge **0,70 DM**

Zinsen **1,30 DM**

Geschäftsräume **1,30 DM**

Abschreibungen **1,40 DM**

Werbung **1,70 DM**

Sonstige **2,90 DM**

Miete

3,80 DM

Mehrwert-steuer **11,20 DM**

58,70 DM Waren-beschaffung

Personal **14,40 DM**

Der Einzelhandel zahlt von 100 DM Umsatz für …

Es bleiben **2,30 DM** Gewinn

MAGERE MARGEN: *100 Mark Einnahmen bringen deutschen Händlern nur 2,30 Mark Gewinn. Sonderangebote, die den Absatz ankurbeln sollen, lassen den Ertrag noch weiter schrumpfen*

© DIE WOCHE Quelle: Institut für Handelsforschung, Köln

DIE AUSNAHME BESTÄTIGT DIE Regel. Sowohl inhaltlich notwendig als auch gestalterisch überzeugend gelöst ist dieses Tortendiagramm mit deutlich mehr als sechs Sektoren.

Alternativen zur „Torte"

Die „Torte" muß nicht rund sein. Diagramme können auch andere geometrische Grundformen nutzen. Sie sind dort attraktiv, wo sie über ihre Form einen direkten Bezug zur Wirklichkeit herstellen.

Das aufgeteilte Rechteck zeigt die Zusammensetzung oft noch deutlicher als ein Kreis. Die Experten streiten seit langem in wissenschaftlichen Publikationen, ob sich aus dem Kreis oder aus dem Rechteck die korrekten Mengenverhältnisse besser ablesen lassen. Da alle Untersuchungen bisher kein eindeutiges Ergebnis liefern konnten, bleibt es dem Gestalter überlassen, seine Vorlieben zu entwickeln. Flächen z.B. lassen sich im Rechteck viel wirklichkeitsnäher darstellen. Ihre Teilflächen können mit Mustern oder Fotos gefüllt werden.

Ein in 100 Felder unterteiltes Quadrat (Quadratdiagramm) bildet prozentuale Verteilungen einfach ab – besonders wenn man in mehreren Bildern eine Entwicklung zeigt.

Die Pyramide erlaubt dagegen nur selten eine korrekte Einschätzung der Verhältnisse. Sinnvoll ist sie nur, wenn die Hierarchie besonders betont werden soll.

Auch umfangreicher Text läßt sich im aufgeteilten Rechteck gut zuordnen – ein entscheidender Vorteil gegenüber dem Kreisdiagramm. Senkrecht gestellt, verkraftet es auch viele Kategorien besser als das Kreisdiagramm.

Die Alternativen zur „Torte" sollten gewählt werden, wenn sie wirkungsvoller das Thema visualisieren – keinesfalls aber innerhalb einer Reihe, nur um Abwechslung zu erzielen. Der Halbkreis symbolisiert treffend die Sitzverteilung im Parlament, die Pyramide die Organisation eines Unternehmens und das Rechteck die Aufteilung einer Fläche. Gegenüber dem Kreisdiagramm lassen sich diese Diagrammformen oft einfacher ins Layout einbinden – so hat z.B. der Halbkreis wegen seiner geraden Basis auch freigestellt einen guten Halt auf der Seite.

Je komplizierter die geometrische Grundform, desto vorsichtiger muß die Perspektive eingesetzt werden. Im Einzelfall ist zu prüfen, ob die Mengenverhältnisse noch korrekt transportiert werden.

Der Spiegel, 35/1998

Der Jungbauer, 1966

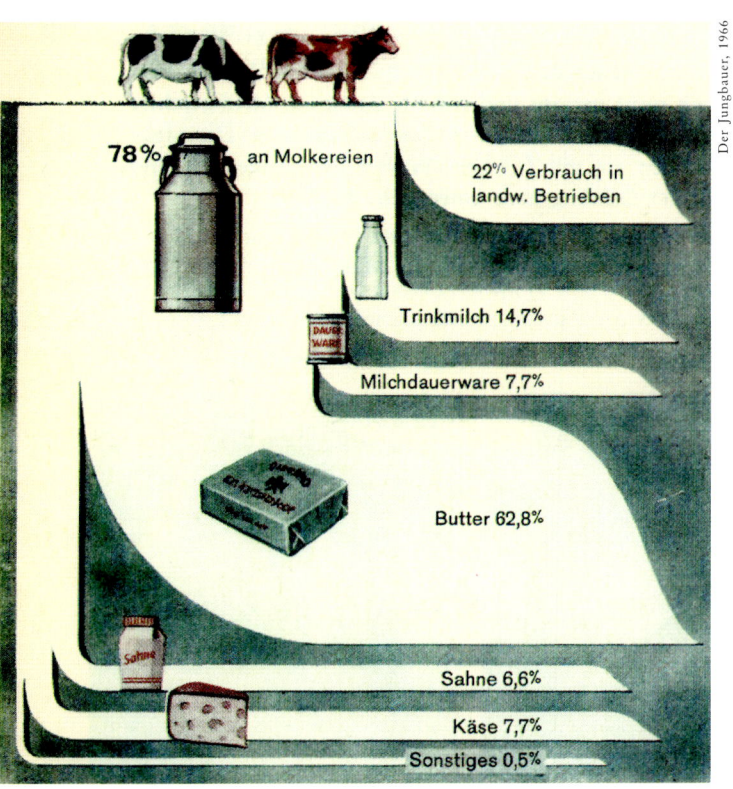

Nachgefragt

Bohrender Verdacht

„ *Die Zahnärzte sind durch überhöhte Abrechnungen ins Gerede gekommen. Wie beurteilen Sie Ihren Zahnarzt?* **„**

Mein Zahnarzt rechnet korrekt ab

Mein Zahnarzt schummelt

73 15 6

Ist mir egal, Hauptsache die Behandlung ist in Ordnung

Emnid-Umfrage für den SPIEGEL; 1004 Befragte; 18. und 19. August; an 100 fehlende Prozent: keine Angabe

78% an Molkereien

22% Verbrauch in landw. Betrieben

Trinkmilch 14,7%

Milchdauerware 7,7%

Butter 62,8%

Sahne 6,6%

Käse 7,7%

Sonstiges 0,5%

ALTERNATIVEN ZUR TORTE SIND immer anschaulich, wenn sie sich in ihrer Form am dargestellten Gegenstand orientieren.

DAS FLUSSDIAGRAMM macht deutlich, wohin die Milchprodukte „fließen".

Flughafen Hamburg: Gesamtfläche: 519 ha

15 ha bebaut   149 ha versiegelt   355 ha Grünland

Flughafen Hamburg, 1999 (Jansen)

Teilmengen im Vergleich

Ein Säulen- oder Balkendiagramm betont das Verhältnis der Teilmengen untereinander. Die Torte stellt dagegen das Verhältnis der Teile zum Ganzen heraus. Größte Anschaulichkeit erreicht man, wenn alle Balken auf einer einheitlichen Grundline stehen und sich nur in der Länge, nicht aber in der Breite verändern.

Ob man die Mengenreihen waagerecht oder senkrecht plaziert, entscheidet sich meist aufgrund der notwendigen Beschriftung und des gewünschten Bildformates. Wenn ein Wert die Grafik sprengt, so muß dieser Dimensionsunterschied unbedingt dargestellt und nicht durch einen unterbrochenen Balken relativiert werden, nur um das Grafikformat einzuhalten. Denn damit würde man die Hauptaufgabe einer Bildstatistik ignorieren – nämlich die Sinndifferenz als optische Differenz zu zeigen. Die beste Lösung: Das ▸Format der Infografik paßt sich den Mengen an. So kommen attraktive – und informative – Ergebnisse zustande. Der „Ausreißer" läßt sich auch einbinden, indem man ihn in mehreren Teilstücken nebeneinander setzt oder die ▸Perspektive zur Hilfe nimmt.

S. 100

S. 104

S. 106 ff.

Die Balken können mit Schraffuren oder Fotos gefüllt werden. Allerdings produzieren die automatischen Funktionen mancher Chartprogramme dabei oft stark verzerrte Darstellungen, die ästhetisch nicht befriedigen können. Durch ▸Symbole für die dargestellten Einzelmengen lassen sich triste Balken vermeiden – und zugleich ist auf elegante Weise der Themenbezug hergestellt.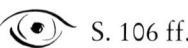

Balken in perspektivischer Anordnung erlauben viele attraktive Varianten für die Grafik- und Seitengestaltung, ohne daß die Mengenrelationen zwangsläufig falsch wiedergegeben werden. So ersetzen ein Schatten und eine leichte räumliche Anmutung oft die Grundlinie. Die Unterkante der Balken sollte möglichst waagerecht verlaufen. Eine gute Hilfskonstruktion: Ein Gitternetz, auf die Balken projiziert, macht die perspektivische Verzerrung transparent.

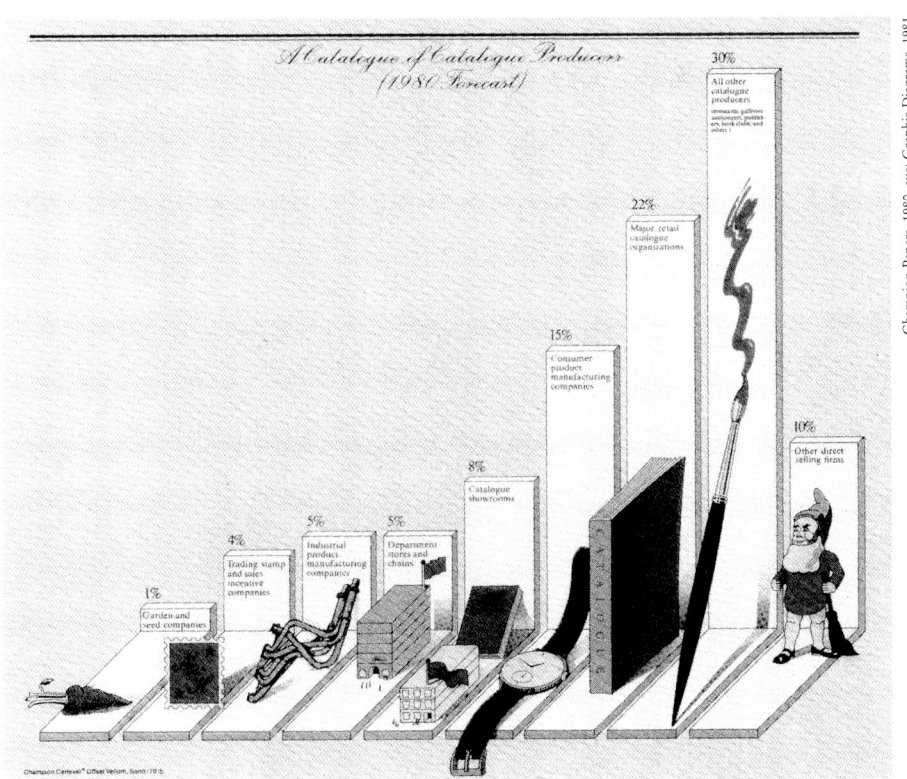

Champion Papers, 1980, aus: Graphis Diagrams, 1981

AUCH HIER GEHT ES UM DAS
Ganze: In den Vordergrund
wird aber das Verhältnis von
(vielen) Einzelmengen ge-
stellt, die in einer Torte oder
in einem aufgeteilten Rechteck (siehe vorhergehende
Seite) nicht so differenziert
zu vergleichen wären.

Die Wahl zum Arbeiterrat in Harburg 1919

Partei	USPD	SPD	DVP	DDP	Zentrum	ungültig
Stimmen	2279	6125	601	518	114	37
Sitze	11	32	3	2	keine	

Meyer, Rote Fahnen über Harburg, 1998 (Jansen)

Der Kennziffer-Vergleich

Man kann Äpfel und Birnen vergleichen – wenn es einen gemeinsamen Maßstab gibt: die sogenannte Kennziffer, auch Parameter genannt. Kennziffern für den Äpfel-Birnen-Vergleich können z.B. das Gewicht, Oechsle, Wurm pro Kubikzentimeter oder Wachstum pro Woche sein.

Kennziffer-Vergleiche können gleichartige Gegenstände (Äpfel und Birnen gehören beide zur Gruppe „Obst") zum Inhalt haben. Dann sollten sie gleichberechtigt präsentiert werden, in der Regel durch nebeneinander stehende Balken unterschiedlicher Länge.

Ergibt sich aus der Differenz der Mengen die eigentliche Erkenntnis, so sollte dies in der Infografik sichtbar werden, indem man die Balken gegeneinander stellt, sie grafisch voneinander abzieht. Welche Menge von der anderen abgezogen wird, entscheidet sich durch die gewünschte Aussage: Denn der Exportüberschuß z.B. ist immer zugleich auch ein Importdefizit.

Gibt es einen logischen Zusammenhang zwischen den Mengen – z.B. daß die Menge X mit Y Maschinen produziert wurde –, so stehen sie am besten rechts und links von einer gemeinsamen Achse. Dies ist besonders im ▸kombinierten Vergleich mehrerer Gegenstände sinnvoll. S. 190

Oft werden verschieden große Werte durch verschieden große Bildsymbole abgebildet. So entsteht eine starke Anschaulichkeit in bezug auf das Thema. Die tatsächlichen ▸Mengenrelationen gehen dabei allerdings oft verloren. Arbeitet man mit Pictogrammen im Stil von ▸Isotype, so sind die Verhältnisse direkt ablesbar. S. 92
S. 40

Kurven- oder Flächendiagramme dürfen für den Vergleich verschiedener Gegenstände nicht benutzt werden (denn zwischen Allianz und Telekom gibt es zwar eine Rangfolge, aber keinen Zwischenwert). Die Darstellung in Kreissektoren ist nur möglich, wenn die verglichenen Mengen gemeinsam eine vollständige Gesamtmenge bilden.

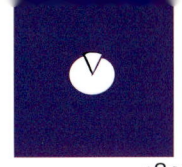

Der Stern 7/98 (Reinald Blanck)

BÖRSEN-HOCH

Prinzip Hoffnung

Welches Unternehmen ist mehr wert: der Industriekonzern Daimler-Benz mit langfristigen Vermögenswerten von mehr als 40 Milliarden Mark und gut vier Milliarden Mark Jahresüber-

BÖRSE
Juwelen der Wirtschaft

Deutschlands teuerste
Unternehmen
(Aktienwert in Mrd. Mark)

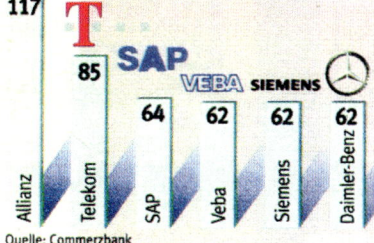

Quelle: Commerzbank

117	85	64	62	62	62
Allianz	Telekom	SAP	Veba	Siemens	Daimler-Benz

schuß oder das Software-

tumsauss…
ren intere…
Zukunft m…
dienen kö…
Hopkinson…
Analyst b…
search. S…
noch keine…
ben, komm…
Aktienkur…
vier Jahr…
Pharmaur…
Biotech …
Krebsmitt…
Zahlen k…
sicht dar…
Börse heu…
Milliarden…
Schlechte…
nen der…
schuß ab…
ren. Com…
Johannes…
High-Tech…
hoch und …
kann kei…
hält sich …
ständig. …
seit 1989 …
zehnfache…

DER KENNZIFFER-VERGLEICH liefert fast immer eine Rangfolge – ob es nun um Unternehmen oder Wolkenkratzer geht. Für Differenzmengen (z.B. Import/Export) oder logisch aufeinander bezogene Mengen (z.B. Maschinen/ Produktion) bietet sich eine sinngemäße Anordnung an.

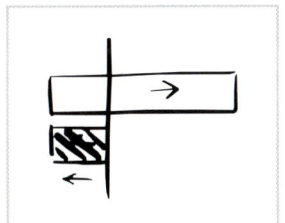

Angela Jansen, 1999

Bauwerk.

Der Stolz der Amerikaner erhielt jedoch einen herben Dämpfer, als vier Jahre später die Kunde von einem 300 Meter hohen Aussichtsturm eines gewissen Gustave Eiffel über den großen Teich drang. Über dreißig Jahre lang wurde der Eiffelturm in Paris als das höchste Bauwerk der Welt gefeiert, ehe die Amerikaner mit dem Empire State

ters in New York (412 Meter) als Sieger hervorging. Auch in dem Land der unbegrenzten Möglichkeiten wuchsen jedoch die Häuser nicht in den Himmel. Aus Sicherheitsgründen fand die Re-

wicklungsländer in einen regelrechten Höhenrausch. Die Hälfte der weltweit höchsten Wolkenkratzer stehen mittlerweile in Shanghai, Hongkong und Bangkok. Den Weltrekord dürften der-

Neubau, nimmt aber mit seinen 259 Metern nur einen Mittelplatz in der Weltrangliste ein. Ein Ende der Höhenjagd ist nicht in Sicht. In Asien liegen bereits Pläne für über 1 000 Meter hohe Wolkenkratzer in den Schubladen. Der Urahn aller Wolkenkratzer, das Home Insurance Building, dürfte mit seinen 55 Metern dann allenfalls noch als Tiefgarage durchgehen. ■

**Giganten aus
Beton und Stahl:**
Die höchsten Hochhäuser
der Welt

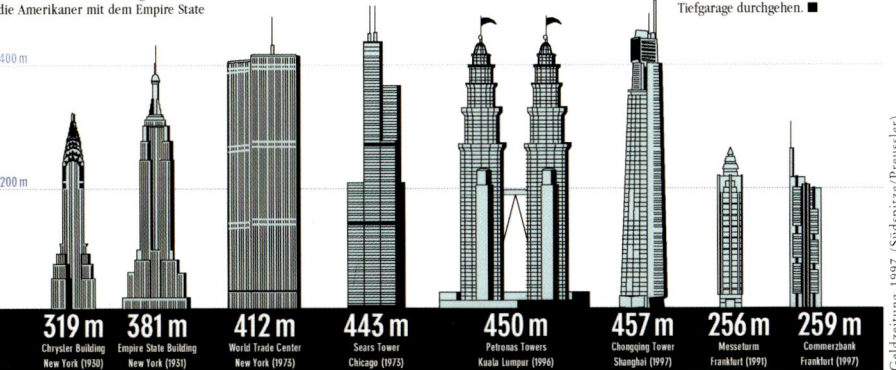

Geldzeitung 1997 (Südspitze/Preussler)

319 m	381 m	412 m	443 m	450 m	457 m	256 m	259 m
Chrysler Building New York (1930)	Empire State Building New York (1931)	World Trade Center New York (1973)	Sears Tower Chicago (1973)	Petronas Towers Kuala Lumpur (1996)	Chongqing Tower Shanghai (1997)	Messeturm Frankfurt (1991)	Commerzbank Frankfurt (1997)

Zeitreihen I: Der Verlauf

Steht der detaillierte Verlauf, nicht die Tendenz der Mengenentwicklung im Vordergrund, so stellt man alle Daten eines bestimmten Zeitraums in einem Kurven- oder Flächendiagramm dar.

Den Verlauf einer Mengenentwicklung sollte man darstellen, wenn nur durch Abbildung aller Werte die Struktur sichtbar wird. Beispielsweise kann man eine zyklische Entwicklung, die einen direkten Bezug zur Jahreszeit hat, nur in einer Kurve erkennen, die alle Monatswerte zeigt.

Unverzichtbare Regel für Flächen- und Kurvendiagramme: Die Zeitabstände müssen regelmäßig und eventuelle Auslassungen durch Unterbrechungen gekennzeichnet sein. Ob man die y-Achse kappt, muß im Einzelfall entschieden werden. Nur mit dem Bezug zum ▸Nullpunkt wird die Mengenentwicklung richtig dimensioniert. Er sollte deshalb nur weggelassen werden, wenn andernfalls eine uninteressante Grafik entstehen würde, auf deren Fläche sich größtenteils nichts abspielt oder nichts, was wichtig ist. Die aktuellsten Monate/Jahre dürfen nie fehlen. Und der Beginn ist so zu wählen, daß der Verlauf typisch bleibt.

S. 92

Flächen- oder Kurvendiagramm? Das Kurvendiagramm steht für abstrakte Kennziffern (Sinnbild „Fieberkurve"), während das Flächendiagramm tatsächliche Materie anschaulich darstellt (Sinnbild „Haufen"). Die Zeitachse wählt man waagerecht, um die üblichen Sehgewohnheiten zu bedienen.

Die Nullinie muß nicht immer als solche gezeichnet werden. Ein Foto oder der Seitenrand können sie ersetzen. Frei ins Layout gestellte Kurven wirken dynamisch und erlauben es, große Mengendifferenzen unterzubringen. Die Kurve kann illustrativ ausgestaltet werden. Beim Flächendiagramm bietet es sich an, ein Foto zu unterlegen oder die Fläche mit ▸Bildsymbolen zu füllen.

S. 106 ff.

Da eine Kurve selbst kein Körper ist, bietet sich eine dreidimensionale Gestaltung nur selten an. Beim Flächendiagramm können ein Schatten (den z.B. die Konjunkturentwicklung auf ein Land wirft) oder eine transparente Darstellung mehrerer Flächen hintereinander durchaus attraktiv wirken.

Durchschnittswerte, d.h. für eine bestimmte Zeiteinheit ermittelte Mengen (z.B. die jährliche Getreideproduktion), dürfen nicht als Kurven oder Flächen gezeichnet werden, da dann unsinnge Zwischenwerte entstehen. Eine korrekte Hilfskonstruktion ist das Treppendiagramm. Mit gekappter y-Achse darf nur ein Kurven-, kein Flächendiagramm gezeichnet werden.

Auf dem Schleudersitz

Wettbewerber und fragwürdige Ränkespiele
setzen Telekom-Chef Ron Sommer zu
VON GUNHILD LÜTGE

Höchststand
17. 7. 1997
44,30 Mark

Börsenstart
18. 11. 1996
28,50 Mark

aktueller Stand
10. 2. 1998
33,90 Mark

NACH DEM GLANZVOLLEN START konnte der Chef des Fernmelderiesen den guten Kurs nicht halten

Aufnahme: J. H. Darchinger

Tiefststand
28. 10. 1997
29,50 Mark

Die Zeit, 12. 2. 1998

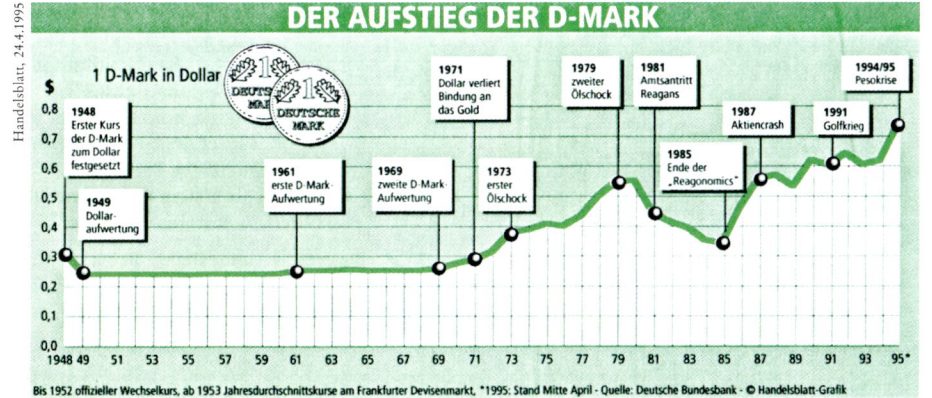

Handelsblatt, 24. 4. 1995

DER AUFSTIEG DER D-MARK

1 D-Mark in Dollar

1948 Erster Kurs der D-Mark zum Dollar festgesetzt

1949 Dollar-aufwertung

1961 erste D-Mark-Aufwertung

1969 zweite D-Mark-Aufwertung

1971 Dollar verliert Bindung an das Gold

1973 erster Ölschock

1979 zweiter Ölschock

1981 Amtsantritt Reagans

1985 Ende der „Reaganomics"

1987 Aktiencrash

1991 Golfkrieg

1994/95 Pesokrise

Bis 1952 offizieller Wechselkurs, ab 1953 Jahresdurchschnittskurse am Frankfurter Devisenmarkt, *1995: Stand Mitte April · Quelle: Deutsche Bundesbank · © Handelsblatt-Grafik

GEHT ES UM DIE KURSE von Aktien oder Währungen, ist eine Zeitreihe, die den Verlauf zeigt, immer sinnvoll. In beiden Fällen gut gelöst: die Hervorhebung wichtiger Werte bzw. Daten.

Zeitreihen II: Die Tendenz

Die Tendenz oder das Wesen einer zeitlichen Entwicklung kann man am besten exemplarisch visualisieren: Verlaufstypische Schnitte ersetzen die genaue Kurve.

Im Hinblick auf Zuspitzung und Klarheit ist es durchaus erwünscht, daß feine Differenzierungen verlorengehen. Die Tendenz des Hafenumschlags insgesamt kann auch an ausgewählten Jahren abgelesen werden. Vorausgesetzt, die komplette Zahlenreihe enthält tatsächlich eine Tendenz und die Auswahl gibt sie korrekt wieder. Die passende Diagrammform ist das Säulen- oder Balkendiagramm. In der Regel wird man versuchen, die Zeitabstände gleichmäßig zu wählen. Ist es sachlich begründet, anders vorzugehen – z.B. weil nicht alle Zahlen vorliegen –, müssen die unterschiedlichen Zeitabstände durch entsprechende Lücken zwischen den Balken deutlich werden. Eine durchgehende Grundlinie als Zeitachse ist in diesen Fällen nicht sinnvoll.

Senkrecht angeordnete Streifen werden als Säulen bezeichnet, liegen sie waagerecht, spricht man von Balken. Diese Unterscheidung ist rein formaler Art, da beide Diagrammformen für die gleichen Fälle brauchbar sind. Zeitreihen werden bevorzugt als Säulendiagramme dargestellt, da man die Zeitachse waagerecht gewohnt ist. Das seltener benutzte Balkendiagramm hat einige Vorteile: Einfachere Beschriftung und bessere Möglichkeiten für den Einsatz von Bildsymbolen. Man sollte also öfters prüfen, ob eine Anordnung in Zeilen nicht die interessantere Darstellung ergibt.

Die vollständige Abbildung der y-Achse ist für die Tendenz einer Zeitreihe noch wichtiger als für das Muster. Verzichtet man auf den Nullpunkt, so verzerrt man dadurch die Mengenrelationen.

Säulen- und Balkendiagramme gewinnen an Attraktivität durch begleitende Illustrationen oder Fotos, die dem Leser die Zuordnung der Mengen zum Thema erleichtern. Will man ein Foto hinter die Balken blenden, so wird meistens eine Bildbearbeitung notwendig.

Die Streifen können in ▸Bildsymbole zerlegt werden. Die Gestalt des Symbols erzwingt in der Regel entweder die waagerechte oder die senkrechte Anordnung.

Die rein geometrische Darstellung mit ihren farbigen Kurven und farbigen Flächen hat pädagogisch manche Nachteile. Es ist nicht nur so, daß die Männchen und Bäumchen erfreulicher sind. Wenn man eine Reihe schwarzer Särge sieht und eine Reihe roter Kinder, so weiß man auch nach längerer Zeit, daß es sich irgendwie um Todesfälle und Geburten gehandelt hat. Die rote Kurve und die schwarze Kurve dagegen können ebenso Geburten und Todesfälle wie die Fabrikation von Wein und Stiefelwichse bedeuten.
OTTO NEURATH, 1932

 S. 106 ff.

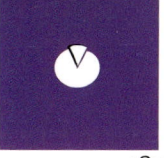

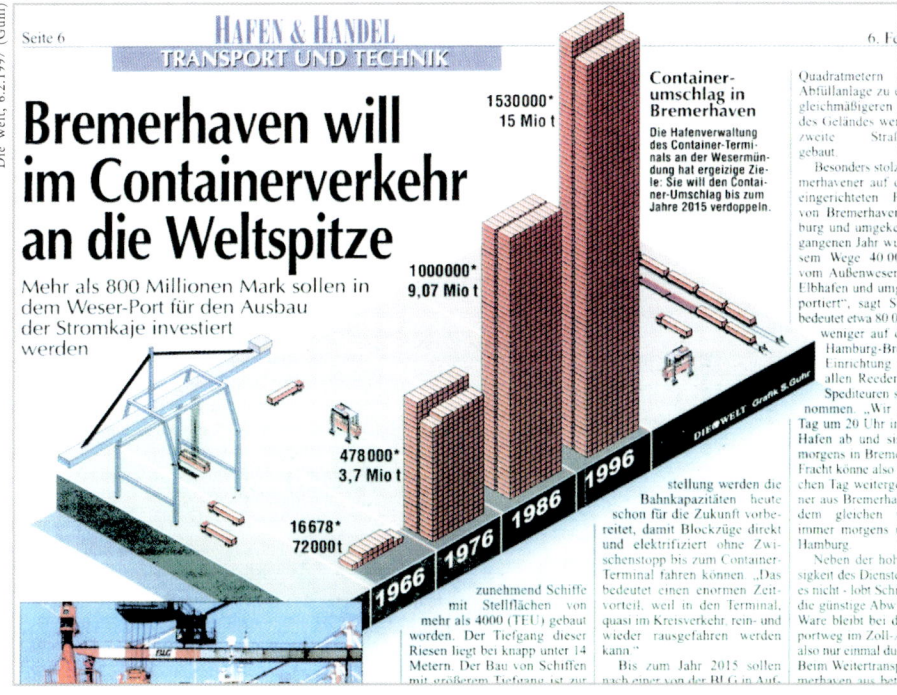

Die Welt, 6.2.1997 (Guhl)

Seite 6

HAFEN & HANDEL
TRANSPORT UND TECHNIK

6. Fe

Bremerhaven will im Containerverkehr an die Weltspitze

Mehr als 800 Millionen Mark sollen in dem Weser-Port für den Ausbau der Stromkaje investiert werden

Container-umschlag in Bremerhaven

Die Hafenverwaltung des Container-Termi-nals an der Wesermün-dung hat ergeizige Zie-le: Sie will den Contai-ner-Umschlag bis zum Jahre 2015 verdoppeln.

1530000* 15 Mio t

1000000* 9,07 Mio t

478000* 3,7 Mio t

16678* 72000t

1966 1976 1986 1996

DIE WELT Grafik S. Guhr

zunehmend Schiffe mit Stellflächen von mehr als 4000 (TEU) gebaut worden. Der Tiefgang dieser Riesen liegt bei knapp unter 14 Metern. Der Bau von Schiffen mit größerem Tiefgang ist zur

stellung werden die Bahnkapazitäten heute schon für die Zukunft vorbe-reitet, damit Blockzüge direkt und elektrifiziert ohne Zwi-schenstopp bis zum Container-Terminal fahren können „Das bedeutet einen enormen Zeit-vorteil, weil in den Terminal, quasi im Kreisverkehr, rein- und wieder rausgefahren werden kann."

Bis zum Jahr 2015 sollen nach einer von der BLG in Auf-

Quadratmetern Abfüllanlage zu gleichmäßigeren des Geländes wer zweite Stra gebaut.

Besonders stolz merhavener auf eingerichteten F von Bremerhaven burg und umgeke gangenen Jahr w sem Wege 40 00 vom Außenwese Elbhafen und um portiert", sagt S bedeutet etwa 80 0 weniger auf Hamburg-Bre Einrichtung allen Reeder Spediteuren s nommen. „Wir Tag um 20 Uhr i Hafen ab und s morgens in Brem Fracht könne also chen Tag weiterge ner aus Bremerha dem gleichen immer morgens Hamburg.

Neben der ho sigkeit des Dienst es nicht - lobt Sch die günstige Abw Ware bleibt bei d portweg im Zoll-also nur einmal du Beim Weitertrans merhaven aus be

Die Revolution in der Kiste

Containerumschlag im Hamburger Hafen.
Ein Symbol = 1 Million TEU
(= 20-Fuß-Container als Transporteinheit)

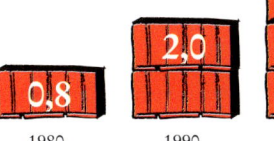

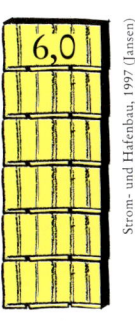

0,8 2,0 3,1 6,0

1980   1990   1996   Prognose für 2010

Strom- und Hafenbau, 1997 (Jansen)

Mengen im Raum

Betrachten wir, wie sich eine Menge in einem gegebenen Raum verhält, so kann uns einerseits ihre Dichte interessieren, d.h. wieviele Gegenstände sich im Raum befinden. Zum zweiten können wir untersuchen, wo sie sich befinden, d.h. ihre Verteilung im Raum.

Wenn man von Mengen in Räumen spricht, denkt man in der Regel an geographische Räume. Wie man Mengen in Karten darstellen kann, wird im ▸Kapitel „Karte" behandelt. Im folgenden ist von abstrakten Räumen die Rede.

 S. 138 ff.

Die Verteilung einer Menge in einem abstrakten Raum zeigt das Streudiagramm, auch x-y-Diagramm genannt. Man kann dort z.B. eintragen, wie sich verschiedene Flugzeugtypen bezüglich ihrer Passagierzahl und ihrem Gewicht verhalten. Eine solche Grafik erfordert von den Betrachtern hohe Konzentration, da man normalerweise die waagerechte Achse eines Koordinatensystems als Zeitachse interpretiert. Im x-y-Diagramm werden jedoch beide Achsen für unterschiedliche Parameter genutzt. Achsenbeschriftung und Bildunterschrift müssen darauf deutlich hinweisen.

Wieviel Einwohner pro Quadratkilometer? Dies läßt sich – auch ohne daß man eine Karte benutzt – in einem Dichtediagramm visualisieren. Man wählt eine rechtwinklige Fläche und setzt dort Figursymbole ein. Da das Größenverhältnis Fläche – Figuren nicht eindeutig festgelegt ist, muß es sorgfältig bestimmt werden. Denn der Infografiker trifft damit die Entscheidung über die Wirkung der Darstellung: Drei Symbole können sich in einem Raum entweder verlieren oder darin an Platzangst sterben, je nachdem, wie groß man sie zeichnet.

Kompliziert wird es, wenn für einen Punkt auf der Zeichenfläche verschiedene Werte abgebildet werden sollen. Eine mögliche Hilfskonstruktion bietet die Aufteilung in mehrere Bilder. So könnte man z.B. die Einwohnerdichte in Berlin 1899 und 1999 durch verschieden viele Personensymbole in zwei Quadraten darstellen. Eine andere Möglichkeit: Die beiden Flächen als perspektivisch verzerrte Bilder übereinander anzuordnen – so daß sich jeweils an einem Punkt alle Werte ablesen lassen.

Schweden - Land der Möglichkeiten, 1996 (Gunér)

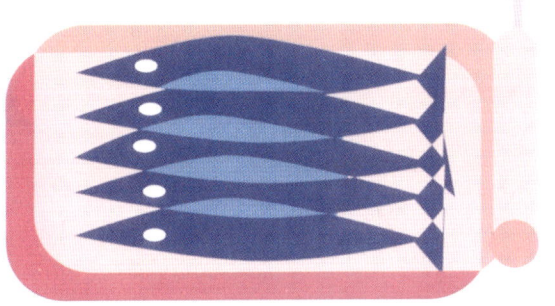

Schweden: 21   EU: 114

Einwohner pro Quadratkilometer in Schweden und in der EU (15 Länder), 1993. Quelle: Staatliches Amt für Statistik.

Braun / Hillen Ziegfeld: Geopolitischer Geschichtsatlas, 1934

WILL MAN DIE EINWOHNER-dichte visualisieren, so entscheidet die Größe des Raumes über den Eindruck von Leere oder Fülle: Was im oberen Fall ein ansprechendes Bild liefert (das Land Schweden wirbt für sich mit seiner geringen Bevölkerungsdichte) ist im unteren Bild wegen der inhaltlichen Ausrichtung problematisch (die „Übervölkerung" Deutschlands dient hier als Begründung für die nationalsozialistische Expansionspolitik).

👁 auch S. 56.

Zusammensetzung im Zeitvergleich

Interessante Schlußfolgerungen sind oft möglich, wenn man nicht nur die absolute Mengenentwicklung über die Zeit betrachtet, sondern auch Strukturveränderungen innerhalb der Mengen mit berücksichtigt.

Wie bei den einfachen ▸Zeitreihen muß zuerst entschieden werden, ob die kontinuierliche Entwicklung dargestellt wird (Linien-/Flächendiagramm) oder nur eine Auswahl (Balken-/Säulendiagramm). Bei kombinierten Vergleichsformen ist die Auswahl vorzuziehen, weil die Anzahl der Datenpunkte verringert und der Blick auf das Wesentliche gelenkt wird. Bei der Übersetzung ins Bild geht der Infografiker nicht rein mechanisch vor. Er muß eine verantwortliche Entscheidung treffen. Das Ziel ist: den größtmöglichen Inhalt mit einer möglichst geringen Datenmenge zu transportieren, ohne zu ▸manipulieren.

S. 184 ff.

S. 96

Gestapelte Säulen/Balken liefern das beste Bild, setzen allerdings voraus, daß man sowohl Balkenanzahl als auch Unterteilung sinnvoll reduziert. Ihre Gesamtlänge zeigt die Summenentwicklung, ihre Aufteilung die Struktur.

Teilmengen werden logisch sortiert. Interessiert eine Teilmenge besonders, so steht sie direkt auf der Nullinie. An dieser Position sind die jeweiligen Anteile am besten miteinander zu vergleichen. Gliedern sich die Mengen etwa in zwei Hauptgruppen, so plaziert man diese entlang einer Achse. Dafür eignen sich waagerechte Balken, da bei Säulen die Achse als Nullpunkt und darunterliegende Werte als negativ mißverstanden werden könnten. Geht aus der Visualisierung der absoluten Zahlen die Veränderung der Zusammensetzung nicht deutlich hervor, so kann eine Prozentdarstellung dieses Problem lösen. Aber: Verzichtet man auf absolute Zahlen, so vernachlässigt man eine entscheidende Dimension. Hat sich die absolute Zahl gravierend verändert, darf sie nicht unterschlagen werden.

Die gleichzeitige Betrachtung einer Gruppe und eines Jahres wird durch die dreidimensionale Anordnung erst möglich. Empfehlenswert ist eine isometrische ▸Perspektive, weil sie den präzisen Mengenvergleich ermöglicht.

S. 104

Nebeneinanderstehende Balken müssen als solche erkennbar sein, d.h., der vordere Balken darf den dahinterliegenden nicht abdecken. Durch versetzte Anordnung der Balken ist dieses Problem zu lösen. Es sollten keine verschieden große Kreise zur Visualisierung unterschiedlich großer Mengen gewählt werden, da die Verhältnisse nicht gut abzulesen sind.

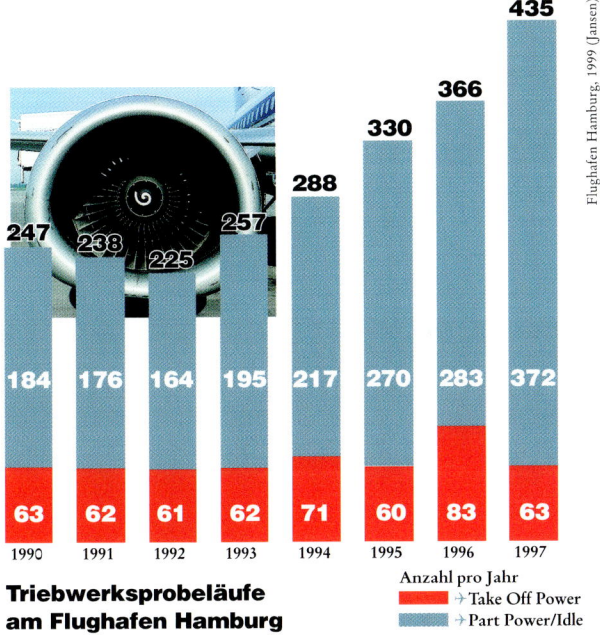

435

366

330

288

247   238   225   257

184   176   164   195   217   270   283   372

63   62   61   62   71   60   83   63

1990   1991   1992   1993   1994   1995   1996   1997

Flughafen Hamburg, 1999 (Jansen)

**Triebwerksprobeläufe
am Flughafen Hamburg**

Anzahl pro Jahr
→ Take Off Power
→ Part Power/Idle

WILL MAN VIELE JAHRE ZEIGEN,
so darf man die Balken nur
einfach unterteilen – mehr
Einzelaspekte erfordern die
Reduzierung der Jahre.

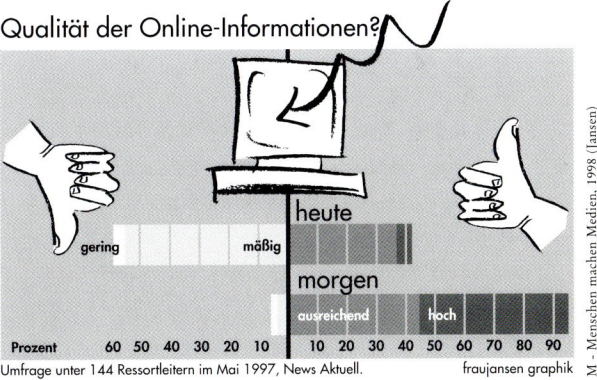

Qualität der Online-Informationen?

heute

gering   mäßig

morgen

ausreichend   hoch

Prozent   60 50 40 30 20 10   10 20 30 40 50 60 70 80 90

Umfrage unter 144 Ressortleitern im Mai 1997, News Aktuell.   fraujansen graphik

M - Menschen machen Medien, 1998 (Jansen)

Kennziffern im Zeitvergleich

Ganz wichtig: Im Unterschied zur Struktur im Zeitvergleich addieren sich hier die dargestellten Mengen nicht zu einem Ganzen. Kreis, Stapelbalken und Flächendiagramm sind deshalb fehl am Platze.

Zwei Darstellungsvarianten sind sinnvoll: entweder getrennte Zeitreihen der einzelnen Gegenstände, wenn deren jeweilige Entwicklung im Vordergrund steht, oder die Ordnung nach Jahren, wenn jeweils der Einzeljahresvergleich interessiert. In beiden Fällen sollte wenn möglich für alle Gegenstände dieselbe Maßeinheit im selben Maßstab verwendet werden. Denn nur so wird das wirkliche Mengenverhältnis sichtbar. Verschiedene Maßstäbe in einer Grafik sind zum einen – in Form von zwei y-Achsen – kompliziert ablesbar, zum anderen kann die Skalierung der Achsen willkürlich bestimmt werden, so daß ganz unterschiedliche Bilder aus den gleichen Zahlen entstehen können. Keinesfalls sollte ein unterschiedlicher Maßstab nur deshalb gewählt werden, um möglichst gleichmäßig gefüllte Diagramme zu erreichen. Bei dieser rein formalen Vorgehensweise werden die Mengenverhältnisse nur zugunsten einer äußeren Harmonie der Grafik verzerrt.

Fast immer liefert die getrennte Darstellung, geschickt plaziert, das bessere Bild. Die Anordnung in Reihen macht es möglich, horizontal und vertikal zu vergleichen. Entlang einer Achse ausgerichtet werden logische Zusammenhänge deutlich.

Anschaulich können Kombinationen von Diagrammtypen wirken, z.B. sind der abstrakte Wert „Kursnotierung" und die Masse „produzierte Fahrzeuge" durch übereinander plazierte Linien und Flächen gut visualisiert. Attraktiv wirkt auch ein Flächendiagramm, über das einzelne Balken gelegt werden.

Eine perspektivische Darstellung ist notwendig, um mehrere Flächendiagramme nebeneinander anzuordnen. Sie ermöglicht außerdem beim Säulen- oder Balkendiagramm die gleichzeitige Betrachtung der beiden Vergleichsdimensionen.

Der Vergleich von Gegenständen, zwischen denen es keinen logischen Zusammenhang gibt, ist unsinnig.

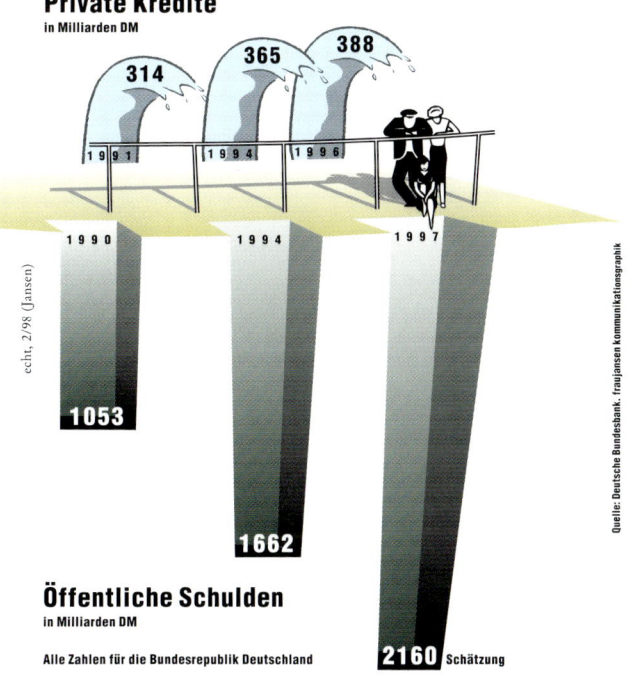

Private Kredite
in Milliarden DM

314 · 365 · 388
1991 · 1994 · 1996

1990 · 1994 · 1997

1053

1662

2160 Schätzung

Öffentliche Schulden
in Milliarden DM

Alle Zahlen für die Bundesrepublik Deutschland

echt, 2/98 (Jansen)

STEHEN DEM GRAFIKER NICHT ALLE
Werte zur Verfügung, so
muß er für die vorhandenen
Zahlen die passende Lösung
suchen (in diesem Fall
stimmten nicht einmal die
Jahre überein).

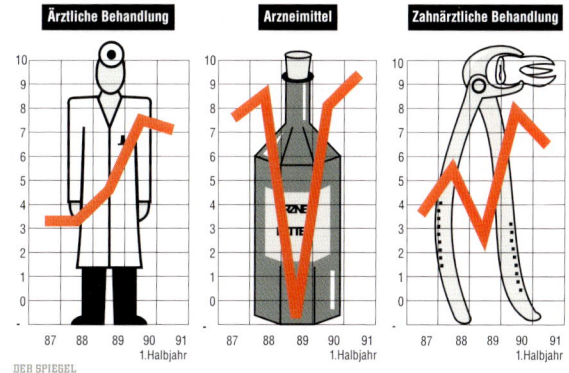

Quelle: Deutsche Bundesbank, fraujansen kommunikationsgraphik

BÖSE SYMPTOME
Entwicklung der Leistungsausgaben der gesetzlichen Krankenversicherer –
Veränderungen in Prozenten

Ärztliche Behandlung · Arzneimittel · Zahnärztliche Behandlung

87 88 89 90 91
1.Halbjahr

DER SPIEGEL

Der Spiegel, 42/1996

SOLL DER VERLAUF DER
Werte gezeigt werden, so ist
die „Fieberkurve" richtig
ausgewählt.

Licht und Schatten Kursentwicklung ausländischer Telekommunikationsfirmen

BT
Großbritannien
Index: Kurs bei der
Börseneinführung
Ende 1984=100

NTT
Japan
Index: Kurs bei der
Börseneinführung An-
fang 1987=100

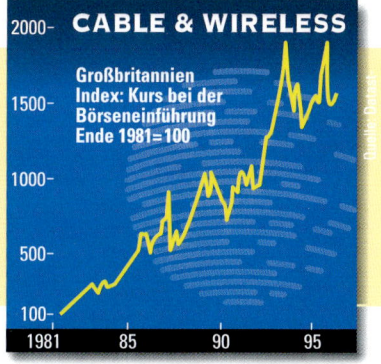

CABLE & WIRELESS
Großbritannien
Index: Kurs bei der
Börseneinführung
Ende 1981=100

DER SPIEGEL, 36/1991

Zusammensetzung von Gegenständen

Dieser Vergleich muß sich zugunsten der Anschaulichkeit entweder auf einen gemeinsamen Teilaspekt mehrerer Dinge beschränken, oder man stellt nur zwei Gegenstände gegenüber und kann diese dann stärker unterteilen.

Interessieren uns vor allem die unterschiedlichen Gesamtmengen der Gegenstände, dann bietet sich ein Stapelbalken-Diagramm an. So läßt sich z.B. die Schuhproduktion der europäischen Länder im Vergleich zeigen, jeweils unterteilt in Damen-, Herren- und Kinderschuhe.

Sind die Gesamtmengen allerdings sehr unterschiedlich groß, so ist der prozentuale Vergleich vorzuziehen. Besonders anschaulich wird er, wenn man sich auf einen Teilaspekt konzentriert (also z.B. die Kinderschuhe als Anteil der gesamten Schuhproduktion herausstellt). Hier wäre ein Bild denkbar, in dem der interessierende Teilaspekt als Sektor gleichgroßer Kreise (oder Schuhe!) hervorgehoben wird.

Will man dagegen einen differenzierten Strukturvergleich anstellen, so muß man sich auf zwei Gegenstände beschränken. Ein typisches Beispiel sind Staatseinnahmen und -ausgaben, jeweils aufgeteilt in die verschiedenen Quellen bzw. Ziele. Da die beiden Seiten einer Bilanz jeweils die gleiche Summe ergeben, bieten sich gleich große Halbkreise, Stapelbalken oder ein Flußdiagramm an.

Bilden Einnahmen und Ausgaben nicht dieselbe Summe – was jedem Unternehmen insofern zu wünschen ist, als ein Einnahmenüberschuß Gewinn bedeutet – so ist von der Verwendung von unterschiedlich großen Kreisen oder Halbkreisen abzuraten. Denn weder die Gesamtsummen noch die Teilmengen lassen sich dann korrekt miteinander vergleichen. Stapelbalken sind besser geeignet, um diesen Vergleich zu visualisieren.

 Nicht korrekt ist die Verbindung der Gegenstände zu einem Linien- oder Flächendiagramm.

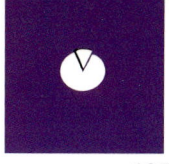

West   Ost

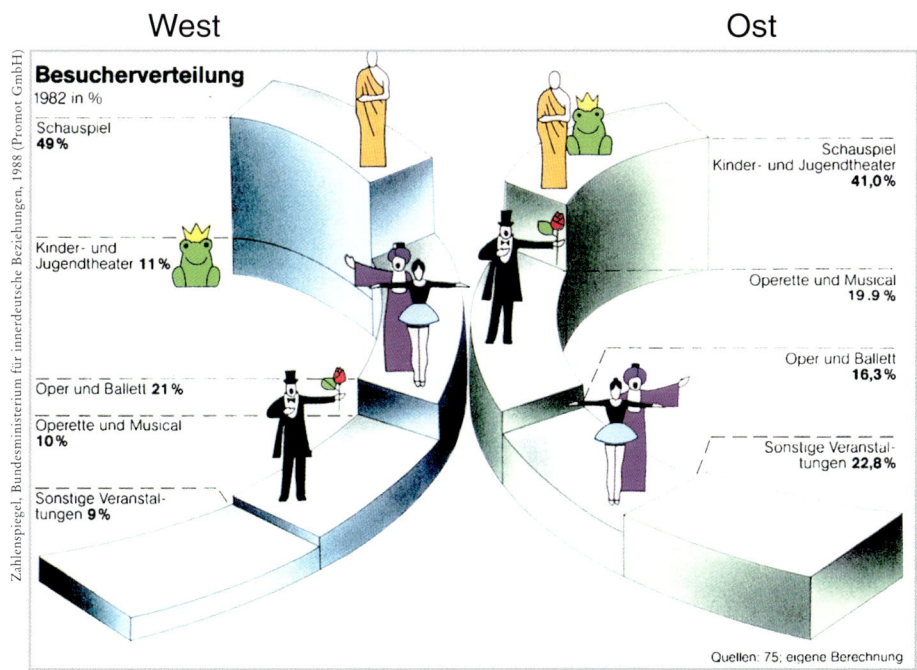

Zahlenspiegel, Bundesministerium für innerdeutsche Beziehungen, 1988 (Promot GmbH)

Besucherverteilung

1982 in %

Schauspiel
49%

Kinder- und
Jugendtheater **11%**

Oper und Ballett **21%**

Operette und Musical
10%

Sonstige Veranstal-
tungen **9%**

Schauspiel
Kinder- und Jugendtheater
41,0%

Operette und Musical
19.9%

Oper und Ballett
16,3%

Sonstige Veranstal-
tungen **22,8%**

Quellen: 75; eigene Berechnung

NACH DER WENDE EIN OFT
gezogener Vergleich: Die
unterschiedlichen Lebens-
verhältnisse in West- und
Ostdeutschland.

SED: Arbeitsmaterial zum VIII. Parteitag, 1971

Von der Landwirtschaft werden erzeugt:

**67 Prozent des extraktiven Rohstoff-
aufkommens der Volkswirtschaft
der DDR**

76 Prozent des Nahrungsmittelfonds

**30–40 Prozent des gesamten Waren-
fonds der Bevölkerung**

HIER WAR DIE KONZENTRATION
auf einen Aspekt zugunsten
einer plakativen Dastellung
sinnvoll.

Vier, fünf, viele Vergleiche

Sind mehr als drei Vergleichsebenen in einer Infografik darzustellen, so wird das Ergebnis immer sehr kompliziert sein. Zugunsten der Anschaulichkeit sollten deshalb mehrere Darstellungen nebeneinandergestellt werden.

Natürlich gibt es Situationen, in denen der Zeitvergleich verschiedener Gegenstände mitsamt ihrer Zusammensetzung interessiert. Betrachtet man jedoch die Infografik als Hilfsmittel schneller und eindeutiger Kommunikation – und das gilt auch für wissenschaftliche Publikationen –, so ist die Aufbereitung des komplexen Datensatzes in mehreren Grafiken oft aussagekräftiger. Jedes Bild beantwortet dann eine Frage. Aus diesen Einzelantworten setzt sich die Gesamtthematik oft schlüssiger zusammen als durch eine komplexe Grafik, die unübersichtlich ist und deshalb nur scheinbar mehr Inhalt transportiert.

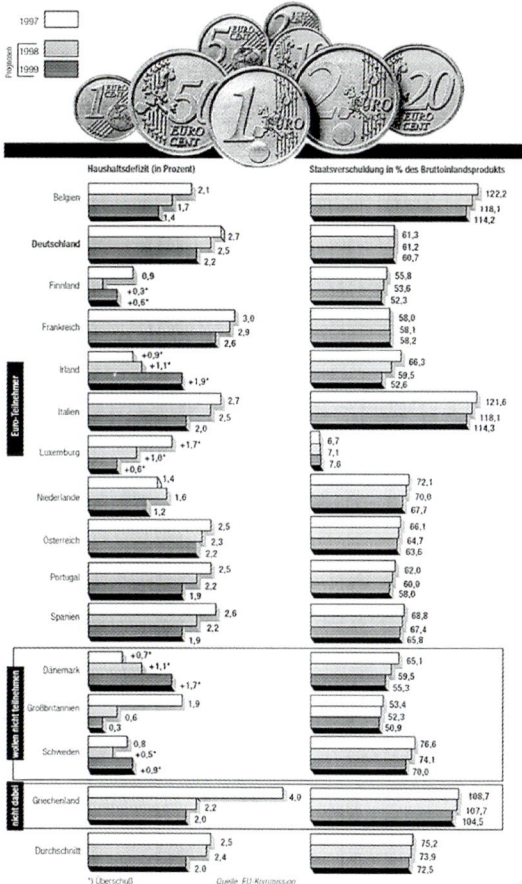

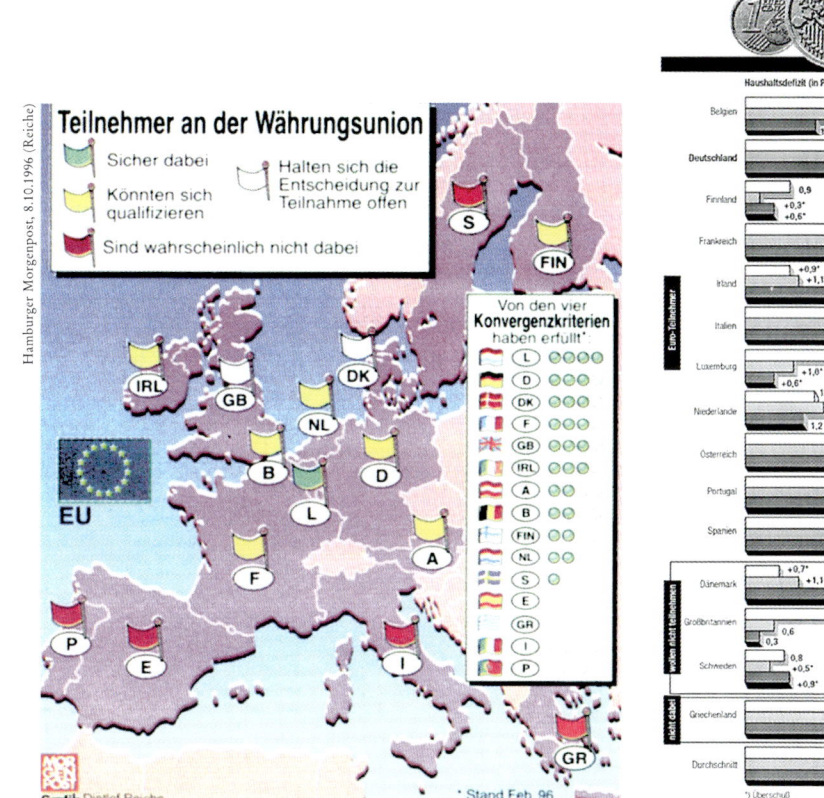

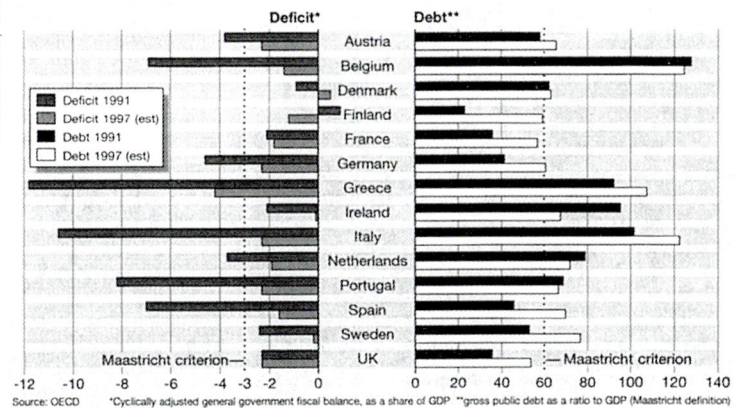

DREI VERSUCHE, DAS VERTRACKTE THEMA „Währungsunion" zu knacken. Mit dem geringsten Platz kommt die „Financial Times" aus. Sie verzichtet dafür auf die Zahlenwerte. Diese nennt „Die Welt", die deshalb aber auch viel Platz benötigt. Daß auf die notwendigen Grenzwerte für die Mitgliedschaft verzichtet wurde, nimmt der Grafik viel Anschaulichkeit. Ganz anders ging die „Hamburger Morgenpost" das Thema an – und wählt mit der Europakarte die für ein Boulevardzeitungs-Publikum sicherlich interessanteste Variante.

Quellen für kartographische Infografiken

Zur Herstellung von kartographischer Infografik sind Landkarten erforderlich, die den aktuellen Stand, z.B. bezüglich Grenzen, Straßen und Namen, zeigen sollten.

In den meisten Ländern stellt *die amtliche Kartographie* aktuelle Unterlagen zur Verfügung. Auf jeder amtlichen Karte ist das Jahr der letzten Bearbeitung angegeben. Auskunft über die Kartenwerke geben die zuständigen Landesvermessungsämter bzw. das Bundesamt für Kartographie und Geodäsie in Frankfurt/Main. Großstädte haben eigene Stadtkartenwerke.

Gewerbliche Verlage mit Stadtplänen und Autoatlanten sowie Karten für touristische Zwecke sind seit langem Konkurrenten der amtlichen Kartenwerke, vor allem im Hinblick auf die Aktualität. Diese Verlage produzieren auch Karten von Ländern der ganzen Welt. Die Erzeugnisse der gewerblichen Kartographie enthalten jedoch teilweise keine Angaben über das Jahr der letzten Bearbeitung.

Karten von allen Gebieten der Welt finden sich auch in den *Schulatlanten*. Wegen der im Unterricht erforderlichen Aktualität des Karteninhalts erscheinen in relativ kurzen Abständen überarbeitete Auflagen. Auflage und Erscheinungsjahr sind in der Regel auf der Rückseite des Titelblattes vermerkt. Daneben gibt es Weltatlanten, die die Erde detaillierter als Schulatlanten darstellen.
Nationalatlanten dienen der kartographischen Dokumentation eines Landes und enthalten vor allem Thematische Karten. Sie zeigen sowohl die natürlichen Verhältnisse, z.B. Bodenschätze, Klima und Oberflächenformen, als auch die vom Menschen abhängigen Gegebenheiten wie Bevölkerung, Wirtschaft oder Umweltverschmutzung. Nationalatlanten werden in der Regel nicht aktualisiert.

Für historische Themen können Geschichtsatlanten für den Schulunterricht herangezogen werden, denn sie zeigen alle Kontinente in den Etappen ihrer historischen Entwicklung. Zahlreiche Regionen Deutschlands und Europas werden in ihrer geschichtlichen Entwicklung durch eigene Atlanten dokumentiert.

Neben gedruckten Karten steht eine Fülle von kartographischen Unterlagen auf CD-ROM und auch im Internet zur Verfügung. Internet-Karten sollten wegen ihrer reduzierten Auflösung, ungewisser Farbtreue, vielleicht mangelnder kartographischer Kompetenz des Kartenautors und des Fehlens der Quellenangabe mit Vorsicht verwendet werden.

Speziell als Basis für die kartographische Infografik wurden von der Austria Presse Agentur (APA) drei CDs produziert, deren ein- und mehrfarbige Karten im Vektorformat direkt als Infografik verwendbar sind, aber auch mit dem Grafikprogramm FreeHand problemlos verändert werden können. Das Namensgut der auf diesen CDs enthaltenen Infografiken wurde wissenschaftlich überprüft.

Die Vielfalt des kartographischen Schaffens wird in Deutschland in erster Linie durch die Kartenabteilungen von Zentralbibliotheken wie z.B. der Staatsbibliothek zu Berlin oder der Bayerischen Staatsbibliothek München nachgewiesen. An Universitäten übernimmt meist die Kartensammlung des Geographischen Instituts diese Funktion. Dort stehen mindestens die amtlichen Kartenwerke Deutschlands und seiner Nachbarländer, wichtige Kartenwerke und Einzelkarten der jeweiligen Region sowie zahlreiche Atlanten zur Verfügung. In ähnlicher Weise sind meist auch die Historischen Institute an Universitäten mit kartographischen Materialien ausgestattet.

Bildnachweis

AFP infografik, Bonn. S. 143
Michael Albrecht. S. 141, 169
Amica, Hamburg. S. 89, 113
APA, Wien. S. 4, 145
Associated Press, Frankfurt. S. 119
Bayer AG, Leverkusen. S. 65
Der belehrende Bergmann, 1830. S. 85
Berliner Morgenpost, Berlin. S. 111
Berliner Zeitung. S. 155
Jacques Bertin. S. 153, 163, 165
Bild am Sonntag, Hamburg. S. 87
BIZZ, Düsseldorf. S. 93, 95, 131
Paul Blankenburg/Max Dreyer, Natio-
  nalsozialistischer Wirtschaftsaufbau,
  Berlin 1934. S. 43
Braun/Hillen Ziegfeld: Geopolitischer
  Geschichtsatlas, 1934. S. 189
Brockhaus' Konversations-Lexikon,
  Leipzig 1908 (Neudruck 1920). S. 37
Bundesministerium für innerdeutsche
  Beziehungen, Bonn. S. 195
Capital, Köln. S. 113
Carpress. S. 49
CASH, Zürich. S. 4, 19, 63
Champion Papers, USA. S. 181
Deutscher Wetterdienst, Offenbach.
  S. 61, 111, 123, 135, 161
Diderots Enzyklopädie, Die Bildtafeln
  1762-1777, Zweiter Band. S. 29
Dynamic Diagrams, New York. S. 69, 131
El Pais, Madrid. S. 125
Financial Times, Frankfurt. S. 197
Flughafen Hamburg GmbH, Hamburg.
  S. 65, 127, 177, 189
Focus, München. S. 51, 97
Fortune, New York. S. 45,95
Frankfurter Allgemeine Zeitung. S. 49,
  91, 149
Freie und Hansestadt Hamburg, Strom-
  und Hafenbau. S. 55, 65, 75, 187
GELDidee, Hamburg. S. 17, 177
Geldzeitung, jetzt Euro am Sonntag.
  S. 121
Gesellschaft und Wirtschaft, Bild-
  statistisches Elementarwerk, Leipzig
  1930. S. 39, 41
Gesolei-Katalog, Düsseldorf 1928. S. 37

Globus, Hamburg. S. 147, 155, 157,
Christian Gotthardt, Hamburg. S. 13
Hamburger Abendblatt, Hamburg.
  S. 121
Hamburger Morgenpost, Hamburg.
  S. 109, 197
Handelsblatt, Düsseldorf. S. 185
Otto Helmut, Volk in Gefahr, Mün-
  chen 1937. S. 43
Illustrierte Wissenschaft, Norderstedt.
  S. 75
Il Resto di Carlino, Bologna. S. 91
Index Funk. S. 49, 145, 159
InfoMatin
Inline Guide Pecher + Böckmann.
  S. 85, 107
Walther Jantzen, Geopolitisches zur
  Weltlage. S. 43
Journalistenzentrum Haus Busch, Hagen,
  Infografik-Kurs. S. 11, 157
Der Jungbauer, München, Basel, Wien,
  1966. S. 179
Gunter Kaiser. S. 169
„kochsalon", Hamburg. S. 4
Kommunalfinanz GmbH & Co. KG,
  jetzt VASA Energy GmbH & Co.
  KG, Hamburg. S. 101
Landesvermessungsamt Brandenburg,
  Potsdam. S. 149
La Tribune Desfossès. S. 85
Lausitzer Rundschau, Cottbus. S. 129
Eilhard Lubin. S. 27
Hans Mann, Das Land der schwarzen
  Diamanten – das Ruhrgebiet,
  Deutschland in seinen natürlichen
  Landschaften, Bonn 1968. S. 47
Gerhard Mercator. S. 27
Hans-Joachim Meyer, Rote Fahnen
  über Harburg, Harburg. S. 129, 179
Charles Joseph Minard, Tableaux
  Graphiques et Cartes Figuratives de
  M. Minard, Paris 1845-1869, nach-
  gedruckt in: Edward R. Tufte: The
  Visual Display of Quantitative Infor-
  mation, Cheshire 1983. S. 33
M – Menschen machen Medien, Stutt-
  gart. S. 191

Michael George Mulhall: Dictionary
  of Statistics, London 1884, Ausgabe
  London 1892. S. 31
Sönke Muß, Universität Hamburg,
  Institut für Journalismus, Infografik-
  Seminar 1997. S. 15
Napi Magyaroság, Budapest. S. 57
National Geographic, New York. S. 109
Nürnberger Nachrichten. S. 145
Gabi Orlowski, Hagen. S. 135
Planetenbewegungen. Nachgedruckt in:
  H. G. Funkhouser: A Note on a Tenth
  Century Graph, Osiris, 1/1936. S. 25
William Playfair, Commercial and
  Political Atlas, London 1786. S. 31
PreussenElektra. S. 69
Quo, Cedex. S. 137
Rheinhyp AG. S. 67
Wolf-Dieter Rase. S. 61
Reinhold Schlimm, FU Berlin. S. 165
SED, Berlin. S. 195
So ist das mit der Kernenergie. S. 133
Der Spiegel, Hamburg. S. 47, 179, 193
Spuren des Prometheus, Pahl-Rugen-
  stein-Verlag, Köln. S. 25
Roman Stani-Fertl, Kritzendorf. S. 171
Der Stern, Hamburg. S. 89, 183
Südspitze, Stuttgart. S. 67, 183
Technische Fachhochschule Berlin.
  S. 167
VASA Energy GmbH & Co. KG,
  Hamburg. S. 133
Vattenfall, Stockholm. S. 189
Verband d. Privaten Krankenkassen. S. 109
VSA-Verlag, Hamburg. S. 107
Die Welt, Hamburg. S. 187, 197
WEPA-Papierfabrik, Arnsberg. S. 13
„Wieder Arbeit und Brot durch Adolf
  Hitler". Großgrafik, Weimar 1938.
  Nachgedruckt in: Martin Roth, Hei-
  matmuseum, Berlin 1990. S. 43
Die Woche, Hamburg. S. 63, 177.
Wladimir Woytinsky, Die Welt in Zah-
  len, Berlin 1926. S. 41
Zahlenbilder, Erich Schmidt Verlag,
  Berlin. S. 193
Die Zeit, Hamburg. S. 87, 143, 151, 185

Literaturhinweise

Heiner Abels und Horst Degen: Handbuch des statistischen Schaubildes, Herne 1981.

Abteilung für Kartographische Ortsnamenkunde der Österreichischen Kartographischen Kommission in der Österreichischen Geographischen Gesellschaft (Hrsg.) (1994): Vorschläge zur Schreibung geographischer Namen in österreichischen Schulatlanten. (= Wiener Schriften zur Geographie und Kartographie, Band 7). Wien 1994.

Otl Aicher: analog und digital, o.O. 1991.

Erik Arnberger: Thematische Kartographie. 3. Aufl., Braunschweig 1993.

Rudolf Arnheim: Kunst und Sehen. Berlin, New York, 1978.

Gerd Arntz: Zeit unterm Messer, Düsseldorf 1981.

Gerd Arntz: zur methode des gesellschafts- und wirtschaftsmuseums in wien, a bis z, 1930.

Otto Back: Übersetzbare Eigennamen. (= Österreichische Namenforschung Sonderreihe 5). Klagenfurt 1991.

Jacques Bertin: Graphische Semiologie, Diagramme, Netze, Karten. Berlin, New York, 1974.

Bibliographisches Institut Mannheim (Hrsg.): Duden. Wörterbuch geographischer Namen Europa (ohne Sowjetunion). Mannheim 1966.

J. Breu: Exonyms in Cartography. Essays for Professor R.E.H. Mellor. Aberdeen 1986.

J. Breu und E. Tomasi: Atlas der Donauländer Register. Vergleichendes mehrsprachiges Verzeichnis der geographischen Namen. Wien 1989.

J. Breu und E. Tomasi: Die Schreibung geographischer Namen in der Schulkartographie. In Schulkartographie. Wiener Symposium 1990 (= Wiener Schriften zur Geographie und Kartographie, Band 5). Wien 1992.

Diagraphics 1, Japan 1986.

Diagram Graphics, Düsseldorf 1992.

Diagram Graphics Band 2, Düsseldorf 1995.

Denis Diderot: Enzyklopädie. Philosophische und politische Texte aus der „Enzyklopädie" sowie Prospekt und Ankündigung der letzten Bände, München 1969.

Holger Everling und Wolfgang Schliephack: Kommunikation via Infografik. In: Page 1/1996, S. 26 ff.

Howard Finberg, Bruce Itule: Visual Editing, A Graphic Guide for Journalists. Belmont (California) 1990.

Dale Glasgow: Information Illustration, Reading (Mass.) 1994.

Günther Hake: Kartographie II. 3. Aufl., Berlin, New York 1985.

Günther Hake, Dietmar Grünreich: Kartographie. 7. Aufl., Berlin, New York 1994.

H. Hoffmann, Bildstatistik in der politischen Sachinformation. München 1973.

Nigel Holmes: The Best in Diagrammatic Grafics. Mies 1993.

Nigel Holmes: Designer's Guide to Creating Charts & Diagrams, New York 1984.

Nigel Holmes: Pictorial Maps, London 1992.

Angela Jansen: Das Gestaltungspotential der Infografik. In: M – Menschen machen Medien 1/97, Stuttgart 1997, S. 12-14.

Angela Jansen: Infolight? 6 Regeln für Ihre Infografiken. In: Page, Januar 1996, Hamburg 1996, S. 32-36.

Angela Jansen: Isotype and Infographics. In: Nemeth/Stadler, Encyclopedia and Utopia, Dordrecht 1996, S. 143-156.

Angela Jansen: Fast Food für die Infoelite? In: Flöper/Hausmann, Freie Journalisten, Salzburg 1998.

Angela Jansen: Plüsch, Pappkameraden und Platzangst. In: Page April 1998, Hamburg 1998, S. 24-32.

Angela Jansen und Norbert Küpper: Werkstatt Infografik, Teil II. In: Medium Magazin 5/96, Freilassing 1996, S. 1-16.

Karl G. Karsten: Charts and Graphs. New York 1925.

Thomas Knieper: Infographiken. Das visuelle Informationspotential der Tageszeitung. München 1995.

Walter Krämer: So lügt man mit Statistik. 2. Aufl., Frankfurt/Main, New York 1991.

Walter Krämer: So überzeugt man mit Statistik. Frankfurt/Main, New York 1994.

Norbert Küpper: Werkstatt Infografik, Teil I (Neubearbeitung). In: Medium Magazin 10/1997, Freilassing 1997.

Georg Mayr: Die Gesetzmäßigkeit im Gesellschaftsleben. München 1877.

Eric K. Meyer: Designing Infographics. Indianapolis 1997.

Mark Monmonier: Eins zu einer Million. Die Tricks und Lügen der Kartographen. Basel, Boston, Berlin 1996.

Georg Müller: Über zeichnerische Auswertung wirtschaftsstatistischen Nachrichten-Stoffes. Berlin 1919.

Karl H. Müller: Symbole, Statistik, Computer, Design. Wien 1991.

Otto Neurath: Gesammelte bildpädagogische Schriften. Wien 1991.

Uwe Pörksen: Weltmarkt der Bilder. Frankfurt/Main 1997.

Wolfgang Scharfe: Presse-Karten. Forschungsprojekt gefördert mit Mitteln der Deutschen Forschungsgemeinschaft 1988-1993, Abschlußbericht, Berlin 1994.

Wolfgang Scharfe (Hrsg.): International Conference on mass media maps. Berlin June 19-21, 1997, Proccedings, Berlin 1997.

Willi Schön: Schaubildtechnik. Stuttgart 1969.

Arnold Schwarz: Über den Umgang mit Zahlen. München, Berlin 1943.

Roman Stani-Fertl: Geographische Namen und Massenmedien. Kartographie und Namenstandardisierung (= Wiener Schriften zur Geographie und Kartographie, Band 10). Wien 1997.

Peter Sullivan: Informationsgrafik in Farbe. Darmstadt 1994.

Peter Sullivan: Zeitungsgrafiken. Darmstadt 1987.

Edward R. Tufte: Envisioning Information. Cheshire 1991.

Edward R. Tufte: The Visual Display of Quantitative Information. Cheshire 1983.

Edward R. Tufte: Visual Explanations, Cheshire, 1997.

Bernd Weidenmann: Lernen mit Bildmedien. Psychologische und didaktische Grundlagen (Mit den Augen lernen, Bd. 1). Weinheim, Basel 1991.

Andreas Wieser: Persopektiven. Projektionen. Düsseldorf 1997.

Peter Wilbur: Information graphics. London 1998.

Wladimir Woytinsky, Gesellschaft und Wirtschaft. In: Die Arbeit, 1931, Heft 2.

Gene Zelazny: Wie aus Zahlen Bilder werden, Wirtschaftsdaten überzeugend präsentiert. 3. Aufl., Wiesbaden 1992.